울
림

울림

한국의 기독교 영성가들

조현 지음

추천의 말

도올천언檮杌薦言

　조현은 기자라는 직함으로 살아가고 글을 쓰고 있지만, 내가 생각건대, 우리시대의 한 사상가이다. 사상가라는 말에 너무 큰 의미를 주지는 말자. 일관된 생각이나 문제의식을 가지고 자기가 살고 있는 문화세계와 끊임없이 교섭하면서 최소한의 범위에 머물지라도 그 사회의 변혁을 도모하고자 하는 목적으로 글을 쓰고 있고, 그 글이 그 문화세계의 구성원들에 의하여 공감을 불러일으키고 있다면 그 사람은 사상가의 자격을 지닌다.

　그렇다면 조현의 문제의식은 무엇일까? 우선 그가 다루는 주제는 우리사회의 종교현상에 집중되어 있다. 그러나 그는 종교현상을 객관적으로 기술하고 있는 것이 아니라, 종교에 대한 그릇된 이해가 우리사회의 가장 뿌리 깊은 죄악을 형성할 수 있다는 문제의식 속에서 역대의 모든 종교적 체험을 상식의 장으로 끌어내어 소통시킴으로써 편협하고 고착된 의식의 암덩어리로 남아 있지 않게 하려는 일관된 의지가 그의 글쓰기에 깔려 있다.

그는 기독교나 유교나 이슬람이나 무속이나, 모든 종교현상이 인간의 종교현상일 뿐이지, 그러한 특정 교리나 교단에 인간이 종속될 수 있다고 생각하지 않는다. 그의 종교관심은 일차적으로 인간학이다. 인간에 대한 탐구인 것이다.

종교의 가장 무서운 질곡은 "절대"를 빙자한 독선이다. 종교는 절대경지를 추구하기를 좋아한다. 그런데 절대경지란 모든 대(對)를 절(絶)하는 것이므로 궁극적으로 언어조차 미칠 수 없다. 그렇다면 말을 안 하면 좋은데, 많은 자들이 자기가 절대경지에 이르렀다고 언표하는 것이다. 그리고 주변사람들이 또 그렇게 말로써 포장하는 것이다. 그렇든 말든 그런 말을 하는 사람들끼리 장구 치고 좋아하도록 내버려두면 그만일 것 같으나 그러한 절대경지는 항상 변화를 거부하고 사람들을 흡인시키는 마력을 지녀서 변화를 거부하는 사회의 보수세력을 형성한다. 모든 보수의 저변에는 종교가 깔려 있다. 절대는 항상 사회적 피해를 수반하는 것이다.

조현이나 나나 이 세상에 종교가 없다면 글 쓰느라고 고생할 필요도 없고 얼마나 좋을까, 그런 생각도 해보았을 것이다. 그런데 이상하게도 인간이 이 지구상에 태어나 언어를 발명한 의식 있는 동물이 된 후로 종교가 없어본 적이 없다. 실상 종교가 인간세를 좌지우지했다고 말해도 과언이 아니다. 그래서 종교에 관한 글쓰기를 멈출 수가 없는 것이다.

종교를 없앨 길이 없다면 우리가 고사 지낼 수 있는 최선의 방도는 종교가 인간의 상식적 삶을 위한 종교이기를 염원하는 것이다. 종교를 위해 인간이 존재하는 것이 아니라, 인간을 위해 종교가 존재한다는 정직한 명제가 상식이 되기를 염원하는 것이다. 하나님이 인간에 종속될 수 없다면 인간 또한 하나님께 종속될 수 없는 것이다. 하나님이 인간을 초월한 타자(the Other)라 할지라도, 그 타자는 인간을 떠나 존속할 수는 없다.

우리 민족의 기독교의 역사는 그리 길지 않다. 그럼에도 불구하고 다양한 얼굴을 지녀왔다. 그 다양한 얼굴 속에서 조현이 추구하고자 하는 것은 이 민족의 상식적 삶을 윤택하게 만들려고 노력했던 토착적 사상가들이다. 여기 "상식적"이니 "토착적"이니 하는 말들이 중요하다.

《성경》이 유대민족의 풍습이나 신앙, 역사 속에서 발생한 것이라 할지라도 그 궁극적 의미를 여기 이 땅의 삶 속에서 찾으려고 했던 사람들이다. 나는 이 책 속에서 말하고 있는 많은 사람들을 직접 알고 그들의 훈도를 받았다. 그들의 삶의 진실이 나에게는 체화되어 있다. 나는 소학교 꼬맹이 때부터 함석헌 선생의 씨알 농장을 들락거렸고 그분의 임종 때에도 곁에 있었다. 다석 유영모 선생의 집회에도 가본 적이 있다. 장공 김재준 목사님께 동양의 역사를 배웠고 그분이 캐나다에 망명하고 계실 때도 찾아가 뵈었다. 문익환 선생께 구약학개론을 배웠고 그의 동생 문동환 선생께 교육학을 배웠다. 문재린 목사님께서 한신동산에서 호미질 하시는 손길을 여러 번 잡아보았다. 이우정 선생께 성서희랍어와 신약학개론을 들었다. 변선환 선생께서 파문당하셨을 때도 공적으로 제일 먼저 그의 파문의 부당함을 알리는 문장을 썼다. 한국신학연구소 이사로서 활동하면서 안병무 선생님의 훈도를 받았고, 허혁 선생님은 나의 고등학교 독일어선생님이셨고 내가 신학대학을 들어가게 되는 한 계기를 만들어주셨다. 서남동 선생의 강의도 많이 들었다.

명동촌의 김약연 선생, 정재면 선생, 시인 윤동주의 족적은 내가 그곳을 답사하면서 세밀하게 그들의 체취를 느껴보았다.

나는 이들의 체취가 사라져가고, 이들의 삶이 추구했던 비전이 흐려져가고, 이들이 신념으로 삼았던 진리체계가 잊혀가고 있는 현실이 안타까울 뿐이다. 그래서 조현 기자가 이 책의 서(序)를 부탁하기에 즐거운 마음으로 응한 것이다.

한국 기독교의 바른 길잡이의 한 등불이 되기를 바라며 앞으로도 조현 기자의 깨어 있는 활동이 지속되기를 빈다.

낙송재(駱松齋)에서
도올 김용옥 쓰다

차례

- 추천의 말 004
- 울림에 들어가며 010

1 — 생명이 바로 예수 그리스도다
권정생　동화를 남기고 간 가난한 종지기　019
채희동　떠났으나 보낼 수 없는 사람　035
장기려　살아 있는 성자, 바보의사 그리고 작은 예수　045

2 — 조선의 기독교에선 김치 맛이 나야 한다
유영모　한국 기독교를 일깨운 지도자들의 스승　059
김교신　청년의 민족혼을 일깨운 〈성서조선〉의 아버지　073
변선환　종교적 타자가 되어버린 예수　087
이신　창조적 신앙을 일군 신념의 화가　100

3 — 동방의 빛을 밝히다
김약연　동방을 밝게 빛낸 한국의 모세　115
김재준　현대사의 호랑이를 키워낸 자유혼　126
최용신　사랑으로 농촌을 깨운 《상록수》의 주인공　141

4 — 동포여 깨어나라

이승훈	오산학교를 설립한 겨레의 스승	155
이찬갑	이 땅의 농촌을 살린 혼의 풀무질	167
유일한	살과 피를 모두 주고 간 거룩한 기업가	180

5 — 하늘의 문을 열다

이세종	모든 걸 나누고 비운 도암의 성자	195
손임순	아홉 자식 가슴에 묻은 구도자 수레기어머니	209
이현필	걸인과 고아를 섬긴 맨발의 성자	218

6 — 버림받은 당신을 하늘처럼

최흥종	무등산으로 떠난 나환우의 아버지	239
강순명	눈앞의 한 사람이 귀했던 성자	250
이보한	거지대장이 된 애꾸눈 거두리	257
방애인	우리 곁에 잠시 머문 눈물의 성자	270

7 — 성령의 바람이 분다

김익두	부흥의 기적을 이룬 불의 사자	281
이용도	조선식 믿음을 고한 예인 목사	291
김현봉	교회 대신 교인 집 지은 중목사	301
대천덕	평등의 공동체 이룬 벽안의 수도사	309

- 이 땅에 한국인의 그리스도를 심은 선지자들   323
- 선지자들을 기렸던 분들께 감사드리며   330

울림에 들어가며

만 리 길 나서는 길
처자를 내맡기며
맘 놓고 갈만한 사람
그 사람을 그대는 가졌는가

온 세상이 다 나를 버려
마음이 외로울 때에도
"저 맘이야" 하고 믿어지는
그 사람을 그대는 가졌는가

탔던 배 꺼지는 시간
구명대 서로 사양하며
"너만은 제발 살아다오" 할
그 사람을 그대는 가졌는가

불의의 사형장에서
"다 죽어도 너희 세상 빛을 위해
저만은 살려두거라" 일러줄
그 사람을 그대는 가졌는가

잊지 못할 이 세상을 놓고 떠나려 할 때
"저 하나 있으니" 하며
빙긋이 웃고 눈을 감을
그 사람을 그대는 가졌는가

온 세상의 찬성보다도
"아니" 하고 가만히 머리 흔들 그 한 얼굴 생각에
알뜰한 유혹을 물리치게 되는
그 사람을 그대는 가졌는가

_ 함석헌, 〈그대 그런 사람을 가졌는가〉에서

살면서 사람다운 사람 만나기가 어렵고, 사람다운 사람 만났을 때만큼 기쁠 때도 없다. 내 친구이던 '그런 사람' 채희동 목사가 세상을 떠난 후, 한국 기독교 100년에 왜 또 울림을 주는 '그런 사람들'이 없었겠는가라는 생각이 〈한겨레신문〉에 '숨은 영성가를 찾아서'란 기획 연재를 하게 했다.

 우리가 익히 아는 저명한 그리스도교인인 조만식, 안창호, 서재필, 이상재, 길선주, 주기철, 함석헌, 안병무, 서남동, 한경직, 문익환 등은 이미 많은 이들이 언급했고, 그들에 관한 여러 책도 나왔기에 '숨은 영성가'에서는 다루지 않았다.

 주관적 신앙인이 아닌 객관적인 저널리스트로서 나름대로 엄정한 눈을 가지고 출발했지만 되돌아오던 길마다 '나'는 여지없이 무너졌다. 그들은 나를 부끄럽게 했고, 울렸다.

 이 가운데 권정생, 채희동, 대천덕은 살아 있는 육신으로서 마주쳤고 배웠고 교유했던 분들이다. 다른 스물한 분은 육안으로 볼 수 없었다. 그들 대부분이 세상에 알려진 이들이 아니어서 어느새 내 안에 선입견으로 남아 있었기 때문일까. 오히려 그분들과의 새로운 만남은 살아 있는 그 어느 누구와의 만남보다도 생생했다.

 스물네 살 백옥 같은 처녀였던 방애인은 나환우의 썩어가는 손 위에 촛농 같은 눈물을 떨어뜨려 그들의 썩어가는 가슴에 새살이 돋게 하였고, 최용신은 자신의 병 때문에 살날이 며칠 남지 않은 날 새벽에도 새벽기도를 마치고 머나먼 산골 마을로 찾아들어가 까막눈의 아이들과 아주머니들에게 '가갸거겨'를 가르쳤다.

 이현필은 폐병환자들을 돌보다 폐결핵에 걸렸다. 그런 몸으로 그는 걸인들을 먹여 살리기 위해 탁발을 하며 맨발로 눈길을 걸었다. 일제에게 나라를 잃고 동포들이 비탄 속에 죽어갈 때 많은 지식인과 종교인들

이제 살길만을 찾아 천황제국의 신민(神民)임을 외칠 때에도 이승훈과 김약연, 김교신은 지옥 속의 동포들을 두고 어떻게 나 혼자 천국에 갈 수 있느냐며, 동포들을 구원하기 위해 스스로 십자가를 지고 지옥에 들어가는 고초를 즐거이 감수했다.

또한 세계 최강대국들에게 둘러싸여 1천여 번의 외침을 받고 수많은 살육과 고통을 당한 약소국민의 패배의식 속에서 '소신'보다는 오직 주류와 정통에 서는 보신주의가 판을 치던 이 땅, 오히려 본토보다 더 사대주의와 근본주의가 만연했던 이 나라에서 이용도, 김재준, 변선환, 이신은 '이 땅의 기독교'를 위해 고독한 선지자의 길을 기꺼이 택했다.

그뿐이 아니었다. 이세종, 유영모는 마치 유·불·선의 '도통'과 같은 체험으로 새롭게 하늘 문을 열었다. 일찍이 사막의 교부들에게서도 찾아보기 어려운 이들의 경지는 수천 년 각기 다르게 자라온 동(東)·서(西)의 종교 사상이 극적으로 만나면서 터져 나온 핵폭발과도 같았다. 가히 세계 문명사에서도 찾아보기 어려운 일들이 이 땅에서 일어났고, 그런 인물들이 우리 곁에 머물다 간 것을 왜 그토록 몰랐을까. 백범 김구가 최흥종을 평한 것처럼 '화광동진(和光同塵, 성자의 본색을 감춘 채 중생 속에서 살아감)'하기만 해서일까.

태양 앞에서 눈감아버린 채 어둠을 탓했던 나의 무지 앞으로 그들은 '부활'해 다가왔다. 그리고 닫힌 심안(心眼)을 열어주었다. 그들은 어떤 말도 하지 않았다. 설교도 없었다. 그들은 오직 그들의 삶으로 말했다. 삶의 마지막 순간에 울면서 유언해줄 것을 부탁하던 사람들에게 "내 삶이 유언"이라고 했던 규암 김약연의 금언처럼.

　15년간 종교전문기자로 지내는 동안 '한국 기독교'에 대한 몇 개의 화두가 늘 떠나지 않았다. 어떻게 동아시아 나라 중에서 우리나라에만 유일하게 기독교가 착근할 수 있었을까? 그것도 유교·불교·선도의 전통이 가장 깊게 뿌리박힌 나라에서.

　근대 한국을 변화시켰던 주목할만한 '창조적 소수들'이 조상 대대로 전해온 수천 년의 전통을 버리고 왜 주위의 눈총과 멸시를 피할 수 없었던 '야소(예수)교'를 택했던 것일까? 3·1운동 때 국민의 1.3퍼센트에 불과했던 기독교인들이 어떻게 민족대표 33인 가운데 16명이나 참여하면서 민족을 하나로 모으는 역할을 했을까? 이 땅에 들어온 지 몇 년 되지 않은 이방의 종교를 가진 이들이.

　신앙의 유일성 속에서도 초기 기독교 선구자들은 어떻게 영성적 깊이를 지니면서도 신앙과 민족과 이웃이 화해하는 현실을 만들어갈 수 있었을까?

　맘몬(돈)숭배와 성전·교권주의, 성장주의, 배타주의로 국민의 신망을 잃어간다는 한국 교회의 아우성이 높아만 가는 가운데 한국 교회의 희망을 그 어느 길에서 찾을 수 있을까? 그리고 이 주체할 수 없는 변화와 욕망의 물결 속에서 신앙인으로서, 또는 한 인간으로서 과연 어떻게 현실을 맞이하고 어떻게 살아가야 할까.

　선지자. 그들이 바로 이런 화두에 답을 줄 수 있는 자들이었다. 이 책에 실린 이 땅의 선지자들을 순례하는 동안 그러한 화두는 자연스레 풀렸다. 그렇다. 가슴을 먹먹하게 하며 지금도 귀와 온몸에 울림을 준 그들 삶에 답이 있었다. 그리고 그들의 발자취를 뒤따르는 당신의 삶이 바로 답이 되리라.

조현

1

생명이
바로
예수
그리스도다

동화를 남기고 간 가난한 종지기

권정생 1937~2007

며칠 전에 시내에서 오랜만에 영애란 애가 왔습니다. 시골에 계신 할머니가 편찮으셔서 찾아뵈려고 왔다더군요. 우리 집에 먼저 들렀기에 아무 생각 없이 말했습니다.

"영애야. 이 테이프 할머니 갖다 드려라. 누워서 조용히 들어보시면 좋을 거야."

그러면서 〈회심곡〉 카세트테이프를 보냈습니다. 그런데 영애가 간 뒤, 가슴이 철렁 내려앉았습니다. 왜냐하면 영애네 할머니는 교회 권찰님이시거든요. 그런 할머니께 불교의 〈회심곡〉을 들으라고 보냈으니 어떻게 되었겠습니까?

가끔 동네 할머니들을 대하다 보면 어느 할머니에게는 절대 하나님이

나 예수님에 관한 말씀을 해서는 안 되고, 어느 할머니에게는 부처님에 관한 말씀을 해서는 안 된다는 것을 알게 되었습니다.

〈회심곡〉 테이프는 몇 달 전에 아랫마을 성찬이네 할머니께서 구해달라 하시기에 시내에 갔다가 하나 더 사서 보관해두었던 것입니다. 또 누군가 필요한 할머니께 드리려고요.

_ 권정생, '지난여름은 참 더웠습니다', 〈샘〉, 1999

권정생은 채희동 목사가 펴내던 〈샘〉이란 잡지에 1999년, 위와 같은 글을 실었다. '지난여름은 참 더웠습니다'란 글이었는데 그는 "세상이 복잡하고 까다로운 건 다 아는 것이지만 때로는 아무것도 아닌 것이 큰 문젯거리가 될 때가 있다"고 했다.

대소사를 함께 치르고 어려울 때는 고구마 한 개라도 나눠 먹으며 정을 나누던 한마을 사람들끼리도 종교 때문에 이렇게 가릴 게 많아졌다는 사실이 '이상'했던 것이다. 이 세상에는 당연하게 보이는 것도 평생 천진(天眞)의 동심이었던 권정생의 눈에는 그랬다.

사람들은 늘 서로가 편을 가르고 시기하고 질타하는 삶을 살면서도 왜 권정생의 글을 찾는 것일까. 시골교회의 종지기였던 권정생은 1969년 그의 첫 작품 《강아지 똥》이 제1회 기독교 아동문학상 현상공모에 뽑힌 이래 지금까지 우리나라에서 가장 많은 독자들의 사랑을 받아온 동화작가 중 한 명이다. 그의 동화들은 《하느님의 눈물》, 《하느님이 우리 옆집에 살고 있네요》, 《도토리 예배당 종지기 아저씨》, 《우리들의 하

권정생

느님》 등 대부분이 예수 그리스도의 사랑을 승화한 작품들이었다.

마당의 잡풀 하나에도 연민을 감내할 수 없을 만큼 연약했지만, 이 시대 내로라하는 수많은 지식인들과 종교인들까지 허위의 삶을 스스로 되돌아보며 성찰하게끔 만들었던 권정생에게 하나님과 예수 그리스도는 무엇이었을까.

그에게 예수 그리스도는 이 세상에 속하는 축복을 가져다주는 그런 분이 아니었다. 단란한 가정에서 부모와 손을 잡고 교회당에 나가 하나님을 영접하는 호사는 권정생의 삶에는 없었다. 한마디로 그의 삶은 저주받았다고 할 만큼 비참했다. 평생 십자가를 짊어진 자로 살았던 그에게는 진짜 하나님이 아닌 허위나 관념, 욕망으로 채색된 하나님을 만들어낼 재간이 없었다.

권정생은 일제강점기 때 일본 도쿄의 빈민가에서 태어났다. 피폐한 식민지 조국을 떠나온 그의 부모는 하루하루 연명하기에도 벅찬 가난만 물려주었다. 해방이 된 후 1946년에 외가가 있는 청송으로 돌아왔지만 고국 역시 제 한 목숨 부지하기에도 여유가 없는 이들뿐이었다. 그의 가족은 먹을 것을 찾아 이곳저곳을 흘러 다녔다.

한국전쟁 중에 가까스로 초등학교를 마친 권정생은 중학교에 진학할 수도 없었다. 어떻게든 공부를 해보려고 부산에 가서 점원과 나무장수, 고구마장수를 해보았지만, 제대로 먹지도 못한 채 혹사해 등록금 대신 폐결핵과 늑막염만 얻게 되었다. 그렇게 들러붙은 병균들은 그의 몸을 평생 떠나지 않았다.

그의 집은 너무나 가난했다. 잘 먹어야 했지만 병을 돌보기는커녕 하루 세끼 밥도 제대로 먹을 수 없었다. 그러는 동안 결핵균은 신장과 방광까지 엄습했다. 약도 밥도 없이 죽어가던 청년에게 유일한 위안은 하나님이었다.

그가 교회를 지팡이 삼아 하루하루 죽음보다 비참한 삶을 이어가고 있는 사이 어머니는 1968년에 그를 떠났다. 평생 독신으로밖에 살 수 없었던 그에게 유일한 여인이었던, 그가 죽는 순간에도 목매어 불렀던 그 '어매'는 병든 아들을 홀로 남겨두고 떠났다. 어머니가 세상을 떠난 뒤 아버지는 "병든 형이 집에 누워 있으니 누가 네 동생에게 시집을 오겠느냐"고 했다. 그래서 권정생은 집을 떠났다. 그는 걸인보다 못한 걸인이 되었다. 병 때문에 밥을 벌어먹을 힘조차 없던 그는 오물 덩이처럼 거리를 뒹굴었다. 그렇게 석 달 만에 집에 돌아오니 아버지는 몸져누워 있었다. 아버지도 그해 세상을 떴다. 이제 온전히 홀로 남은 그에게 결핵균이 더 무섭게 달려들었다. 그는 신장 하나를 잘라냈고 방광을 들어내는 대수술을 받았지만 의사는 2년 이상은 살기 어려울 것이라 말했다. 그러나 그는 죽지 않았다. 늘 죽음을 안고 살면서도 죽음을 잊기 위해 글을 쓰기 시작했다. 권정생이 16년 동안 살던 교회당 문간방을 떠나 마지막 20여 년을 보낸 오두막으로 온 것은 1982년이었다.

나는 죽어서 가는 천당, 생각하고 싶지 않다

그는 이곳에서 마을 한 귀퉁이의 노인으로 늙어갔다. 인근에 사는 이오덕, 전우익 같은 친구와 가끔씩 편지만 주고받을 뿐 평생을 홀로 살았다. 그는 소문을 듣고 찾아온 사람들도 잘 만나주지 않았다. 기자는 말할 것도 없었다. 인터뷰 같은 것을 한 적도 없다.

그런 그를, 경북 안동시 일직면 조탑리에 있는 오두막으로 찾아가 뵌 것은 그가 세상을 뜨기 몇 개월 전이었다. 조탑리 정자나무 아래에서 이현주 목사 외 몇몇과 예배 모임을 한다는 얘기를 듣고 그 기회에 그를 만나러 갔다.

조탑리라는 마을 이름이 말해주듯 고즈넉한 옛 탑들이 마을 앞에 그대로 서 있었다. 그것이 불교를 담았건 유교를 담았건 옛 마을의 정취를 풍기고, 이 마을 사람들의 손때 눈때가 묻은 것이라면 권정생이 좋아할 게 틀림없어 보였다. 마을 사람들에게 그의 집을 물어물어 골목길로 들어갔다. 그에게 대접하기 위해 홍시를 샀는데, 마을 어귀부터 감 천지였다.

그의 집은 골목 끝에 있었다. 다행히도 그의 집에는 감나무가 없었다. 하지만 그런 안도감보다는 너무도 무성한 풀과 아무렇게나 놓여 있는 살림살이의 모습, 이제는 빈민촌에서도 보기 어려운 오두막의 모습을 보자 가슴에서 무엇인가 울컥 하고 넘어왔다.

마당 주위의 바위에는 이끼가 잔뜩 끼어 있었고, 풀이 무릎 높이까지 자란 마당에는 그가 불을 때 밥을 지었을 솥단지가 걸려 있었다. 방문 위로는 그가 써 붙인 것으로 보이는 '권정생'이라 적힌 종이가 보였다. 댓돌 위에는 그가 마르고 닳도록 오르고 내렸을 빨래판 같은 게 놓여 있었다.

"선생님, 선생님…."

문밖에서 아무리 불러도 대답이 없었다. 얼마 전에 모 신문기자가 연락 없이 이곳을 찾았는데, 문도 열어주지 않았다는 이야기를 들은 적이 있었다. 평생 동안 전신결핵을 앓아온 그는 몸 상태가 아주 좋을 때도 "쌀 두 가마를 짊어지고 있는 것 같다"고 했다. 그러니 평소에는 얼마나 몸이 무겁고 힘들었을까. 그토록 아프기에 얼굴 찌푸리지 않고 사람 맞을 자신이 없어서 어지간해서는 문도 열어보지 않는다는 것이었다.

오두막의 방문을 열어보았다. 그가 문 안에 있을지도 모른다는 듯 열었지만, 사실 그의 방을 꼭 보고 싶었던 마음이 더 컸다. 그런데 방 안의 모습을 본 순간 말문이 막히고 말았다. 두 평 남짓한 방 두 개가 나란히 있었는데, 부엌방이기도 한 문간방에는 문밖과 마찬가지로 온갖 책들이 산더미처럼 쌓였고, 그 사이에 한 사람이 간신히 지날 수 있는 길만 나 있었다. 그 안쪽이 그의 거처였는데, 사방에는 누렇게 변한 책들이 쌓였다. 공간이라곤 겨우 한 사람 몸 웅크리고 누울 수 있을 만큼밖에 안 되어 보였다. 수십 년은 됐을법한 조그만 텔레비전 위에는 그가 먹는 듯한 약봉지가 놓여 있었다.

그렇게 평생 독신으로 살아온 권정생의 삶이 전율로 다가와, 마당에

권정생의 집

서 한 시간 동안 멍청하게 그대로 앉아 있었다.

마을 어귀 정자나무 아래로 가자 이현주 목사와 함께 낙엽 위에 앉아 있는 그가 보였다. 김장배추 속에 숨은 흰 속살 같은 얼굴이었다. 이현주 목사는 주일이면 좋은 곳으로 좋은 사람들을 찾아다니며 예배를 드린다. 그렇게 가는 곳마다 건물 없는 예배당이 되는데 이를 '드림교회'라 불렀다. 이날은 조탑리에서 권정생과 함께하는 예배였다.

이현주 목사는 찻길조차 없던 1970년대부터 이 마을을 오갔다. 이오덕으로부터 숨은 '인간 국보' 권정생의 소식을 듣고 그를 찾기 시작했고 이제는 오랜 지기가 되었다. 권정생은 '드림교회'가 뭔지도 잘 모르면서 이 목사의 청으로 엉겁결에 마을 정자나무 아래에 앉아 있는 듯 보였다. 그를 만나고파 전국에서 이날 예배를 찾은 20여 명과 함께였다.

묵상 기도 뒤 사람들은 말씀을 나누었다. 참석자들 대부분은 하나님께 '저를 왜 이곳에 불렀느냐?'고 물으니, 하나님께서 이러저러한 응답을 주었다고 했다.

"차를 타고 이곳에 온 게 하나님 뜻인가요?"

이 목사 옆에 다소곳이 앉아 있던 권정생이 말문을 열었다. 무슨 일을 하든 관성적으로 '하나님의 뜻'에 갖다 붙이는 그리스도인들의 습관에 대한 일침이었다.

"이라크에서 전쟁을 일으키는 것도, 사람들에게 그 많은 고통을 주는 것도 하나님의 뜻인가요?"

잠시 침묵하던 권정생은 이 모든 것이 "인간이 한 것"이라고 했다. 그리고 다시 권정생은 한참 동안 말을 하지 않았다. 그는 마을 쪽을 바라보고 있었다. 낙엽만이 침묵 사이로 뒹굴었다. 마침내 여든여덟 살의 어느 마을 할머니에 관한 이야기를 꺼냈다.

"우리 동네에 한 할머니가 있다. 그 할머니가 네 살 때 부모가 일본으로 끌려갔다. 그 뒤 아직까지 소식을 모른다. 그는 지금도 '아버지 어머니가 나를 버렸을까' 아니면 '어쩔 수 없이 못 오셨을까'만 생각한다. 결혼해 자식 손자까지 다 있는데도 할머니는 아직까지 네 살짜리 아이로 살아가고 있다. 그것도 하나님 뜻인가. 하나님이 일제 강점기 36년과 6·25 전쟁의 고통을 우리에게 주었는가?"

권정생은 "아니다"라고 자답했다. 그 고통 역시 "인간 때문"이라는 것이다. 이야기 중에도 허공을 응시하는 눈으로 산과 들과 마을을 바라보던 그가 다시 마을 이야기를 이어갔다.

"우리 마을엔 당집이 있다. 거기엔 할머니신을 포함해 세 분이 모셔져 있다. 한 분은 후삼국시대에 백제에서 온 장군인데, 죽을 줄 알았던 마을 사람들을 모두 살려줬다. 또 한 분은 비구니 스님인데, 이 마을에 전염병이 돌 때 와서 사람들을 보살피고 살려줬다. 당집에선 한 해 동안 싸움 안 하고 가장 깨끗하게 산 사람이 제주가 되어 정월 보름마다 마을 사람들과 함께 제사를 지낸다. 평소에도 당집 앞을 지날 때마다 스스로 착하게 살려고 자신을 다잡는다. 그렇게 마을 사람들은 평안하게 살아간다."

그가 이어서 말했다. "사람들이 교회에서 착하게 살라는 설교를 귀가 따갑게 들으면서도 한 가지도 행하지 못하고 서로 싸우기 일쑤인데 왜 그럴까. 세상에 교회가 없었더라면 어땠을까?"

"교회나 절이 없었더라도 더 나빠지지는 않았을 것 같다"고 대답한 그는 "세상에 교회와 절이 이렇게 많은데, 왜 전쟁을 막지 못하는가"라며 다시 낙엽을 바라보았다.

"'선택받은 민족'이라는 유대인들은 아우슈비츠에서 600만 명이나 죽는 고통을 당하고도 왜 그렇게 남을 죽이고 고통스럽게 하는가. 1940년대 유대인들이 처음 팔레스타인 땅에 돌아왔을 때 팔레스타인 사람들은 키부츠 등에 땅도 내주고 함께 살자고 했는데, 이젠 '처음부터 막

이현주 목사의 드림교회 예배에 참석한 권정생(가운데 흰 모자, 그 왼쪽이 이현주 목사)

앉아야 했는데'라며 후회한다고 들었다. 영화 〈쉘부르의 우산〉의 배경이 된 전쟁은 베트남전이다. 프랑스는 당시 베트남인들을 노예처럼 끌어다가 칠레 남부의 섬에 가둬 비행장 건설 노역을 시켰다. 그러다 전쟁이 끝나자 베트남인들은 그대로 남겨둔 채 자기들만 고국으로 돌아가버렸다. 그 섬엔 아직도 고향으로 돌아가지 못한 베트남 노인들이 살고 있다. 프랑스인들은 세계대전을 일으킨 독일의 악행만 얘기하지 자신들이 한 것에 대해선 한마디도 하지 않는다. 중국도 일본이 난징학살 때 30만 명이나 살육한 것을 지금까지 그토록 분개하면서도 티베트인들을 그렇게 죽인 것에 대해선 한마디도 하지 않고 지금까지도 억압만

하고 있다. 미국은 자기는 핵무기를 만 개도 넘게 가지고 있으면서 다른 나라들만 나쁘다고 한다."

권정생은 "모두가 자기는 잘하고 옳은데, 상대방이 문제라고 한다"고 했다. 그것이 불화와 고통의 원인이 되고 있다는 것이다.

"나는 죽어서 가는 천당, 생각하고 싶지 않다. 사는 동안만이라도 서로 따뜻하게 사랑하며 살아가야 하지 않겠는가?"

인간사가 '하나님의 뜻'이 아닌 '인간의 짓'임을 분명히 한 권정생의 말에 자신의 행동도, 세상의 해악도 하나님에게만 돌리던 마음들이 한순간 쓸려가 버렸다. 그러나 권정생은 "하나님은 언제나 '인간이 하는 일'을 보고 계신다"고 하였다. "그렇기에 홀로 있어도 나쁜 짓을 할 수 없고, 착한 일을 했어도 으스댈 수 없다"고 했다.

내 몫 이상을 쓰는 것은 벌써 남의 것을 빼앗는 행위

예배를 드리고 권정생과 함께 인근 고운사로 가 경내를 거닐었다. 산책 중에 "시골 마을에서도 이제 모두 새집 지어 살아가는데, 왜 그렇게 사느냐"고 그에게 물었다. 그러자 그는 그 집도 1983년에 120만 원이나 들여서 지은 집이라며 면에서 알려준 공시지가를 보니 89만 원밖에 안 하더라고 했다. 그러면서 "마을 할머니들이 나더러 죽기 전에 그 집이라도 팔아서 돈을 쓰라고 한다"고 했다. 종지기 때와 다름없이 살아가는 그의 모습을 본 할머니들이 너무도 안타까워 하는 소리였을 것이다.

그와 함께 경내 벤치에 앉았다. 그를 위해 잠시 기도를 했다.

"권 선생님이 몸 아프지 않고 편하게 눈을 감게 해주소서."

그랬더니 언제나 수줍은 듯 말도 잘 하지 않는 그가 갑자기 큰 목소리로 "아멘!"이라고 해 깜짝 놀랐다. 얼마나 늘 몸이 아팠으면….

그 쓸쓸한 오두막에 누울 그를 뒤로 하고 서울로 올라오던 내내 가슴 한편이 아려왔다. 수줍음이 유난히 많았던 그의 얼굴을 보면 약자로 살며, 늘 약자를 사랑했던 몽실 언니가 가슴속으로 들어오는 것만 같았다.

그는 그 자신이 몽실 언니였다. 아동작가로서는 최고의 베스트셀러 작가였기에 얼마든지 호화롭게 살 수 있었지만, 그는 50년 전이나 60년 전과도 털끝만큼도 다르지 않은 삶을 살다 갔다. 나가기만 하면 대박이 나는 MBC '느낌표' 출연도 거부했고, 모든 상의 수상도 거부했다. 모두가 변하지 않으면 죽는다는 다급함에 허덕이는 세상에서, 그는 한 길이나 자란 풀이 덮인 마당을 오가며, 한 평도 안 되는 방에서 그렇게 살았다. 누군가는 그를 성자라고 한다. 그는 "이런 어지러운 세상에 예수님이 내려오셔서 심판하면 몇 사람이나 구원받을까요?"라며 "나는 절대 자신 없다"고 고백했다.

한 달에 채 몇 만 원도 쓰지 않았던 그는 "하루치 생활비 외에 넘치게 쓰는 것은 모두 부당한 것"이라며 "내 몫 이상을 쓰는 것은 벌써 남의 것을 빼앗는 행위"라고 했다. 그는 생전에 인세로 들어온 돈을 꼬박꼬박 모아 모두 후세에게 돌려주었다. 그가 남긴 마지막 말은 평생 모은

5,000만 원으로 옥수수를 사서 북한 어린이들에게 보내달라는 것이었다. 권정생은 세상을 뜨기 전 유언장을 작성했다.

유언장

내가 죽은 뒤에 다음 세 사람에게 부탁하노라.
1. 최완택 목사, 민들레 교회
이 사람은 술을 마시고 돼지 죽통에 오줌을 눈 적은 있지만 심성이 착한 사람이다.
2. 정호경 신부, 봉화군 명호면 비나리
이 사람은 잔소리가 심하지만 신부이고 정직하기 때문에 믿을만하다.
3. 박연철 변호사
이 사람은 민주변호사로 알려졌지만 어려운 사람과 함께 살려고 애쓰는 보통사람이다. 우리 집에도 두세 번쯤 다녀갔다. 나는 대접 한 번 못했다.

위 세 사람은 내가 쓴 모든 저작물을 함께 잘 관리해주기를 바란다. 내가 쓴 모든 책은 주로 어린이들이 사서 읽는 것이니 여기서 나오는 인세를 어린이에게 되돌려주는 것이 마땅할 것이다. 만약에 관리하기 귀찮으면 〈한겨레신문사〉에서 하고 있는 남북어린이 어깨동무에 맡기면 된다. 맡겨놓고 뒤에서 보살피면 될 것이다.

유언장이란 것은 아주 훌륭한 사람만 쓰는 줄 알았는데 나 같은 사람도 이렇게 유언을 한다는 게 쑥스럽다. 앞으로 언제 죽을지는 모르지만 좀 낭만적으로 죽었으면 좋겠다. 하지만 나도 전에 우리 집 개가 죽었을 때처럼 헐떡헐떡거리다가 숨이 꼴깍 넘어가겠지. 눈은 감은 듯 뜬 듯하고 입은 멍청하게 반쯤 벌리고 바보같이 죽을 것이다. 요즘 와서 화를 잘 내는 걸 보니 천사처럼 죽는 것은 글렀다고 본다. 그러니 숨이 지는 대로 화장을 해서 여기저기 뿌려주기 바란다. 유언장치고는 형식도 제대로 못 갖추고 횡설수설했지만 이건 나 권정생이 쓴 것이 분명하다. 죽으면 아픈 것도 슬픈 것도 외로운 것도 끝이다. 웃는 것도 화내는 것도. 그러니 용감하게 죽겠다. 만약에 죽은 뒤 다시 환생을 할 수 있다면 건강한 남자로 태어나고 싶다. 태어나서 25세 때 22세나 23세쯤 되는 아가씨와 연애를 하고 싶다. 벌벌 떨지 않고 잘할 것이다. 하지만 다시 환생했을 때도 세상엔 얼간이 같은 폭군 지도자가 있을 테고 여전히 전쟁을 할지 모른다. 그렇다면 환생은 생각해봐서 그만둘 수도 있다.

_2005년 5월 1일, 쓴 사람 권정생

 권정생은 마지막 유언에서조차 유머와 사랑을 잃지 않았다. 그는 선종(善終)을 앞두고 숨이 가빠오자 119 구급차에 실려 대구가톨릭병원에 입원했다. 티 없이 맑은 얼굴과 매사 기도하는 듯한 그의 음성을 대한 간병사가 "(기독교) 믿음 생활 하는가 보죠?"라고 묻자 권정생은 "내가 믿는 하나님과 목사님이 말하는 하나님이 이따금이 아니라 자주 어긋나 낭패"라면서 "예수님은 줄 만큼 준다고 했는데 요즘 교회는 너무 많이 갖고 있는 게 탈"이라고 했다.

지구에서 일어났던 폭력의 상당수가 하나님과 예수를 앞세운 서구 제국주의로 인한 것임을 간파한 권정생은, 이 땅 위의 우상과 마귀는 마을 앞 서낭당이나 성주단지와 고수레와 까치밥이나 차례가 아니라 제국주의와 전쟁과 핵무기와 독재와 폭력과 자기밖에 모르는 욕망이며 독선이라고 했다.

권정생, 그는 하늘나라에서 그가 평소 소망했던 이런 교회 공동체를 이루었을까?

"○○교회라는 간판도 안 붙이고 꼭 무슨 이름이 필요하다면 까치네집이라든가 심청이네집이라든가 망이네집 같은 걸로 하면 되겠지. 함께 모여 세상살이 얘기도 하고, 성경책 얘기도 하고, 가끔씩은 가까운 절간의 스님들을 모셔다가 부처님 말씀도 듣고, 점쟁이 할머니도 모셔와서 궁금한 것도 물어보고, 마을 서당 훈장님 같은 분께 공자님 맹자님 말씀도 듣고, 단옷날이나 풋굿 같은 날엔 돼지도 잡고 막걸리도 담그고 해서 함께 춤추고 놀기도 하고, 그래서 어려운 일, 궂은일도 서로 도와가며 사는 그런 교회를 갖고 싶다."

떠났으나
보낼 수 없는
사람

채희동 1964~2004

내게 한 친구가 있었다. 그는 목사였는데 시골에서 살았다. 시골교회 옆에서 예쁜 아내와 어린 아들 하나, 딸 하나 이렇게 네 식구가 살았는데, 모두가 그들을 부러워했다. 그와 가족들은 가진 것이 없어도 기뻤고, 도로 옆에 있는 집에서 살아도 고요했고, 교인이 20명밖에 안 되고, 2천만 원짜리 좁은 전셋집에서 살아도 행복했다.

사실 그가 진짜 행복한 이유는 늘 천사처럼 선녀처럼 예수처럼 하늘로 올라갈 생각만 하기보다는 오늘 하루를 천국으로 만들 줄 아는 이였기 때문이다. 언제인가 이현주 목사는 그 친구에 대해 이렇게 썼다.

"꿈도 얼어붙은 찬 겨울바람 무릅쓰고 눈을 떠 새봄을 준비하는 대지 같은 가슴으로, 한 젊은 목사가 새벽기도를 마치면서 시 한 편 읽고 운동장에 나가 동네 아이들과 공을 찬다."

그는 공을 차고 돌아와 가끔씩 글을 썼다. 그리고 '하나님 · 사람 · 자연이 숨 쉬는'이란 부제가 붙은 〈샘〉이란 계간지를 냈다. 그가 혼자 만드는 잡지였는데, 권정생, 이현주 목사, 최완택 목사, 김기석 목사, 이정배 교수, 고진하 시인, 김영동 시인 등이 글을 썼고, 가끔은 나도 보태었다. 물론 원고료는 없었다.

〈샘〉 속에는 관념과 지식이 아닌 생명이 흐르고 있었고, 종교가 아닌 사랑이 숨 쉬고 있었다. 친구의 종교는 '한 생명'이었다. 모든 사람이 그리고 만물이 다 내 몸이라면, 모두가 다 내 생명이라는 깨달음에 이른다면, 누구도 자기가 자기 눈을 찌르는 짓을 원치 않을 것이 분명하다고 여긴 그였다.

대부분의 기독교 목사들이 "예수 믿고 구원받아 천국 가자"고 외칠 때도 친구는 지금 우리가 발을 딛고 있는 이 땅에서 아픈 이와 슬픈 이의 고통에 동참해보자고 했다. 그것이 기쁨이자 평화이며, 또한 천국으로 가는 길이라고 그는 말했다.

"당신은 왜 자꾸 하늘만 바라보고 있나요. 당신이 믿는 예수님은 하늘의 자리를 버리고 이 땅에 내려와 가난한 이들과 병든 세상을 돌보시다가 십자가에 달려 죽으셨는데 말입니다. 아직도 당신의 가난한 이웃은 차가운 땅에서 따스한 당신의 손길을 기다리고 있는데, 남과 북으로 갈라진 이 민족은 당신의 평화와 통일의 외침을 바라고 있는데, 하나님이 창조하신 자연은 사람들의 탐욕으로 파괴되어가고 있는데, 당신은

채희동 목사

여전히 선녀처럼 하늘로 올라갈 생각만 하고 있구려."

그의 글은 늘 내 양심을 자극했다. 애초부터 그가 누구를 비판하거나 채근하는 사람이었다면 내 무딘 양심이 자극받을 리 만무했을 것이다. 그러나 그는 그런 사람이 아니었다.

"이제는 앞만 보고 달리지 말고 사랑하는 이웃과 더불어 이 봄길을 걸어봐요. 그저 앉아서 하늘의 복만 구하지 말고 우리 함께 논밭을 일궈 씨를 뿌리고 땀을 흘려 일하는 농부가 돼요. 가을의 논과 밭이 아무것도 소유하지 않고 농부에게, 하늘을 나는 새와 산짐승에게 모든 양식을 공평하게 나누어주듯이 이웃과 더불어 얻은 양식은 내 것이 아니라 하늘의 것이라 여기며 나누어주어요. 그래서 마침내 아무것도 걸치지 않은 알몸으로 주님을 맞이하는 겨울나무처럼, 그대와 나 그렇게 살아요."

그가 누구를 가르치려 하는 말이 아니었다. 매우 사랑했기에, 진심으로 좋은 것이기에 그렇게 하자고 한 것임을 그는 자신의 삶으로 말해주었다. 상대가 나를 죽도록 좋아하든지 내가 상대를 미치도록 좋아하든지, 그런 식으로 평행선은 잘 긋던 나는 연애하듯 살포시 하는 교제에는 서툴렀다. 그래서 다가서는 사람에게 경계심 많고 고약한 내게 그는 전혀 새로운 인연이었다. 사람이 오래 그리고 자주 만나야만 친구가 되는 것이 아님을 그를 통해 알게 되었다.

특히 친구는 종교를 이야기하지 않았다. 목사였음에도 그는 길을 아는 체하지 않았다. 그저 묵묵히 걸을 뿐이었다. 길을 아는 것과 걷는 것과의 차이를, 산을 바라보는 것과 오르는 것의 차이를 알 듯 신앙도 머리로 이해하는 것이 아니라 손과 발로 직접 그 사랑에 참여하는 것이라는 어느 예언자의 말처럼, 그는 그저 자신의 일을 하는 사람이었다.

"아들 중에 아버지의 이름만을 기억하는 자와, 아버지께서 가르쳐주신 교훈을 실천하는 자 중 누가 제대로 된 자식일까?"

옛 예언자의 이런 물음에 그는 늘 머리가 아닌 두 팔 두 발 그리고 온몸으로 답하며 살아가는 사람이었다. 그래서 그를 만나면 머리가 시원해졌다. 1년간 회사를 쉬고 인도와 히말라야를 돌고 귀국해 가장 먼저 만난 사람도 그였다. 그는 어느새 오랜 친구보다 더 편하게 사생활을 함께 나누는 내 친구가 되었다.

십자가, 그것은 바로 오늘 내 손에 들려진 걸레

나는 그의 가족들과 함께 아산 송악의 봉곡사 숲길을 걸었다. 그의 고향 동네 옆에 있는 아산 봉곡사는 우리나라에서 가장 아름다운 소나무 숲길로 꼽히는 곳이다. 그는 아들의 손을 잡고, 나는 그의 딸을 안고 걸었다. 친구는 훗날 언젠가 그의 고향 동네에서 함께 살자고 했고, 나도 내심 그의 고향 동네로 갈 생각을 하던 차였다.

그렇게 그 친구를 만나고 온 지 몇 주가 지나지 않은 2004년 11월의 어느 날 집에서 가족들과 어울려 놀고 있을 때였다. 전화벨이 울렸다. 〈기독교사상〉 편집장인 한종호 목사였다.

"놀라지 마십시오. 채희동 목사가 세상을 떠났습니다."

"떠나다니요?"

한 목사가 할 일 없이 장난전화나 할 사람이 아니라는 것을 알면서도 믿어지지가 않았다. 아니 믿고 싶지 않았다. 내 친구 채희동 목사가 죽었다는 것이다.

비보를 받고 한밤중에 아산역에 도착하니 한 목사가 나와 있었다. 그를 통해 희동이 10일 전 기독교환경연대 사무총장으로 내정됐던 사실을 알게 되었다. 시골을 떠나고 싶어 하지 않던 그는 "그 일을 해낼 사람이 당신밖에 없다"는 주위의 강권으로 일을 맡기로 했다고 한다.

그는 서울에 전세방을 얻을 형편도 안 되었다. 그가 세상을 뜨기 하루 전 한 목사와 통화를 했는데 "(당시) 기독교환경연대 사무실이 남태령에 있으니 의왕에서 가깝고, 조(현) 기자도 나도 의왕에 사니 그 근처에 방을 얻으면 좋지 않겠느냐"는 한 목사의 말에 "그래야겠다"고 했단다.

다음 날 희동은 다른 교회에서 찬송가대회 심사를 봐달라는 요청을 받고 승합차를 끌고 마을 앞 신호등 앞에 서 있다가 달려오던 유조차에 받혀 그 자리에서 생을 마감했다. 지인들의 전화번호가 입력된 휴대폰이 현장에서 산산조각이 나 발인 전날 밤에서야 연락을 받고 쫓아온 나 같은 사람들이 영안실에 가득했다. 영안실에 들어서니 희동의 부인 진영 씨가 달려왔다. 토닥이며 위로하는 내게 그녀는 상기된 표정으로 놀라운 이야기를 해주었다.

내가 병원 문을 열고 들어서기 직전에 믿기지 않는 일이 일어났다는

채희동 목사가 발간한 〈샘〉과 책

것이다. 어떤 목사가 영안실에 들어서는 순간 갑자기 희동의 영이 임해 그 목사의 입을 통해 자신을 위로하더라는 것이었다.

"나는 정말 좋은 곳에 왔으니 아무런 걱정하지 말라. 난 할 일을 다했다. 그래서 가는 것이니 너무 마음 아파하지 마라"고 했다는 것이다. 또 자기 가족들끼리만 알고 있는 많은 말들을 하더라고 했다. 그래서 많이 위로가 되었는지 상기된 표정이었다. 순식간에 떠나온 아내와 지인들을 달래려고 그는 천국에 안착한 소식을 전하고 싶었을지도 모른다. 그는 지인들에게 그날 밤과는 다른 방식으로 오기도 했다. 많은 지인들이 꿈에 희동을 보았는데, 대부분 희동이 밝은 빛에 휩싸인 꿈을 꾸었다고 했다.

희동은 늘 겸허하고 조용했기에 사람들 역시 그를 특별하게 여기지 않았다. 늘 먹는 밥이, 늘 마시는 공기가, 늘 딛는 땅이 얼마나 소중한지 모르듯이.

하지만 그의 부재가 가져다준 상실감은 그의 가족들뿐 아니라 그를 아는 많은 사람들에게 오래도록 지속됐다. 그를 아는 사람들은 매년 감신대에서 희동을 추모하는 문화제를 연다. 음악회에는 1천여 명이 모여 그를 기리고 눈물을 흘린다. 이제 그의 아내는 감신대 대학원을 졸업하고 희동을 대신해 아산의 교회에서 목회를 시작했다.

또한 희동이 혼자 만들던 〈샘〉도 복간되었다. 그가 갑자기 세상을 뜨는 바람에 지리산에서 목회를 하다가 서울로 불려 올라온 희동의 친구 양재성 목사는 희동 대신 기독교환경연대 사무총장을 맡게 되었고, 〈샘〉의 복간까지 떠맡았다. 희동의 친구와 선후배인 김영동 · 김기석 · 박순웅 · 김광옥 · 성백걸 목사와 이정배 · 윤주필 교수 등도 힘을 모아 〈샘〉의 복간을 도왔다. 일을 시작하면서 그들은 오래도록 힘들다는 내색 한 번 하지 않고 채희동 혼자 어떻게 〈샘〉을 만들어왔는지 놀랄 뿐이라고 말한다.

희동에게는 벼와 채소와 나무와 풀과 메뚜기도 다 예수 그리스도였다. 그에게는 하나님과 사람, 자연이 하나였다. 한 생명이었다. 그는 늘 사물과 대화하며 묵상했다. 하물며 사람들이 더럽다고 하는 걸레까지도.

그는 언젠가 걸레와 얘기를 나눴다.

임신 두 달째에 접어들어 입덧이 심한 아내를 위해 청소도 하고, 설거지도 하고, 밥도 지으면서 나는 걸레와 많이 친해졌다. 걸레는 자신의 몸으로 더럽고 먼지 낀 곳을 닦고 닦아 깨끗하고 아름답게 만든다. 만약에 이 세상에 걸레가 없다면 어떻게 될까? 세상은 온통 오염덩어리요, 시궁창보다 더 더러워서 살기 힘든 곳이 될 것이다.

거리에 환경미화원이 없다면 거리는 오물투성이일 것이요, 집에서 걸레를 들고 청소하는 이가 없다면 집 안은 난장판이 될 것이다. 오염된 공기, 오염된 물을 정화해주는 자연이 없다면 사람은 한순간도 살 수가 없을 것이다.

이 세상이 이나마 살만한 것은 이처럼 소리 없이 빛도 없이 자신의 몸으로 걸레의 삶을 살아가는 생명들이 있기 때문이다. (…) 이 걸레를 바라보면서 자연스럽게 떠오르는 것이 있다. 십자가였다. 십자가 역시 누군가가 짊어져야 십자가이지, 짊어지지 않는 십자가는 나무토막에 불과하다. 그렇구나. 십자가야말로 이 세상의 걸레이구나. 예수께서 십자가를 짊어지셨기에 예수는 우리의 주님이 되셨고, 그 십자가가 우리를 살리는 것이 아닌가.

우리는 십자가를 너무 추상적으로, 혹은 교리적으로, 신학적으로만 생각한다. 십자가는 문자 속에, 신학 속에, 교리 속에 있지 않고 우리의 삶 속에 있어 우리가 언제든지 손에 쥐고 닦아야 하는 걸레인지도 모른다. 예수께서 자신의 생명을 다 바쳐 짊어지고 세상을 사랑으로 가득 채우신 십자가, 그것은 바로 오늘 내 손에 들려진 걸레이다.

걸레가 자기 몸을 희생하고 바치고 헌신하며 더러운 곳을 닦아내고 깨끗하게 아름답게 하는 것처럼, 십자가가 의미하는 것 또한 자기 희생, 자기 헌신, 자기 내어놓음, 자기 비움, 자기 나눔이 아닌가.

채 희 동

'십자가와 걸레'라는 그의 글이다. 이 글대로 그는 마지막까지 걸레가 되고, 십자가를 지고 간 것이었을까. 그의 마을은 강가에 있었는데 강가의 둑보다 낮았다. 운전사가 졸면서 둑길을 고속으로 내달리던 대형 유조차가 만약 마을을 덮쳐 폭파됐다면 대형 참사가 나 쑥대밭이 될 수 있었다고 한다. 그런데 마을 앞 횡단보도에서 승합차를 타고 서 있던 희동이 돌진하던 유조차를 온전히 홀로 맞이했다.

살아 있는 성자,
바보의사
그리고
작은 예수

장기려 1911~1995

  사람들은 그를 '작은 예수'라고 불렀다. 돈 없고 병든 몸만 가진 가난한 환자들은 누구 하나 자신을 거들떠보지 않는 세상에서 그분만이 희망이었다. 만약 예수님이 지금 여기에 오신다면 이토록 가련한 자신을 외면하지 않고 그분처럼 손을 내밀어줄 것이라 믿었다.

  인간의 생명도 돈 앞에서는 아무런 존엄을 보장받지 못하는 세상에서 병들고 불쌍한 인간들을 다시 일으켜 세운 그분은 장기려였다.

  그는 1·4후퇴 때 평양에서 부산으로 피난을 내려와 반평생을 살았다. 경성의전을 수석으로 졸업하고, 김일성 의대에서 교수를 했던 그는 1959년 국내 최초로 간대량 절제 수술에 성공하는 등 당대 최고의 외과의사로 꼽히는 인물이었다. 그렇게 그는 의사로서 그 누구보다 얼마든

장기려

지 화려한 삶을 살 수 있었다.

그러나 그는 화려함 속에 머물지 않았다. 그 화려함 아래 언제나 존재하는, 아무도 관심을 주지 않는 등잔 밑을 살피는 사람이었다. 그는 처음 의사가 되기로 했을 때부터 의사 얼굴 한 번 못 보고 죽어가는 가난한 사람들을 위해 자신을 바치기로 했다. 그 결심 그대로 장기려는 평생 집 한 채 없이 부산복음병원 옥탑에서 살면서 가난한 환자들의 수술비를 자기 월급으로 다 대주고는 했다. 그로 인해 그의 월급 명세는 늘 적자였으며 병원 재정 역시 손실을 입을 수밖에 없었다. 결국 병원 측에서는 입원비 지원 결정을 원장인 장기려 혼자 내릴 수 없게 했다. 그러자 그는 환자들에게 뒷문을 열어놓을 테니 몰래 도망가라며 문을 살짝 열어놓기까지 했다. 춘원 이광수의 소설 《사랑》에 등장하는 주인공 안빈 박사는 장기려를 모델로 삼은 인물이다. 작가는 소설 속 인물의 입을 빌려 장기려를 닮은 주인공에게 이렇게 말했다.

"당신은 성자 아니면 바보요."

장기려와 함께했던 사람들은 그를 '살아 있는 예수'로 기억한다. 이는 기존의 종교나 교만, 교리적 도그마의 수호자란 의미가 아니다. 예수 그리스도를 믿는 것만으로 구원받기를 원하는 삶이 아닌, 자신의 십자가를 직접 짊어지고 예수의 삶을 따른 사람이기 때문이다.

장기려는 1911년 음력 8월 14일 평안북도 용천군 양하면 입암동에서 한학자이자 교육자였던 장운섭과 최윤경의 차남으로 태어났다. 그의 부친은 사람을 좋아해 1년 내내 술을 마시지 않는 날이 없었고, 그런 아버지를 어머니는 매일 구박했다. 그런데도 아버지는 한 번도 화를 내지 않는 성품이었다. 훗날 아버지와 어머니 모두 기독교인이 되었으나 실제 장기려의 어린 시절 신앙적 감성은 할머니의 영향이 컸다. 장기려는 열두 살 때까지 할머니와 한방에서 지냈는데, 할머니는 늘 어린 기려를 등에 업고 교회에 다녔고, 아침저녁 가정 예배 때도 "이 금강석이 자라 나 하나님의 나라와 현실 나라에서 크게 쓰이는 일꾼이 되게 하소서"라고 기도했다.

  부유한 가정에서 자란 그는 여섯 살 때인 1918년, 부친이 설립한 의성학교를 5년간 다닌 뒤 송도고등보통학교를 거쳐 경성의학전문학교에 진학했다. 장기려는 이 학교에 입학하기만 하면 치료 한 번 받지 못하고 사는 사람들을 위해 평생을 바치겠다고 다짐했다. 그는 5년간의 의학 과정을 마치고 1932년 3월에 졸업했고, 한 달 뒤 김봉숙과 결혼했다. 그의 나이 22세 때였다. 김봉숙은 영변 개천 인근에서 내과의사 김하식의 딸로 태어났다. 평양고녀를 졸업한 그녀는 피아노에 소질이 많아 일본 유학의 꿈을 간직하던 중 장기려를 만나 결혼해 육남매를 낳았다. 김봉숙은 부잣집 딸이었지만 남편이 애초부터 돈을 몰라서 신혼 때부터 삯바느질을 해 시어머니를 봉양하고, 아이들을 키워야 했다. 그는 전형적인 헌신의 여인이었다.

  "그 여자는 내 눈동자요 내 손과 발이었다."

  장기려는 평소 감정을 잘 표현하지 않는 사람이었으나 어여쁘면서도 정결한 아내를 통해 시인이 되어갔다. 그는 "아내가 절대의 사랑으로 순종했기 때문에 나도 아내에게 죽도록 충성하는 사랑을 주려고 결심했었다"고 회고하고는 했다.

그는 장인인 김하식과 평생 존경했던 스승 백인제 박사의 권유로 외과의가 되었다. 그 후 경성의전 외과에서 일하던 중 1940년 3월에는 평양의 연합기독병원 외과 과장으로 갔다. 이 병원으로 옮겨간 지 두 달 뒤 원장이었던 북감리교 선교사 앤더슨이 귀국하게 되자 장기려는 박사학위 소지자라는 이유로 병원장에 취임하였다.

그러나 인사에 불만을 가진 이들의 질시와 시기 때문에 두 달 만에 원장직에서 물러나 다시 외과 과장이 되었지만 변함없이 성실히 봉사했다. 그만큼 장기려는 무욕의 사람이었다. 조직 생활의 첫발부터 시기와 질투에 직면했지만 그는 신앙으로 이를 극복해나갔다. 평양도립병원장 겸 외과 과장을 거쳐 1947년 1월부터는 김일성 대학의 의과대학 외과학 교수 겸 부속병원 외과 과장으로 일했다. 주일에는 일하지 않는다는 조건으로 이 대학으로 갔던 장기려는, 근무하는 동안 항상 주일을 지켰고 환자를 수술할 때는 기도부터 하였다. 1948년에는 북한 과학원이 그에게 최초로 의학박사 학위를 수여하였다.

나는 아직도 가진 것이 너무 많다

6·25전쟁은 한민족에게만이 아니라 장기려에게도 죽는 순간까지 계속된 이별의 아픔을 안겨다 주었다. 전쟁이 일어난 지 4개월 만인 1950

년 10월 19일, 유엔군과 국군은 평양으로 진격했다. 당시 장기려는 대학병원과 야전병원에서 부상병들을 치료하고 있었다. 그해 12월 중국이 개입하자 국군이 평양에서 철수하면서 야전병원 환자수송용 버스에 장기려를 태웠다. 그때 장기려는 차남 가용만을 데리고 부산까지 남하했다. 그토록 사랑했던 아내와 다섯 자녀들과 영영 생이별하게 될 줄은 상상조차 못했었다.

부산에 온 그는 곧 부산 제3육군병원에서 약 6개월간 봉사하다가 1951년 6월 부산 영도구 남항동의 제3영도교회 창고에서 무료의원을 열게 되는데, 이것이 그가 평생 몸담은 복음병원의 시작이다.

그는 1976년 6월까지 25년간 복음병원의 원장으로 있었는데 동시에 서울대학교 의과대학 외과학 교수, 1956~1961년에는 부산대학교 의과대학 교수 및 학장, 서울가톨릭의대 외과학 교수직을 차례로 겸했다.

그는 의사란 단순히 돈을 벌기 위한 직업이 아니라 하나님이 허락한 소명을 행하는 자라 여겼다. 그가 1956년 부산기독의사회를 조직한 것도 의사들과 그런 소명을 함께 감당해가기 위해서였다. 이후 장기려는 1968년 부산시 동구 초량동에 위치한 복음병원 분원에서 채규철, 조광제, 김서민, 김영환 등과 함께 청십자 의료보험조합을 발족했는데, 이것이 한국 의료보험의 싹이 되었다.

'건강할 때 이웃 돕고, 병났을 때 도움받자'라는 구호와 함께 시작된 이 의료보험조합은 순수 민간단체에 의한 의료보험 기구로 영세민들에게 의료 복지 혜택을 주기 위한 기독교의 자애정신에 기초했다. 정부가 의료보험제를 실시하기보다 10년 앞서 시작된 이 의료보험조합은 1975년에는 의료보험조합 직영의 청십자의원 개원을 가능케 했고, 이듬해에는 한국 청십자 사회복지회를 설립하기에 이르렀다.

1970년부터 1975년까지 복음병원에서 수련의로 근무했던 부산 서면 복음외과 최중묵 원장도 그 시절 장기려와 함께 일했다. 최 원장은 가톨릭 신자이다. 그럼에도 그가 복음병원으로 간 것은 장기려가 좋아서였다. 복음병원의 운영 주체였던 고신 교단 목사들이 "왜 우리 신자(개신교 고신 교단)가 아닌 가톨릭 신자를 수련의로 받아주느냐"고 했지만 장기려는 종교가 개신교든 가톨릭이든 불교든, 또 고향이 이북이든 경상도든 전라도든 개의치 않았다. 그는 애초에 어떤 형식의 편 가르기와도 거리가 먼 사람이었다.

장기려는 장로교회의 울타리 안에 있으면서도 무교회주의를 수용했다. 기독교의 유일성은 고수했지만 다양한 신앙에 열린 마음을 가졌다. 그것은 도그마와 욕망에 사로잡히지 않은 순수성 때문이었다.

그는 후지이 다케시, 우치무라 간조, 야나이하라 다데오 등이 저술한 서적을 탐독했고, 〈성서조선〉을 통해 김교신에게 큰 영향을 받았으며, 함석헌을 존경했다. 그는 함석헌이 세상을 떠날 때까지 깊은 우정을 나누기도 했다.

하지만 장기려 자신은 교회주의자로 머물러 있었다. 해방이 되고 일제에 의해 강제 폐쇄되었던 산정현교회에서 다시 집회가 열렸다. 그는 이내 1945년 9월부터 평양의 산정현교회에 나가기 시작해 집사를 거쳐 장로가 되었다. 그러나 제도권 교회에 머물면서도 다른 쪽을 이단시하지 않고 개인적 선택과 상관없이 다른 이의 선택을 존중하며 심판하지 않았다.

장기려는 남하 후 초량교회에 출석하다가 1951년 10월 부산 중구 동광동에서 북에 두고 온 산정현교회를 재건했다. 장기려가 산정현교회를 재건하면서 이를 어떤 교파에도 속하지 않는 독립교회로 둔 것은 틈만 나면 서로 심판하고 정죄하면서 분열하는 제도교회의 문제점에 빠지지 않기 위해서였다고 볼 수 있다.

그는 한국 교회가 외적인 성장에만 치중하면서 교회당 건물을 짓는 등 외형의 확장에만 몰입하는 것이 신앙심에 의한 것이 아니라 자본주의의 영향을 받은 맘몬주의(물신숭배)로 보았다. 한국 교회가 외적 성장에 골몰하고 있을 때인 1975년에 그는 다음과 같은 글을 썼다.

"밀턴의 《낙원상실(실낙원)》을 읽어보면, 맘몬은 고층건물을 잘 짓고, 물질세계의 발전을 잘 일으키는 재능이 있는 마귀로 묘사되었다. 이것을 읽은 뒤부터는 고층건물을 보면 맘몬의 힘을 연상하게 된다. 하늘을 찌를 듯한 고딕건물 예배당도 나에게는 하나님의 영광이 느껴지지 아니하고, 사람의 예술품은 될지언정 맘몬의 재주인 듯한 느낌이 든다. 또 우리는 이 세상에서 권세와 지위와 명예 그리고 사업의 번영들에 대하여 하나님의 축복이라고 생각하고 축하한다. 그러나 그것들이 과연 하나님의 영광을 사모하여 살던 사람들에게 내려주시는 선물이었던가? 자기도 모르는 사이에 맘몬과 타협해서 산 결과로 된 것이 아니었던가?"

장기려는 그런 말을 할 수 있었다. 그는 죽는 순간까지 집 한 채, 땅 한 평 가지지 않았고, 평생 병원 옥탑방에서 홀로 살았다. 장기려는 "나도 늙어서 가진 것이 별로 없다는 것은 다소의 기쁨이기는 하나 죽었을 때 물레밖에 안 남겼다는 간디에 비하면 나는 아직도 가진 것이 너무 많다"며 무소유의 삶을 이상으로 여기며, 간디를 닮으려 애썼다.

그는 입으로 말하지 않고, 검소하고 청빈한 삶을 통해 한국 교회에 경종을 울렸다. 상당수의 목회자들이 부자 신자들을 모으는 부자 교회의 환상 속에서 살았지만 장기려는 가난한 이웃과 함께하지 않는 것은 기독교가 아니라고 보았다. 그가 의료협동조합을 만들어 담뱃값 일백 원에도 못 미치는 월 70원의 회비를 받은 것도 수술비와 치료비가 없어 죽어가는 빈자들을 위한 의료를 꿈꾸었기 때문이다.

그런데도 병원에서는 장기려를 몰아내고 복음병원의 이사장직을 차지하려 했다. 이를 보고 젊은 수련의들이 분노했다. 최중묵도 그런 수련의 중 한 명이었다. 이 일은 폭력사태로 이어졌고, 생전 싸움이라고는 모르고 살았던 최중묵도 폭력사건에 연루되어 2개월 형을 받았다. 그때 장기려를 마음으로부터 존경하던 부산고검 검사장은 별일 아니니 관련 의사들을 곧 내보낼 것이라고 귀띔해주었다. 그런데 장기려는 내 편 네 편을 가리지 않고 그 사실을 병원 사람들에게 그대로 말해버렸다. 그러자 이사장을 노린 쪽에서 폭력 가담자들이 석방될 수 없도록 먼저 조치를 취하였다.

"그래서 형을 살게 됐지요. 장 박사님은 그만큼 순진하고, 도무지 비밀이라는 게 없었어요. 사심이 없었기 때문이지요. 정치적인 술수 같은 건 아예 몰랐지요. 장 박사님 말 때문에 그때 검사장도 목이 날아갈 뻔했지요."

최중묵은 장기려를 지켜주기 위해 나섰지만 장기려는 이를 좋아하기는커녕 심하게 꾸중했다. 그가 그렇게 화내는 것을 처음 볼 정도였다고 한다. 장기려는 어떤 경우에도 폭력을 사용해서는 안 되며, 원수까지도 사랑하라고 했다. 그는 자신을 적대하던 상대방은 껴안아도 자기를 역성든다고 나섰던 사람들은 그토록 매섭게 꾸중했다. 그래서 이해타산과 편 가르기에 물든 사람들에게 장기려는 별종이었다. 그런데 명절 때 윷놀이를 하는 것을 보면 영락없는 어린아이의 모습이었다. 어린아이와 같이 되지 못하면 천국에 이를 수 없다는 말은 그를 두고 한 말인 듯했다.

당신인 듯하여 잠을 깨었소

그는 산정현교회 시무장로에서 은퇴한 뒤 평생 다닌 기존 교회도 벗어났다. 완전한 무소유를 지향했던 '종들의 모임'에 함께할 만큼 기득권이나 교파나 남의 시선 따위에 아랑곳하지 않았다. 자신의 영적 안식과 진실만을 추구할 뿐이었다.

정부 당국이 북으로 가 부인과 자식들을 만날 수 있는 기회를 제공했을 때도 그는 "이제 만나면 가족들과 헤어질 수 없다"며 "북한이 가족들을 남한에 내려 보내줄 리 없을 테니 나는 그곳에서 살 것"이라고 했다. 그런 말을 하면 당연히 보내주지 않을 것을 알면서도 그는 "거짓말을 할 수 없다"고 했다.

그를 사모하던 수많은 여인들이 상사병이 나기도 했지만, 그는 끝내 부인 김봉숙과의 사랑을 고이 간직한 채 일생을 마쳤다. 많은 사람들이 그들 부부를 영적인 결합이라 칭송했다. 그렇게 그는 자신의 삶으로 참된 사랑이 무엇인지를

장기려를 지키려다가 폭력에 연루됐던 최중묵 박사가 대한의학회 최우수논문상을 받게 되었을 때 장기려는 폭력을 쓴 자라며 상을 취소시켜버렸다. 그 뒤 최 박사가 병원을 개업한 뒤에야 장기려는 위로의 뜻을 담은 이 상패를 선물했다.

깨닫게 해주었다. 1990년 6월, 그가 남긴 망향 편지에는 평생 그가 가슴에 간직한 아내에 대한 마음이 담겨 있다.

"창문을 두드리는 빗소리가 당신인 듯하여 잠을 깨었소. 그럴 리가 없지만 혹시 하는 마음에 달려가 문을 열어봤으나 그저 캄캄한 어둠뿐, (…) 허탈한 마음을 주체 못해 불을 밝히고 이 편지를 씁니다. 여보!"

당신은 왜 자꾸 하늘만 바라보고 있나요. 당신이 믿는 예수님은 하늘의 자리를 버리고 이 땅에 내려와 가난한 이들과 병든 세상을 돌보시다가 십자가에 달려 죽으셨는데 말입니다. 아직도 당신의 가난한 이웃은 차가운 땅에서 따스한 당신의 손길을 기다리고 있는데, 남과 북으로 갈라진 이 민족은 당신의 평화와 통일의 외침을 바라고 있는데, 하나님이 창조하신 자연은 사람들의 탐욕으로 파괴되어가고 있는데, 당신은 여전히 선녀처럼 하늘로 올라갈 생각만 하고 있구려.

_ 채희동

2

조선의
기독교에선
김치 맛이
나야 한다

한국 기독교를
일깨운
지도자들의
스승

유영모 1890~1981

한국 기독교 역사에서 다석 유영모는 '기인'으로 꼽힌다. 160센티미터 단구의 몸으로 서울 구기동에서 농사를 짓고 벌을 치며 전깃불도 없이 살던 다석은 쉰두 살이 되자 간디처럼 아내와 해혼(부부 간 성 관계를 그만둠)을 선언했다. 그는 늘 무릎을 꿇고 앉았으며, 하루에 한 끼만 먹고, 잠도 널빤지에서 자며 고행했다.

다석의 제자 김흥호(전 이화여대 기독교학과 교수) 목사도 스승을 따라 50년 가까운 세월 동안 하루 한 끼만 먹고 살아왔다. 그는 나이 아흔의 노구를 이끌고 매주 일요일 오전 9시면 서울 신촌의 이화여대 학내 교회에서 《성경》 강의를 해왔다. "서른 살을 넘길 수 없다고 할 만큼 병약하던 내가 이 나이 먹도록 죽지 않고 병 없이 산 것은 일일 일식 덕분"이라며 미소 짓는 그의 표정이 밝았다. 김홍호는 스물아홉에 종로의 서울 기독교청년회(YMCA)에서 다석의 강의를 들은 후 그를 평생의 스승으로 모시고 살아왔다.

  그의 스승 다석은 1890년 서울에서 맏아들로 태어나 어려서부터 서당에 다니며 공자와 맹자의 가르침을 배웠다. 다석이 처음 교회에 나간 것은 열다섯 살 때였으며 정식 교육이라고는 요즘의 중학교 2년밖에 마치지 못했다. 그러나 그는 타고난 천재로 어릴 때부터 사물의 이치를 통찰하는 데 남다른 모습을 보였고, 스무 살 때부터는 평북 정주 오산학교에서 2년간 교사로 지냈다. 그의 사람됨과 능력을 눈여겨 본 오산학교 설립자이자 민족지도자 남강 이승훈은 10년 후 그를 교장으로 초빙하였다.

  향교를 교실로 사용했던 오산학교는 다석이 교사로 오기 전까지 기독교와는 아무런 상관이 없던 유교적 학풍을 따르던 곳이었다. 그런 오산학교에 기독교의 씨앗을 심은 이가 바로 다석이다. 이십대 다석의 기독교 강의를 사십대의 남강이 경청했고, 마침내 그는 오산학교를 기독교 사학으로 탈바꿈시켰다. 그때까지 다석은 '예수가 십자가에 못 박혀 흘린 보혈로써 속죄받는다는 십자가 신앙'에 충실했다. 하지만 인생에 큰 전환점이 찾아왔다. 어쩌면 수많은 선지자들이 그랬듯 하늘은 이미 그 영성의 기회를 준비했는지도 모른다.

  다석의 형제자매는 원래 13남매였으나 11명이 죽고 다석과 동생 영묵만이 남았다. 그런데 다석이 스물두 살 때 두 살 아래의 영묵마저 세

유영모

상을 떠났다. 삶의 경계를 넘어가버린 그 많은 형제자매의 뒷소식이 어찌 궁금하지 않았을까. 다석은 언제 떠나게 될지 모르는 이 삶보다는 생사 너머의 궁극에 대해 알기를 원했다. 현생보다는 저 너머 영원한 세상에 대한 의문으로 궁극을 탐문하던 다석은 도쿄에서 1년간 유학하며 다양한 학문의 세계를 접한다. 또한 여러 강연들을 듣는 가운데 자신이 가졌던 종교관에 대해서도 근본적으로 다시 살펴보게 된다. 그는 단재 신채호의 권유로 노자와 불경을 섭렵하고, 춘원 이광수가 가져다 준 톨스토이의 저작을 읽으면서 동서양을 넘어선 진리의 세계에 눈뜨기 시작한다.

당시 '조선의 3대 천재'로 꼽히던 다석은 2000년간 형성된 교리와 신학은 물론 '기독교'라는 종교의 틀조차 벗어버린 눈으로 《성경》을 다시 보기 시작했다. 사도신경에 입각한 교의신학을 벗고 순수한 '예수의 가르침의 정수'로 귀환한 것은 그 즈음이었다.

《성경》뿐 아니라 동서양의 경전까지 꿰뚫어보며 수도를 쉬지 않던 다석은 마침내 쉰두 살엔 천지인(天·地·人)의 합일을 체험하고, 육체와 욕망에 붙잡혀 살아온 제나(몸과 마음을 나로 믿는 개체)가 아닌 우주에 가득 찬 허공과 하나님의 참 얼이 바로 자신임을 깨닫는다. '성서조선사건'으로 57일 동안 감옥살이를 하고 나온 직후였다. 그는 감옥을 나온 후 북한산 밑의 집으로 돌아와 앞마당에 감방을 뜻하는 '囚(수)'자를 돌로 박았다. 그에게는 가정도, 감정도, 집도, 우주도 그를 가둬둔 감옥이었다. 그러나 비워낸 그의 정신은 그 무엇으로도 가둬둘 수 없었다. 그는 그렇게 하늘과 땅을 뚫었다. 그때가 1943년 2월 5일이었다.

> 우러러 하늘 트고 잠겨서 땅 뚫었네.
> 몸 펴고 우러러 끝까지 트니 하늘 으뜸 기(氣)!
> 맘 가라앉혀 잠기고 뚫어서 땅 굴대 힘 가운데 디뎠네.

박재순 씨알연구소 소장은 "다석이 이 체험을 통해 한민족의 전통철학을 담은 대종교의 삼일신고에 나오는 '성통공완자 영득쾌락(性通功完者 永得快樂, 안으로 본성을 통하고 밖으로 사명을 이룬 사람은 영원한 즐거움을 얻는다)'이라는 철학을 다석철학의 밑돌로 삼았다"고 본다. 다석은 사람의 바탈(속알)이 하늘과 통하고 영원에 닿아 있다고 보고, 바탈을 뚫고 살려서 자기 생명의 목적과 사명을 완성하려고 했다는 것이다.

오늘을 살아라

다석은 타인의 스승으로서 다른 이가 자신을 비추며 반성하는 거울이었으며, 스스로는 철저한 자기 삶의 주인공이었다. 그는 스물여덟 살이 된 1918년 1월 13일부터 자신이 살고 있는 매일을 세기 시작했다. 그렇게 살아가는 하루하루를 세면서 지금 여기서 보내는 하루에 충실하고자 했다. 그는 일찍이 칼라일의 〈오늘〉이란 시를 오산학교 교사시절부터 학생들에게 가르칠 정도로 '오늘'의 가치를 소중히 여기며 여기에 집중했다.

> 여기 또 다른 파란 새날이 밝누나
> 조심하라 어물쩍 하릴없이 보내지 않도록
> 이 새날은 영원에서 태어났느니라
> 밤이면 다시 영원으로 돌아가노라
> 미리 만나라 아직 아무도 못하였지만
> 모든 이의 눈에서 곧 영원히 사라진다
> 여기 또 다른 파란 새날이 밝는다
> 조심하라 어물쩍 하릴없이 보내지 않도록
>
> _ 칼라일, 〈오늘〉

어제는 지나갔으니 과거이고, 내일은 아직 오지 않았다. 그러나 사람은 과거에 대한 후회와 내일에 대한 걱정으로 오늘을 살지 못한다. 그러나 다석은 오늘을 살아야 한다고 했다. 그는 오늘을 "오! 늘"이라고 했다. 칼라일의 시처럼 아침에 눈을 뜨면 사는 것이요, 저녁에 눈을 감으면 죽는 하루살이 인생이므로 오늘 하루를 영원처럼 살자는 것이었다.

그는 매사에 흐트러짐이 없었다. 새벽 3시면 어김없이 일어나 맨손체조를 하고 찬물 적신 수건으로 한두 시간씩 냉수마찰을 하였다. 다석은 하루 한 끼만 먹고 그렇게 아침운동을 하고, 늘 걷는 덕분에 겨울에도 속옷을 입지 않고 목도리 같은 것도 하지 않았다. 그런데도 그는 감기 한 번 걸리지 않고 건강하게 지냈다. 앉아 있을 때도 기가 단전에 가장 잘 모이는 자세로, 앞무릎을 붙이고 두 다리는 벌리고 엉덩이는 땅에 붙인 채 앉았다. 그렇게 기가 모아진 배는 솥뚜껑을 얹어놓은 듯 불룩 나왔는데 자신은 "다리로 걷지 않고 배로 걷는다"고 했다.

산을 오를 때 젊은 제자들이 쩔쩔매는 상황에서도 숨 한 번 헐떡거리지 않았다. 북한산 기슭에서 종로 YMCA까지 강연을 다니면서도 차를 이용하지 않고 걸어 다녔는데 단전호흡으로 기를 축적하는 양생술 덕이었다.

그는 하루 한 끼만 먹으면 온갖 병이 없어진다고 믿었다. 1963년에 함석헌이 대광고 운동장의 땡볕에서 두 시간 동안 연설하다가 쓰러진 적이 있었다. 함석헌도 당시 스승 유영모를 따라 일일 일식을 하고 있었다. 다석은 하루 한 끼 먹는 사람에겐 어지럼증이 오지 않는다면서 "어떻게 된 일이냐"고 함석헌에게 물었다. 그러자 함석헌이 웃으면서 "나올 때 잔입을 했다"고 답했다. 다석은 하루 한 끼만 먹고 잔입은커녕 군입도 해서는 안 된다고 못 박았다. 그렇게 하면 영양실조와 어지럼증, 갈증도 없다고 했다. 다석은 사흘을 굶은 상태에서 50리길을 걸어도 갈증이 나기는커녕 입에 군침만 돈다고 했다.

특히 다석은 쉰두 살에 깨달음을 얻은 뒤 간디처럼 부부 간에도 금욕했다. 그의 아내는 몸이 허약해 이미 서른여덟에 폐경한 뒤였다. 그는 해혼을 선언한 뒤에도 한방에서 살았으나 아내는 아랫목에 자신은 윗

목의 널빤지 위에서 잤다.

다석이 먹는 것을 하루 한 끼로 정하고, 스스로 성을 금한 것은 그 나름의 깨달음 때문이었다. 다석은 "소는 생식의 본능을 가지고 있기에 생식을 위해 교미하고, 쥐는 생존의 본능을 가지고 있어 생존을 위해 먹지만 인간은 생존본능과 생식본능을 잃고, 먹는 것 자체에 몰입하고 성행위 자체를 추구한다"고 보았다.

먹는 것과 성행위에 대한 인간의 집착은 자연생명의 본능과 인간의 본성을 거스른 짓이라는 것이다. 다석은 살려고 밥을 먹고, 자식을 낳으려고 성행위를 하는 것을 자연스러운 일로 보았지만, 그것에 대한 도착행위는 인간의 본성을 어기고 악마와 하나가 되고, 하나님을 배반하는 것으로 여겼다.

다석은 세상에서 마음을 가장 많이 움직이게 하는 것을 남녀관계로 보았다. 따라서 남녀관계를 끊으면 마음이 저절로 가라앉고, 마음이 가라앉으면 지혜의 광명이 나타난다고 했다. 성을 누출하지 않으면 몸에 기름이 가득 차고 마음의 심지가 꼿꼿하고 정신에 지혜가 빛나며, 몸이 성해 마음이 놓이면 바탈에 의해 생각을 하게 되고, 생각하면 인생의 의미와 목적하는 바대로 뜻이 타오른다는 것이다.

그는 성적 금욕을 중요시하면서도 가정을 부정하지 않았다. 남녀관계와 부부관계는 보다 높은 뜻을 깨닫고 실현하기 위해 존재하는 것이므로, 남녀의 사랑이 하나님의 사랑에 도달하도록 그들의 사랑을 완성해가야 한다고 했다.

다석이 하루 한 끼만 먹은 것도 성(性)과 함께 인간이 극복하기 어려운 가장 본능적인 욕구 가운데 하나인 식욕으로부터 자유로워지기 위해서였다. 그는 욕심으로 먹기 때문에 과식하고 과식하기 때문에 많은 생명을 죽이고, 자신의 생명도 병들어 죽어간다고 보았다. 다석은 "끼니는 끄니(끊이)"라며 먼저 끊고 이어야 하는데, 사람들이 끊지는 않고 잇기만 하려고 한다"고 지적했다. 우주 자연세계도 인간도 지나치게 많이 먹으면 속병이 생기기 때문에 우주도 사람도 탈이 나면 먹기를 끊고 몸과 마음을 곧게 해야 낫는다고 했다.

다석은 늘 꿇어앉고(一坐), 늘 한 끼 밥을 먹고(一食), 진리의 말씀만을 탐구하고(一言), 한결같은 사랑(一仁)으로 살았다. 이에 대해 김흥호는 "진리로 삶과 죽음이 통하고(一言生死通), 사랑으로 있음과 없음이 통하고(一仁有無通), 한 끼 먹음으로 낮과 밤이 통하고(一食晝夜通), 꿇어앉음으로 하늘과 땅이 통한다(一坐天地通)"며 사통(四通)했다고 평한다. 이로써 "하늘과 땅은 근원으로 통하고, 무릎 꿇고 앉으면 하늘과 땅이 편안하며(元通天地一坐天地安), 밤낮으로 형통하고 두루 통하는데 하루 한 끼 먹으면 밤낮으로 한가하고(亨達晝夜一食晝夜閑), 살거나 죽거나 이롭고 평화로워 한 말씀으로 삶과 죽음을 알며(利和生死一言生死知), 있음과 없음을 곧게 뚫으면 있음과 없음을 하나로 보게 된다(貞徹有無一見有無觀)"는 것이었다.

다석 유영모의 제자 김흥호 전 이화여대 기독교학과 교수가 스승의 수행에 대해 설명하고 있다.

육체는 참 '나'가 아니다

오산학교에 3학년으로 편입한 함석헌이 교사였던 다석을 만나 평생의 스승으로 모신 것도 같은 이유였다. 마음이 늘 가라앉아 자기를 지키며, 몸가짐이 흐트러짐이 없이 큰소리도 내지 않고, 걸음걸이도 한결같은 태도에서 그 내면과 외면의 일치를 보았기 때문이다.

다석은 천하에 내로라하는 천재였고 영재(靈才)였지만, 겸허하기 그지없었다. 그는 제자나 후배도 언제나 '언니' 또는 '형'이라고 불렀다. 그리고 자기가 할 수 있는 일을 남에게 시키는 법이 없었고, 시간약속을 철저히 지켰다.

그는 남에게 잔심부름시키기를 좋아하는 것을 몹쓸 양반 노릇이라고 보았다. 스스로 민초인 씨알로 살아가고자 했던 그 생각 그대로 삶이 여법(如法)했다.

그의 호에도 절제의 미가 배어 있다. '많은 저녁'을 뜻하는 다석(多夕) 이라는 호를 쓴 것은, 세상사람 모두가 빛을 지향해도 자신은 속 깊고 끝 모를 밤의 고요에 머무르고자 한 삶의 태도이다. 그는 빛이 어둠에서 나오기에 어둠이 빛의 어머니임을 알았다. 그는 밤(夕)은 '바람(望)'이라고 했다.

다석의 가장 독특한 철학 중 하나가 우리말에 관한 철학이다. 그는 훈민정음을 하늘의 뜻과 말로 보았고, 소리글자만이 아닌 뜻글자이기도 하다고 했다. 그의 탁월한 해석을 통해 훈민정음이 드디어 하늘과 교통하는 것만 같았다.

다석은 천성을 바탈, 생명을 숨줄, 주를 님, 영을 얼, 민(民)을 씨알, 단군을 등걸, 욕심을 싶뜻, 허공을 빈탕, 우주를 한늘, 성인을 씻어난 이, 제자를 맘아들 등의 순우리말로 바꿔 불렀다. 가령 고맙다는 우리말도 '고만하다', '고만'이라는 뜻을 갖고 있으며, 자꾸 더 받아서 될 일이 아니라 그만하라는 뜻이라고 했다.

깨달음을 통한 그의 통찰은 기존의 교의와는 무관한 것이었다. 다석은 예수를 '참 하나님'이 아니라 '참 사람'으로 보았다. 예수 혼자만 하나님의 아들이 아니라 하나님이 주신 얼의 씨를 키워 로고스의 성령이 참 나라는 것을 깨달아 아는 사람은 누구나 얼의 씨로는 하나님의 아들이라고 했다. 사람이 이를 깨달으면 이 세상 그대로가 하늘나라이며, 몸이 죽고 안 죽고에 상관없이 영생한다는 것이었다.

다석으로부터 '마침보람'이란 수도의 졸업장을 받은 제자 박영호는 처음 스승을 찾아갔을 때 "어머니, 아버지가 낳은 육체는 참 나가 아니다"라고 하던 스승의 말을 생생히 기억하고 있다. 그래서 박영호는 교회에서 주일마다 귀가 닳도록 되풀이하는 '육체 부활 신앙'과 '대속 신앙(예수가 십자가에 못 박혀 죽음으로써 그 피로 인류의 죄를 대신 씻어 구원했다고 믿는 것)'이 다음과 같은 이유로 예수의 가르침이 아니라 단지 바울의 것이라 여긴다.

살아 있는 예수를 한 번도 본 적 없이, 예수가 죽은 뒤 예루살렘으로 유학을 가서 당시 유명한 율법학자 '가믈리엘'에게 율법을 배운 '과격한 근본주의자' 바울은 본디 예수의 제자들을 박해하는 주동자였다. 그런 바울은 다마스쿠스 성 밖에서 갑자기 쓰러지면서 시력을 잃을 지경이 된 뒤 회심하게 된다. 그러나 바울은 하나님을 무서워하는 '유치신관'에 머물렀다. 하나님은 사랑이라는 것을 깨달은 예수의 신관에 미치지 못했다. 그래서 바울은 유대인들이 하나님의 노여움을 풀기 위해 짐승을 잡아 바치는 대신 예수를 제물로 한 대속 교리를 만들었다는 것이다.

또한 박영호는, 일부 교회와 목사들이 신자들의 몸과 마음을 자기 쪽으로 묶어놓는 것과 달리 스승 다석은 자신이 그의 꿀맛 같은 가르침에 취해 있을 때 다시는 찾지 말고 홀로 설 것을 명령했다고 한다. 그래서 박영호는 스승과 결별해야 하는 설움으로 통곡했고 결국 홀로 서서 생사와 애증, 욕망의 노예인 제나(자아·에고)에서 벗어나 참 나인 '얼나'로 솟구쳤다. 하나님과 예수를 일체로 보기보다는 예수를 인류의 큰 스승으로 여겼던 다석, 그가 다시 편집한 주기도문에는 우리 모두가 주 예수를 따라 하나님과 하나 될 수 있게 해달라는 서원이 담겨 있다.

> 하늘에 계신 우리 아버지여, 우리도 주와 같이 세상을 이기므로 아버지의 영광을 볼 수 있게 하옵시며, 아버지 나라에 살 수 있게 하옵시며, 아버지의 뜻이 길고 멀게 이루시는 것과 같이 오늘 여기서도 이루어지이다. 오늘날 우리에게 먹이를 주옵시며, 우리가 아버지의 뜻을 이루는 먹이도 되게 하여 주시옵소서. 우리가 서로 남의 짐만 되는 거짓 살림에서는 벗어나서 남의 힘이 될 수 있는 참삶에 들어갈 수 있게 하여 주시옵소서. 우리가 세상에 끄을림이 없이 다만 주를 따라 위로 솟아남을 얻게 하여 주시옵소서. 사람 사람이 서로 널리 생각할 수 있게 하옵시며, 깊이 사랑할 수 있게 하옵소서. 아버지와 주께서 하나이 되사 영삶에 계신 것처럼 우리들도 서로 하나이 될 수 있는 사랑을 가지고 참말 삶에 들어가게 하여 주시옵소서. 아멘.

다석은 동양학에 있어서도 뛰어난 재능을 보였다. 그는 공자·맹자와 불경, 노자·장자를 통해 《성경》을 더욱 깊이 깨칠 수 있었다고 한다. 다석은 스님들보다 더 불경에 달통했고, 도교인보다 더 노자·장자에 도통했지만, 그렇다고 개종하지는 않았다. 동서양을 모두 회통한 뒤에도 다석은 예수를 자신이 본받을 궁극의 선생이자 가장 큰 스승으로 모셨다.

그는 성공과 욕망을 실현하려는 세속심을 부추기고 야합하는 그런 기독교인이 아니라 죽어버린 성령을 깨워 참사람으로 거듭나게 한 호랑이였다. 그는 남강 이승훈과 오산학교를 깨워 수많은 우국지사를 길러냈다. 상당수 기독교인들이 일제강점기에 신사참배와 친일로 민족을 배신하고, 해방 뒤에는 친독재로 민초를 배신했을 때 그가 길러낸 '민주화의 대부' 함석헌 등이 있어 한국 기독교는 그나마 시대의 역사적 소명에 잘 부응한 종교로 떳떳해졌다.

광주의 '맨발의 성자' 이현필과 동광원 수도자들은 매년 며칠씩 다석을 초청한 사경회에서 집중적으로 설교를 들었다. 〈성서조선〉을 통해 조선 민중의 정신을 깨운 김교신과 류달영, 박영호, 주규식, 안병무, 서영훈 등도 그를 받들었다. 다석은 한국인과 '한국 기독교'를 깨운 최대의 숨은 공로자였다. 그는 지도자가 아니라 '지도자의 스승'이었다.

그처럼 존경받는 지도자이자 현자가 왜 그토록 깨달음 뒤에 더 큰 고행의 삶을 택한 것일까.

다석이 일일 일식을 하고, 널빤지에서 잔 것은 절대자를 직접 체험한 쉰두 살 때부터였다. 김홍호는 이에 대해 "그것은 고행이 아닌 '하나님의 계시대로' 혹은 '깨달은 그대로' 살아가는 '정행(正行, 바른 행동)'이었다"고 했다.

청년의
민족혼을 일깨운
〈성서조선〉의
아버지

김교신 1901~1945

　아름다운 도심 속 공원인 서울 중구 중림동 손기정 기념공원은 이제는 목동으로 옮겨간 양정고등학교가 있던 자리이다. 산책하는 사람들 곁을 지나다보면 일제강점기 때부터 있던 빨간 벽돌 건물이 보이는데 그 옆에 양정고 재학 도중 베를린올림픽에서 금메달을 딴 손기정의 흉상이 서 있다.

　당시 손기정을 키운 이는 교사 김교신이었다. 김교신이 가르친 것은 마라톤만이 아니었다. 수업을 일본어로만 하게 하고 한국말로는 사담조차 못하게 했던 그 시절, 그는 배짱 좋게 학생들에게 한국말로 한국 위인들의 얘기를 들려주며 좌절한 식민지국 청년들의 가슴에 희망의 불씨를 심었다. 김교신과 함께 도쿄로 가 베를린올림픽 예선전을 통과

했던 손기정은 훗날 "다른 사람은 아무도 보이지 않고, 오직 김교신 선생님의 눈물만 보고 뛰어 우승할 수 있었다"고 했다. 교신은 만능 운동선수였고, 타고난 체격과 체질이 강건한 남아였다. 그는 손기정과 직접 뛰기도 하며, 조선 건아의 민족혼을 불러일으켜 기적의 힘을 발휘하도록 격발시켰다.

김교신은 함경도의 전통 유가에서 태어났는데, 네 살 때 아버지가 스물한 살의 나이로 요절했다. 편모슬하의 장자로 자란 그는 1912년, 불과 열한 살에 네 살 연상인 한매와 혼인했다. 그는 부인과의 사이에 무려 8남매를 둔 아버지의 삶을 살면서도 종교인으로서, 독립운동가로서, 사상가로서 한 시대를 풍미했다.

그토록 일찍 혼인을 했으니 학업도 대부분 아내와 자식을 둔 이후에 해야 했다. 1916년 3월 함흥공립보통학교를 졸업하고, 1919년 일본으로 유학을 갔다. 그리고 인륜을 저버린 일제의 폭력과 이에 신음하는 고국 동포의 모습에 비탄하던 김교신은 동포를 살릴 구원의 희망을 기독교에서 찾았다. 부정의를 보고도 아무 행동을 하지 않는다면 그것은 용기가 없다는 증거라고 한 공자의 말보다 더 가슴을 찌르는 말을 듣게 된 것이다. 그는 부정의를 보고도 아무 행동을 하지 않는 것은 죄라고 한 예수를 받아들임으로써 일제의 부정의를 청산할 희망의 통로를 발견했다. 그렇게 '그리스도를 만난 조선의 선비 김교신'이 탄생했다.

그러나 그는 도쿄에 유학을 가 처음 향했던 야라이다치의 홀리니스 성결교회에서 온건한 시미즈 목사가 반대파의 술책으로 축출되는 것

김교신

을 지켜보게 된다. 김교신은 이때의 충격으로 교회의 출석도 반년 동안 끊고 고민했다. 그는 내부의 다툼이 심한 교회에 염증을 느꼈다. 교권의 틀에 왜곡되지 않은 순수한 신앙의 터전을 갈구했다. 권력 다툼이나 관념과 논리 싸움이 아닌 그 너머의 정수에 대한 갈망이 그의 마음속에 움텄다. 그러다 만난 이들이 자신과 같은 고민을 하던 무교회주의자들이었다. 교신은 1921년부터 무교회주의자인 우치무라 간조의 성서연구회에 출석해 7년간 성서를 배우게 된다. 그는 이때 함께 배운 함석헌, 송두용, 정상훈, 유석동, 양인성 등과 함께 '조선성서연구회'를 만들었고, 귀국 후 〈성서조선〉이란 잡지를 내 조선 민중을 흔들어 깨웠다.

백성의 혼불을 되살릴 '조선산 기독교'

그가 기독교만큼, 아니 그 무엇보다도 비교할 수 없을 만큼 사랑했던 것은 나라 잃고 신음하는 조선의 동포였고 조국이었다. 그 조선을 살리기 위해 죽어가는 혼불을 살려야 했다. 그러나 당시 서양 선교사들은 우리나라의 역사를 '보잘것없고 하찮은 것'으로 서구에 소개했고, 일제와 친일 사학자들은 우리 역사와 민족이 한심하다는 식으로 선전하였다. 《은둔의 나라 조선》을 써 한국에 대한 미국인들의 이해에 절대적인 영향을 끼친 미국 선교사 윌리엄 그리피스는 "조선의 역사라는 것은 단지 민담에 불과하며, 일본이나 중국과 같이 민족적인 허영심과 동물 신화에 근거해 전통적이고 지역적인 가치의 차원에서만 어림잡은 연대기

일 뿐이어서 역사라는 범주에도 미치지 않는 수준"이라고 했다.

그러나 교신은 '무레사네(물에 산에)'라는 동아리를 만들어 주일마다 서울 근교의 고적과 명소를 심방하고 참배하면서 청년들에게 우리 국토와 자연의 아름다움, 문화적인 탁월성을 발견하게 했다. 역사와 지리 선생인 그는 "동양이 산출한 사상이 있다면, 그 반만년의 내용을 한약탕기에 넣어 달이고 짜낸 정수는 필연코 이 한반도에서 찾을 수 있을 것"이라고 했다. 그는 또 고국강토 한반도에 대해 "물러나 은둔하기는 불안한 곳이지만, 나아가 활약하기는 이만한 데가 다시없다"며 움츠린 청년들의 어깨를 활짝 펴게 했다.

그는 자기중심적인 탐욕의 성취를 위해 방법을 가리지 않고 정복하는 서구 기독교의 모습을 비판했다. 그리고 미국 기독교를 모방하여 격정적이고 반지성적인 한국의 기독교 신앙에 오히려 찬물을 끼얹으며 이성적 신앙을 갖게 했다. '미국이나 일본의 기독교'가 아닌 은근하고 담박한 조선인의 심성과 동양 정신의 진수라는 그릇에 그리스도의 정신을 담은 '조선의 기독교'를 열고자 했다.

《김교신 그 삶과 믿음과 소망》을 쓴 김정환은 "(김교신) 선생은 '조선 김치 맛 나는 기독교'로 만들 것을 목표로 일생 한국인의 심령에 뿌리를 박은 기독교를 추구했으며, 이를 위해 일체의 '인공적인 부흥의 열'을 배제하고 '천품의 이성과 인간 공유의 양심'을 견지하면서 '냉수를 쳐가며' 냉정한 중에 《성경》을 연구했다"고 평했다.

김치는 가진 자나 못 가진 자나 배운 자나 못 배운 자나 호남인이나 영남인이나 빠지는 이 없이 한국인이라면 모두가 먹는 우리 음식이다. 누구만 먹고 누구는 먹지 못하는 그런 기독교가 아니라 조선의 백성이면 누구나 즐거이 먹을 수 있는 그런 기독교를 만들어보자는 게 김교신의 생각이었다.

그는 이 땅에 사랑과 희생과 정의라는 가치가 흐르는 조선을 세우고자 했다. 그런 점에서 기독교는 이상적인 종교였다. 하지만 조선 사람인 그는 기독교의 보편 진리도 조선이라는 구체적 장과 제대로 합일할 때 그 진리가 온전히 이 땅에 도달할 수 있다고 보았다. 그래서 김교신은 미국식 기독교를 흉내 내거나 자민족 우월주의라는 병에 걸린 선교사들의 일방적 선교를 비판 없이 수용하는 것이 기독교라면 차라리 기독교인이기를 포기하는 편이 낫다고 했다.

미국의 기독교는 미국적 기호가 깃든 형식이 일본의 기독교는 일본의 감수성이 어우러진 형식이 마땅하다. 마찬가지로 조선의 감성과 기호와 역사의식이 녹아 있는, 조선에 맞는 형식으로 복음을 담아내는 것이 조선 기독교인이라면 마땅히 감당할 사명이라는 게 교신의 생각이었다. 교신은 천박한 상업주의에 오염된 미국적 종교심에 비해 '은밀히 덕을 쌓고 은밀히 보는 하나님에게 보답받기를 기다린다'고 하는 조선인만의 '은덕(隱德)'의 심성을 예찬했다. 또한 군자지교담여수(君子之交淡如水, 군자의 사귐은 물처럼 담백하다)라는 담박미의 정서를 재발견할 것을 역설했다. 그는 자기중심적인 탐욕을 긍정하고 정복을 인정하는 서구의 인간상을 환영하는 세태에 안타까워했다. 그는 조선인으로서 선을 행하지는 못해도 선을 행하고자 하는 도(道)를 알았고, 이를 두려워할 줄도 알았다. 그래서 선을 행하는 척이라도 했던 조선 유교의 위선마저 그리워했다.

교신은 폐습의 늪에서 폐망하고 도탄에 빠진 동포들에게 구세의 희망을 전하고자 기독교를 받아들였다. 하지만 그의 기독교는 '조선산 기독교'였다. 서구 기독교에 깃든 오만한 우월주의와 폭력성, 타문화에 대한 배척성이라는 찌꺼기를 걸러내고 이 땅에 온전히 세울 주체적 기독교를 갈망한 고뇌의 산물이었다. 그는 "조선을 알고, 조선을 먹고, 조선을 숨 쉬다가 장차 그 흙으로 돌아가리니 이 어찌 즐거운 일이 아닌가"라고 했다.

그는 청년들에게 "참새 한 마리라도 하나님의 뜻이 없이는 땅에 떨어지지 않는다고 했는데, 몇 천 년에 걸쳐 이 땅에 터 잡고 영고성쇠의 역사를 경영해온 우리 민족의 섭리사적 사명은 무엇이냐"고 물었다. 그는 "이것을 외국의 신학자가 다듬어줄 것인가. 외국의 역사가가 알려줄 것인가"라며 우리 스스로 그것을 찾아야 한다고 했다. 그는 이스라엘의 구약이 아니라 이 땅의 구약과 그리스도의 정신을 접목하려 했다.

그러나 교회의 상황은 말이 아니었다. 각 나라에서 온 선교사들이 자기들 편리대로 지역을 분할해 갈기갈기 찢어놓았음에도 조선 신자는 조선 신자끼리 이를 극복해 하나 될 줄 몰랐고, 그저 선교사들보다 더 서양적으로 변모하며, 기득권의 이익에만 관심 기울이는 일이 다반사였다. 그래서 당시 지식인들이 널리 읽던 〈개벽〉지는 한국 교회가 부자들의 친구이며, 소작농과 독립교회를 이끄는 한인 목회자들의 궁핍한 상황은 돌보지 않고 오직 권세 있고 돈 많은 이들만 천당 가게 돕는 기생충 같은 존재라고 꼬집기도 했다.

오산학교를 설립한 남강 이승훈의 그늘에서 유영모 등 기독교의 대사상가들과 어울렸던 춘원 이광수는 김교신을 찾아와 한국 교회에 대한 고민을 털어놓기도 했다. 교신은 춘원을 달래며 그럴수록 허위에 찬 겉모습이 아닌 기독교의 골갱이를 드러내도록 해야 하지 않겠느냐고 했다. 그러나 춘원은 기독교를 예리하게 비판하는 글 하나를 남기고 불교로 개종했다.

춘원이 '금일 조선 야소교회의 결점'과 '신생활론'에서 밝힌 기독교 비판은 다음과 같다.

― 한국 교회는 너무 권위적이고 계층적이다. 꼭 양반, 상놈 하던 시대처럼 목사, 장로와 평신도 간의 계층구조가 심하다.
― 한국 교회는 세상과 교회를 이분화해서 교회에만 치중하고, 평신도의 소명인 세상일을 통한 하나님의 역사는 외면한다.
― 상당수 목사들의 교육 수준이 형편없다.
― 비합리적이고 미신적인 신앙의 내용들이 너무 많다. 기도가 만병통치약인 줄 안다. 한민족을 계몽하자면서 미신적 신앙을 전수하니 이게 웬 말이냐.
― 구교, 신교 합치면 100년이 넘는 선교역사를 가졌는데 어째 한국 교

회는 제 소리, 제 신앙고백이 없고 다 가져온 것이냐. 진정 은혜 체험하고 하나님 만났으면 시편 한 편, 주체적 신앙고백 한 줄이 나와야 하는 것 아니냐.

— 한국 그리스도인들은 민족적 정체성이 없다.

— 선교사들과 그들이 인정하는 몇몇 한국인 목회자들이 성서 해석의 독점권을 가진다. 다양하게 성서를 연구하는 자발적인 그리스도인 모임이 없다. 기껏 유교의 독재를 벗어났는데 새로이 독재자를 만난 기분이다.

— 한국 기독교는 너무 감성적이고, 개인주의적이며, 신비적인 체험만을 강조한다. 도대체 합리적이고 도덕적이며 초월적 신앙이 적용된 부분을 발견할 수가 없다.

무교회주의는 이런 비도덕과 개인주의, 독재, 비합리성을 극복하기 위한 대안운동이었다. 그는 무교회를 '전적(全的) 기독교'라고 불렀다. '반만 기독교'이거나 '주일만 기독교'이거나 '예배당 안에서만 기독교'인 게 아니라 존재와 삶이 일체하는 기독교를 뜻했다. 그는 가톨릭이 제대로 했으면 개신교가 생기지 않았고, 개신교가 제대로 했으면 무교회주의가 안 생겼을 거라고 했다.

뜨겁고 감성적이다가 자신의 이해를 위해서라면 신사참배도 결의하는 식으로, 한순간에 시대적 소명을 이탈하는 그런 신앙이 아닌 냉철하고 이성적인 신앙의 자세를 바랐다.

〈성서조선〉아, 조선혼을 가진 조선 사람에게 가라

신앙적 열정과 초월신앙만을 추구하는 세태에 대한 그의 비판은 국내 기독교인들에게만 머물지 않았다. 일본 제국주의적 침략을 비판한 우치무라 간조와 달리, 우치무라 이후 최고의 일본 무교회 지도자인 츠카모토 토라지가 일본의 제국주의 전쟁에 대해 옳다 그르다 한마디 없이 초월신앙만 강조하자 그는 "츠카모토의 무교회는 기독교인의 역사적 사명인 예언자적 삶을 포기했다"고 비판했다. 무교회는 그동안 교회가 성과 속을 구별하며 세상에 무관심하다고 비판해왔는데, 그 역시 성과 속의 이중구조 속에서 영적 구원만 배타적으로 논했을 뿐 안전을 꾀하고 있다는 질책이었다.

김교신은 머물러 중단하거나, 지쳐 쓰러지거나, 두려워 후퇴하지 않았다. 그는 영(靈)이 굳어지는 것을 동맥경화보다 더 두려운 병으로 인식했다. 제도에 의해 경직된 교회에서는, 목사도 신자도 춤추는 인형처럼 제 의사를 표현 못하게 된다고 생각했다. 그래서 그의 무교회주의는 '영원히 개혁하려는 정신'이고 '영원히 저항하려는 정신'이라고 했다. 그런 정신이 없었다면 폐간에 감옥을 전전하면서도, 그렇게 홀로 시간과 비용을 모두 들이며 〈성서조선〉을 만들기란 불가능했을 것이다.

"아무런대도 너는 조선인이구나. 〈성서조선〉아, 너는 소위 기독자보다도 조선혼을 가진 조선 사람에게 가라, 시골로 가라, 산촌으로 가라, 거기에 나무꾼 한 사람을 위로함으로 너의 사명을 삼으라."

〈성서조선〉 창간 동인들. 왼쪽부터 뒤에는 양인성, 함석헌, 앞에는 유석동, 정상훈, 김교신, 송두용. 1927년 2월

이렇게 〈성서조선〉의 발간사에는 기독교와 성서를 조선을 살리기 위한 처방으로 삼았음이 엿보인다. 그토록 가슴 아프고 애달픈 조선 백성을 '위로'하고 그들에게 '희망'을 보여주기 위해 그는 〈성서조선〉을 펴냈다.

김교신에게는 종교와 삶, 종교와 조국이 따로 둘이 아니었다. 그는 "기독교는 논할 것이 아니라 생활할 것이다. 교회 문제는 학문적, 사상적 태도로 임할 것이 아니라 실천적 태도로 임해야 할 것이다. 그래서 서른 살이 되어도 경제적으로 독립하지 못한 상태라면 성령이니 성서니 논하지 않는 것이 하나님께 최대봉사다. 현실생활의 책임과 고통을 경험하고 이에 충실한 자만이 바로 된 신앙인의 자격이 있다"고 주장했다.

믿는 것과 사는 것이 따로 있지 않으며, 교회란 교회당으로 구별되어 거기 들어가 있을 때만 교인이 되는 것이 아니고, 내 마을과 내 일터가 교회이고, 내 일상의 일이, 내 조국의 일이 교회 일이라고 했다.

일제는 1942년 〈성서조선〉의 권두문에 실린 '조와(弔蛙, 개구리를 애도하며)'란 글을 문제 삼아 세칭 '성서조선사건'을 일으켰고, 이를 통해 구독자 수백 명을 동시에 검거하면서 〈성서조선〉을 폐간시켰다. 김교신과 함석헌, 송두용, 류달영 등은 판결도 받지 못한 채 1년간 옥살이를 해야 했다. 조와는 개구리를 빗대 잠자는 민족을 깨워 희망의 싹을 돋아나게 하기 위한 글이었다. 지금도 최고의 명문으로 꼽히고 있다.

작년 늦은 가을 이래로 새로운 기도터가 생겼었다. 층암이 병풍처럼 둘러싸고 가느다란 폭포 밑에 작은 연못을 이룬 곳에 평탄한 반석 하나 연못 속에 솟아나서 한 사람이 꿇어앉아서 기도하기에는 천성의 성전이다. 이 바위 위에서 혹은 가늘게 혹은 크게 기도, 간구하며 또한 찬송하고 보면 전후좌우로 엉금엉금 기어오는 것은 연못 속에서 보호색을 이룬 개구리들이다. 산중에 큰일이나 생겼다는 표정으로 새로 나타난 나 그네에게 접근하는 친구 개구리들, 때로는 대여섯 마리, 때로는 일곱, 여덟 마리, 늦은 가을도 지나서 연못 위에 엷은 얼음이 붙기 시작함에 따라서 개구리들의 기동이 매일매일 완만하여지다가, 나중에 두꺼운 얼음이 얼어붙은 후로는 기도와 찬송의 소리가 개구리들의 귀에 닿는지 안 닿는지 알 길이 없었다. 이렇게 수개월을 보냈다.

봄비 쏟아지던 날 새벽, 이 바위틈의 얼음도 드디어 풀리는 날이 왔다. 오래간만에 친구 개구리들의 안부를 살피고자 연못 속을 구부려 찾았더니 오호라. 개구리의 시체 두세 마리가 연못가에서 둥둥 떠다니고 있지 않은가! 짐작컨대 지난겨울의 유난히 추운 날씨에 작은 연못의 밑바닥까지 얼어서 이 참사가 생긴 모양이다. 예전에는 얼지 않았던 데까지 얼어붙은 까닭인 듯. 동사한 개구리 시체를 모아 매장하여주고 보니 연못 밑에 아직 두어 마리 기어다닌다. 아, 전멸은 면했나보다.

_ 조와(弔蛙), 《성서조선》158호 권두언, 1942년 3월

'성서조선사건'을 맡은 일본 검사는 "너희 놈들은 우리가 지금까지 잡은 조선 놈들 가운데 가장 악질적인 부류들이다. 결사니 조국이니 해가면서 파뜩파뜩 뛰어다니는 것들은 오히려 좋다. 그러나 너희들은 종교의 허울을 쓰고 조선 민족의 정신을 깊이 심어서 백 년 후에라도, 아니 5백 년 후에라도 독립이 될 수 있게 할 터전을 마련해두려는 고약한 놈들이다"라고 했다. 후에 김교신은 "그때 일본 검사가 보긴 바로 보았거든"이라고 했다.

김교신은 어둠 속의 조선을 구하기 위해 국제 정세에 눈과 귀를 활짝 열어두고 있었다. 그는 일본으로 건너간 직후, 동경정칙영어학교에서 당대의 저명한 영문학자인 사이토에게 영어를 배웠는데, 그때부터 세상을 떠나기 전까지 〈런던타임스〉를 읽었다. 생활은 끼니도 잇기 어려웠지만 늘 세상이 돌아가는 조망은 놓치지 않고자 했다.

김교신은 그 바쁜 와중에도 전원생활을 할 줄 아는 도인이기도 했다. 그는 북한산 산골 정릉에서 살면서 새벽 4시에 일어나 냉수마찰을 하고

서, 소나무 숲 속으로 들어가 기도한 뒤 텃밭을 가꾸었고, 늘 자전거를 타고 학교에 다녔다.

낮에는 학교에서 학생들을 가르치고, 밤이면 열심히 성서를 연구해 〈성서조선〉을 쓰고 편집했다. 인쇄소에 맡긴 잡지가 나오면 서점에 배달하고 우체국으로 가 일일이 우표를 붙여 구독자들에게 발송했다. 그는 사환에서 편집자, 주필, 사장의 일까지 묵묵히 해내는 최고의 언론인이었고, 학교에서는 가장 훌륭한 선생님이었으며, 가정에서는 아들이고 남편이며 8남매의 아버지였다. 또한 수천 평의 밭을 직접 가꾼 농사꾼이기도 했다. 사람들은 대체 그가 어떤 힘으로 그 많은 일들을 감당해내는지 불가사의하게 여겼다.

불과 40여 년을 살았음에도 다른 사람들이 팔십 평생에 못다 할 일을 해내던 교신이 자신의 마지막을 직감했던 것일까. 1년의 옥살이를 끝내고 1943년 출옥한 뒤 그는 또 한 번 삶의 전환을 감행했다. 조선 노무자 5천 명이 강제징집 당해 일하던 흥남 일본질소비료 공장에 몸소 들어간 것이다. 김교신은 그곳에 유치원, 학교, 병원 등을 세웠고, 궤짝 같은 집에서 떨고 지내는 노동자들을 돌보았다. 그러던 중 1945년 4월에 발진티푸스가 만연하자 자신의 몸을 돌보지 않고 노동자와 그 가족들을 돌보았다. 그러다 그도 병에 감염돼 목숨을 잃었다. 그가 〈성서조선〉을 통해 어두운 밤하늘에 대고 수십 년간 닭울음소리로 알렸던 해방의 첫새벽이 100여 일 남은 때였다. 그의 나이 불과 45세였다.

종교적
타자가
되어버린
예수

변선환 1927~1995

　1991년 감신대 변선환 학장은 목사직에서 면직됐다. 기독교인이 아니라도 구원받을 수 있다며 "기독교 밖에도 구원이 있다"고 한 말 때문이었다.

　다음 해 서울 중랑구 망우동 금란교회에서 이 일과 관련하여 '종교재판'이 열렸다. 재판정은 김홍도 목사가 이끄는 금란교회 신자 3천여 명이 부르는 찬송과 기도 소리로 가득했다. 스승을 구하려는 감신대 학생들의 절규 어린 함성은 수천 군중의 함성에 묻혀버렸다. 수십 명의 대학생들은 곧 억센 남신도들에게 끌려 예배당 밖으로 내팽개쳐졌다.

　그날 감리회 재판위원회는 변선환에게 감리교회법상 최고형인 출교처분을 내렸다. 감리교회 목사직과 감신대 교수직을 파면하는 것은 물론 신자 자격까지 박탈한 것이었다. 얼마 뒤 변선환은 서울 정동교회의 단상에 올라 마지막 설교를 하며 외쳤다.

"나는 죽지만, 내 제자들은 노다지(노터치)!"

그가 내 제자들은 손대지 말라고 경고하는 의미에서 '노다지'라고 했지만 말 그대로 그의 제자들은 세상에 빛을 나눠주는 노다지가 되었다. 그는 서구신학의 틀대로 만들어진 모조품을 찍어내는 스승이 아니었다. 제자들이 수천수만 년 동안 이 땅의 자연 속에서 잉태돼온 광맥임을 확인시켜준 능숙한 사부였다. 비록 변선환 자신은 오직 책 속에만 묻혀 산 학자였지만, 그로 인해 이현주 목사, 최완택 목사, 채희동 목사 등 동양적 영성의 우물을 길러내는 영성가들이 나왔다. 또한 한국기독교청년회(YMCA) 환경위원장 이정배 감신대 교수, 연세대 교목실장 한인철 교수, 김영동 목사, 고진하 목사(시인), 청파교회 김기석 목사, 수원 등불교회 장병용 목사, 홍천 동면교회 박순웅 목사, 기독교환경연대 양재성 사무총장 등 한국 교회의 '희망'들이 탄생했다.

변선환은 평안도의 항구 진남포에서 태어나 평양의 유가적 가풍에서 자랐다. 그의 할아버지는 한학자였다. 그래서 집 안에는 한서가 가득했다. 어려서 병약하고 내성적이었던 변선환이 처음으로 종교적 가르침에 눈뜬 것은 초등학교 4학년 때 《수양전집》에서 읽은 한 대목 때문이었다. 그 책 첫머리의 그림은 예수와 석가가 함께 대화하고 있는 장면이었다.

1945년, 변선환의 나이 18세 때 해방의 날이 밝았다. 훗날 변선환은

변선환

이렇게 고백했다. "일본 왕이 읽는 항복선언을 들으면서 나는 가당찮게도 일본 선생, 일본 친구들과 함께 울음을 터뜨렸다. 일제의 학교 교육이 내 영혼을 빼앗아 일본화하고 있었던 것이다."

　일제에 빼앗긴 그의 영혼을 되찾게 해주고, 그를 기독교로 인도한 사람은 3·1운동 민족대표 중 한 명인 신석구 목사였다. 신석구는 처음에는 3·1운동 가담을 주저한 인물이었다. 외국 선교사들이 다른 종교인들과는 어울리지도 말고 '정치적 일'에는 관여치 말라고 했기 때문이다. 그러나 그는 홀로 기도하던 중 응답을 얻었고 가장 늦게 참여를 결정했다. 그리고 그는 16명의 기독교인 민족대표 중 마지막까지 지조가 꺾이지 않았던 대표적인 인물이 되었다. 그 신석구가 변선환의 첫 스승이었다. 젊은 날, 스승으로 인해 영혼을 지배하던 일제의 껍질을 깬 과정은 그가 훗날에 무한히 껍질을 깨고 깨며 성령의 대자유인을 지향하는 단초가 되었다.

주여, 나는 당신께만 소송하나이다

감신대와 한신대, 한국신학대 대학원을 거쳐 육군 군목과 이화여고 교목을 지낸 그는 미국 드루대와 스위스 바젤대 신학부에서 공부하며 칼 야스퍼스, 루돌프 불트만, 프리츠 부리 등의 신학 사상과 선불교와의 대화를 주제로 박사 논문을 썼다.

　그 7년의 유학생활에서 그가 깨달은 것은 "나는 결코 서양 사람은 될 수 없다"는 사실이었다. 그는 자신이 태어나 자랐고, 가족과 벗들과 동포들이 있는 고국에서, 역사의 현장에서 우뚝 설 때 참 기독교인이 되고, 참 한국인이 될 수 있다고 깨달았다.

두 번째 스승 윤성범에게 유교적 기독교 신학을 배운 변선환은 불교학자 이기영 박사와도 폭넓은 대화를 나누었는데, 이를 통해 기독교와 불교 등 모든 종교와의 공존 가능성을 보았다. 그러나 결국 감신대 대학원장과 한국기독교공동학회 회장 등을 거쳐 감신대 학장으로 재직하던 중 개신교 내부의 배타주의로 제물이 되고 말았다.

변선환은 공항에서 책을 보다가 비행기를 놓치기도 했고, 화장실에서 소변을 보다가 물 내려가는 소리가 자신의 오줌 소리인 줄 알고 30분이나 바지춤을 내린 채 서 있었다고 한다. 그만큼 그는 무언가에 집중하면 모든 것을 잊는 사람이었다.

불교학자 이기영 교수, 유학자 유승국 교수, 민중신학자 안병무 교수, 강원용 목사, 김흥호 목사, 가톨릭 토착화 신학자 심상태 신부, 정양모 신부 등과의 대화에도 그렇게 집중했다. 대화가 깊어갈수록 그의 세계는 풍성해졌다. 마침내 그는 아시아인들의 종교성과 민중성(가난)을 놓치면 제대로 된 아시아의 신학일 수 없다면서, 아시아인은 아시아의 현실에 눈감지 않은 신학을 해야 한다고 주장했다.

특히 다양한 종교와 문화 전통이 뿌리 내린 우리나라에서는 서로의 종교와 사상에 대한 이해를 높임으로써 자신의 신앙적 뿌리가 더욱 깊어지고 풍성해지고 자유로워질 수 있다는 것을 깨달았다. 그는 동양적 전통의 사상과 종교를 깊이 공부하고 대화하면서, 하나님의 보편적 사랑의 빛이 한국의 문화와 종교에도 자연스럽게 스며 있다고 느꼈다. 그래서 그는 한국문화와 종교를 하나님이 값없이 주신 은총이라 믿었다.

변선환은 자신보다 앞서 이런 깨달음에 이른 정동교회 제1대 목사 탁사 최병헌이 쓴 《삼인문답》이란 책 속의 '변화산상의 이야기'를 들려주곤 했다.

"바다 한가운데에 아름다운 섬 하나가 있었다. 사람들은 섬 한가운데 솟아 있는 명산에 오르고 싶어 했다. 사람들은 저마다 산 밑에서 봉우리를 향하는 많은 길 가운데 하나를 택하여 산을 오른다. 그러나 정상에 이르면 뜻밖의 광경에 놀라지 않을 수 없다. 봉우리 위에 예수가 동양의 4대 성인인 석가, 노자, 공자, 마호메트와 대화를 하고 있기 때문이다. 산봉우리 위에 서 있는 예수는 모세와 엘리아와 말씀하고 계시지 않고 동양의 네 성인과 대화하고 있다."

그는 이 이야기가 한국 사람 특유의 다원적 포용성과 관용성을 보여주고 있다면서 유, 불, 선 세 종교가 무리 없이 평화스럽게 공존할 수 있다고 보았다. 또한 상호보완 관계에서 발전해온 우리 역사에 있어 종교적 배타주의는 극히 낯선 것이라고 했다.

변선환이 보수교회 목사들의 타깃이 된 것은 이렇게 근본주의적 보수교회의 핵인 배타주의를 건드렸기 때문이다. 특히 변선환 박사는 한국적 신학이 타파해야 할 우상을 '교회 중심주의'로 보았다. 그는 교회 밖에는 구원이 없다고 말하는 배타적 교회 중심주의는 교회 자체를 계시와 은총의 통로로 이해함으로서 세상과 교회의 단절을 초래한다고 밝혔다. 그는 생전에 "우리는 한국에 실려 온 병신스런 하나님을 믿지 않는다"고 말했다고 한다. 선교사들이 오기 오래전에 우리의 역사와 우리의 땅 위에서 (신이) 이미 활동하고 계셨다는 의미였다.

보수 우익 목사들은 그를 종교재판에 세우고는 변론 기회마저 차단하고 반증자료도 묵살했다. 또한 신학을 논리적으로 검증하지도 않고, 재판정을 고소인 쪽의 교회로 옮겨 교인들을 동원한 가운데 여론 재판을 펼쳤다. 그들은 그렇게 변선환을 정죄해 교수직과 목사직, 신자 자격까지 박탈하는 최고형을 언도했다.

그러자 양심적 개신교인들이 항의하고 나섰다. 박대선, 김지길, 장기천, 김규태 등 감리교 전 현직 감독과 교수 그리고 청년들이 '감리교를 염려하는 기도모임'을 가지며 반발했다. 교권이 중시되던 중세에 가톨릭교회의 전통이었던 종교재판이 '다양성 속에서의 일치'라는 감리교의 전통을 위협하는 태풍으로 다가오고 있다는 목소리였다.

그러나 중세 암흑기에나 있을법한 그 종교재판은 나름대로 가장 진보적인 신앙 전통을 가진 한국감리교회에서 그대로 집행됐다. 감리교회의 창시자인 존 웨슬리(1703~1791)는 영국 국교회의 권위에 도전했다가 파문당한 뒤 종교적 관용의 토대에 서서 "교회"가 아니라 "세계가 나의 교구"라고 선언했다. 영국 국교회의 '권위'에 도전했다가 파문당한 존 웨슬리가 세상을 뜬 지 200년 만에 생긴 일이었다. 어느 선배 신학자는 신학자로 태어나서 신학과 함께 죽는다는 것이 얼마나 영광스

러우냐며 오히려 변선환을 격려하기도 했다. 변선환도 말했다.

"나는 오랫동안 신학의 시련, 종교간 대화 때문에 받았던 고해와 박해에서부터 해방된 것을 감사했다. 에큐메니컬 시대(교회의 각 교파들이 서로의 다양성을 인정하고 교류와 협력을 하는 시대)의 도래와 함께 열린 넓은 대화의 광장에서 나는 교파와 종파의 차별이라는 높은 장벽을 넘어서 이 교파 저 교파를 자유롭게 넘나들며 통일, 인권, 생명운동을 벌이는 절대 자유인이 됐다. 비록 교단의 권력정치에 밀려나 출교당했지만 누가 나를 목사라고 보지 않겠는가. 유일의 재판관은 파스칼이 하늘 법정에서 호소하며, '주여, 나는 당신께만 소송하나이다'라고 절규했던 그분뿐이다."

그렇게 내버려진 3년 뒤 선종했던 변선환은 세상을 떠나기 전 한국의 개신교인들을 향해 당부했다.

"한국인들이 받아들인 예수가 조선의 예수, 한국의 예수가 되면 좋겠다. 하늘의 예수는 말씀하실 것이다. '동족끼리 종교인들끼리 싸우지 말고 세계를 뒤흔들고 있는 거대한 악마적인 권세와 싸우라'고. 그분의 말씀대로 정의와 사랑은 마침내 악마적 권세를 물리치고 승리를 거둘 것이다."

변선환이 내동댕이쳐지던 때인 1992년 5월 7일, 종교재판이 열리던 금란교회는 신자 3천여 명으로 가득 찼다. 신자들의 야유 속에서 일사천리로 법정 최고형이 내려졌다.

재판이 끝난 후 군중들의 야유를 뒤로 하며 변선환이 거대한 금란교회 예배당 문을 막 나설 때였다. 한 중년의 여신도가 들어오고 있었다. 시간에 맞춰 재판정에 오던 중 늦었는지 헐레벌떡 뛰는 모습이었다. 여신도는 변선환을 보자 숨을 몰아쉬며 "재판 어떻게 됐어요?" 하고 물었다. 변선환이 손을 목에 대며 "잘렸다"는 신호를 보내자, 여신도는 "아멘" 하며 그 자리에서 만세를 불렀다. 변선환은 그렇게 거대한 성전을 나왔다.

책이란 읽으면 되는 거지

변선환은 늘 두루마기를 입고 보따리에 책을 싸들고 다녔다. 제자들이 찾아오면 을지로4가 우래옥에서 냉면을 사준 뒤 비원과 창덕궁 길을 함께 걷곤 했다. 신학뿐 아니라 동양사상과 자연의 신비, 개인적 고뇌까지 나누는 그들이 '스승의 노래'를 부르면 변선환은 제자들 앞에서 엉엉 소리 내어 울었다. 변선환은 그렇게 감신대 학생들의 스승이자 벗이었다. 이정배 교수는 "대학원생들이 하나같이 그에게 학위 지도를 받으려 했기 때문에 한 교수가 학생 6명 이상을 지도할 수 없도록 제한하는 법을 만들어야 했을 정도"라고 회고했다.

새해 첫날이면 꼭두새벽에 스승에게 안부전화를 드렸던 이현주 목사는 변선환의 10주기 추모 예배를 위해 '우리의 스승 변선환'이란 헌사를 썼다.

우리의 스승 변선환, 이분을 두고는

어쭙잖은 축시 같은 것을 쓸 수가 없다.

축사나 축시 따위와는 어울릴 수 없는 분이다.

세상에는 이분을 존경하고 따르는

우리 같은 못난 '올꾸니'들도 있지만

가만 보니 참 똑똑하다는 이들은

이분을 욕도 하고 비난도 하고 웃기도 하더라.

허물이 있다면 한없이 고지식한 것뿐

책 속에 길이 있느니라, 외곬 신앙으로

끝없는 활자의 세계에 평생 묻혀

동서양 관통하여 지구를 몇 바퀴 돌고도

아직도 까마득히 남은 여정에 조금 어지러워

어허, 이거 내가 평생 무엇을 했던고?

요즘 들어 자주 이런 말을 입 밖에 내면서도

여전히 책 더미 속에 묻혀

돋보기 닦고 쐐기 문자 비슷한 글씨로

깨알같이 메모하고 밑줄 긋고 감탄하는

당신의 모습대로 당신의 방식대로

이 세상 살아가는, 이것, 이 솔직함뿐이다.

우리의 스승 변선환, 이분을

책과 떨어뜨려 생각한다면 그것은 신성모독이다.
이분을 감옥에 가두고 독방에 가두어버리면
아마도 금방 시들어버릴 터인즉 그 이유는
음식을 먹지 못해서 자유를 빼앗겨서가 아니라
책을 읽지 못해서 일게다.
믿는 대로 된다고, 우리의 스승 변선환.
이분에게는 책이 곧 길이요 진리요 생명이다.
어느 놈이 이를 두고 비웃으며 손가락질 하느냐?
즈믄 강에 달이 뜨고
예수의 길이 일천 가지로 뻗나니
그중 어느 한강에 이르면 달을 안고
그중 어느 한 가지를 타면 예수를 만나거늘
들어라. 너희 똑똑한 자들아
우리의 스승 변선환은 무식해서
오로지 한 길밖에 모르신다.
한 길로 해서 마침내 모든 길로 통하는
오로지 그 길밖에 모르신다.
수천 권 책을 읽은 사람이
자기 이름으로 변변한 책 한 권 없다고
이렇게 비아냥거리는 자들도 있더라만
어느 날 꿈에서 나도 비슷한 생각으로

변 선 환

선생님. 선생님은 왜 책 한 권 내지 않으셨소 물으니,
꿈속에서 꿈결처럼 들리는 대답
책이란 읽으면 되는 거지. 허허허….
이 무슨 청천벽력과도 같고
봄 들판 아지랑이와도 같은
오랜만의 성스런 화두란 말이냐!

우리의 스승 변선환, 이분이
충정로 샛길을 구부정하게 걸어갈 때
우리가 충정로에서 만난 것은 한때 도스토예프스키였고
어느 해 여름엔가는 비 오는 날의 욥이었다가
작렬하는 태양 아래 카뮈였다.
이분이 다시 독일을 한 바퀴 돌아
냉천동에 나타났을 때 우리가
그 은행나무 아래 돌계단에서 만난 것은
나가르주나였고 엔도 슈사쿠였고
고뇌하는 아시아, 아시아였다.
갑자로 따지면 60년 회갑이라 하지만
우리의 스승 변선환, 이분의 실제 나이는
아직도 한 살. 영원히 계속되는 외곬의 한 살.
제야의 종소리 한 번 울린 적 없는

시작과 끝이 한결같은 학문의 한 살이다.

어느 날 홀연히 이분이 우리 곁을 떠나

한 줌 흙으로 돌아가신다면

우리는 비로소 마음 놓고 불러 이르리라.

우리의 진실한 친구 변선환

살아 있는 동안 너로 하여 우리 외롭지 않았노라고.

_ 이현주, 변선환 10주기 추모 예배를 위한 헌사

혹자는 자신의 구원은 뒤로 한 채 마지막 한 사람까지 지옥에서 내보낸 뒤 가장 마지막에 지옥문을 나서겠다는 불교 지장보살의 서원을 들어 자신과 타자, 기독교와 타종교, 선과 악을 양자 구분해 다른 쪽을 지옥으로 내쳐버리는 기독교의 이분법적인 한계에 절망하기도 한다. 그러나 매년 8월 8일이면 용인의 변선환 묘소에 하나둘씩 모여드는 제자들은 말한다. 우리에게도 기독교의 예언자들을 따라 울타리 밖의 사람들을 구원하기 위해 스스로 교회 밖으로 내동댕이쳐진 기독교인이 있었다고.

창조적
신앙을 일군
신념의
화가

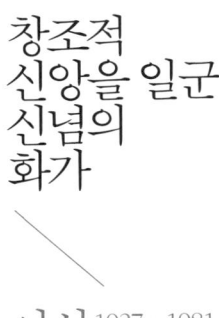

이신 1927~1981

성서에는 '보지 않고도 믿는 자는 복 되도다'라고 적혀 있다. 그러나 눈에 보이는 것을 백안시하는 근본적인 우상 철폐주의자들이 돈과 직위와 건물과 도그마를 더 우상화하는 것을 늘 보게 된다. 그리고 오히려 이런 것을 멀리하고 본질을 좇는 신앙인이 이단시되기도 한다.

뛰어난 화가이자 목사였던 이신이 바로 그런 사람이다. 주류 교단으로부터도 철저히 소외된 채 죽어간 목사이자 천재 화가였던 빈센트 반 고흐처럼.

이신의 본래 이름은 이만수였다. 그는 예수 그리스도가 온 크리스마스에 태어났다. 1927년 전남 여수 돌산에서 난 그는 이미 기독교를 받아들인 할아버지의 영향으로 믿음의 가문에서 자랐다. 어머니와 할머니의 지극한 사랑을 받으며 자란 이신은 일제강점기 명문인 부산상고(당시 부산초량상업학교)를 졸업했다.

하늘이 준 은총이었을까. 이신은 어린 시절부터 남다른 미술적 감각을 지니고 있었다. 고등학교에 진학해서는 그림에 더욱 심취했다. 부산 시립도서관의 미술 관련 책을 모두 읽었을 정도였다. 그는 그때부터 형상 이전의 세계를 그려보고 싶어 했다. 잡힐 듯 잡힐 듯 잡히지 않는 하나님과 성령에 대한 그의 깊은 동경은 화폭으로 이어졌다. 그때부터 그의 신앙과 그림은 벌써부터 하나의 싹으로 자라고 있었다.

상고 졸업 뒤 당시로는 최고의 직장으로 꼽혔던 은행에 취직했다. 그러나 그는 신학을 공부하기로 결정했다. 주위 사람들은 하나같이 말렸다. 왜 남들이 다 선망하는 직장을 때려치우고 굳이 힘든 길을 가려 하느냐는 것이었다. 그는 이미 결혼까지 한 몸이어서 만약 돈벌이를 중단하고, 그것도 일상적인 행로가 아닌 신학을 택한다면 고생길은 불 보듯 뻔했다. 그러나 보이지 않는 임에 대한 그의 갈구를 그 무엇도 묶어둘 수 없었다. 그는 자신의 보물 1호처럼 아끼고 아끼던 미술도구들을 팔아 서울로 향했다. 그리고 다시 학문의 길을 걷기 위해 감신대에 입학했다. 해방 직후인 1946년이었다. 그는 어려운 살림에도 불철주야 학문의 갈증을 채우면서 1950년 6·25전쟁 직전에 감신대를 졸업할 수 있었다.

그 뒤 충청도 전의에서 전도사 생활을 시작했다. 그러나 곧 전쟁이 터지자 고향인 전라도로 돌아갔다. 그때 전라도 일대에는 '한국 그리스도

이신

교 교회 환원운동'이 일어났다. 이는 이미 한국 교회의 고질병이던 모든 교파의 분열을 거두고 신약시대의 교회로 돌아가 외국 선교사의 입김으로부터 벗어나 한국적인 교회로서 일치하자는 성령 운동이었다.

당시 한국의 자생적 기독교운동을 시작한 이들은 동석기 목사와 강명석 목사, 성낙소 목사 등이었다. 1930년대 미국 시카고의 게리트 대학에서 공부할 만큼 선구자였던 동석기 목사는 고국에서 목회를 하다 다시 미국으로 가 여행을 하던 중 놀라운 상황을 직접 보게 된다. 유럽이 아닌 미국만의 기독교를 정착시키자는 '미국 그리스도의 교회 환원운동'을 접했던 것이다. 이에 충격을 받은 그는 한국으로 돌아와 환원운동을 시작했다.

일본 관서신학교에서 공부하고 경남 밀양 등에서 목회를 하던 강명석 목사도 미국 밴더빌트 대학에 유학하던 중 미국의 교회 환원운동을 보고 깨달은 바 있어 국내에서 이 운동을 일으켰다. 성낙소 목사는 이와 달리 국내에서 동학을 거쳐 구세군에 입교해 활동하다가 백인사관의 인종차별에 항거해 탈퇴한 뒤 순수한 '기독교회'운동을 주창했고 교회 환원운동에 동참했다.

이신도 그리스도의 교회 환원운동을 보자마자 본래의 순수함으로 돌아가려는 그 운동에 즉각 공감해 모든 인간적인 종파와 교권적인 권위를 버리고 동참을 결심했다. 그가 '한국 그리스도교회' 목사 안수를 받은 것은 1951년이었다. 자신의 이름을 '오래 산다'는 뜻의 이만수(李萬壽)에서 '믿음'이라는 이신(李信)으로 고친 것도 그때였다.

주류 교단을 두고 '한국 그리스도의 교회' 목사 안수를 받음으로써 그의 '외로운' 삶은 예고되었다. 그리고 그는 이렇게 자신이 선택한 교회라 할지라도 무조건적인 맹종보다는 끊임없이 순수한 본래 그 자체로 돌아가기 위해 개인적 고달픔도 멀리하지 않았다.

이신은 미국 그리스도교회 선교사들이 성령을 이해하는 방식을 두고 갈등을 겪었다. 미국의 환원운동 지도자들은 기독교 신앙의 순수성과 단일성을 회복하고 초대 교회로의 환원을 위해 노력하기는 했지만, 서구 계몽주의의 영향으로 인해 너무 합리적인 면만을 추구했다. 그래서 그들은 신앙의 영적인 면이나 오늘날의 성령의 역사 등은 부인했다. 남다른 감수성과 영감을 지닌 이신으로서는 동조할 수 없는 부분이었다.

그런 고뇌를 겪으며 서울과 충청도 일대의 작은 교회에서 목회 활동을 하던 이신은 마흔이라는 나이에 늦깎이로 미국 유학길에 올랐다. 그곳에서 그림을 그려 학비를 조달했고 서울 명륜동 산동네에 두고 온 아내와 4남매의 생활까지 책임져야 했던 고달픈 유학생활이었다. 그의 미국 유학은 눈물의 고학이었다. 중학교 3학년이던 맏딸이 뇌막염으로 숨을 거뒀지만 와볼 수도 없었다. 그런 고통 속에서 그는 신학에 열중했고 그림을 그려 생활비를 조달했다. 산전수전 끝에 그는 앨 고어 전 부통령이 졸업한 미 남부의 명문 밴더빌트 대학에서 박사 학위를 받고 1971년 귀국했다.

모방하지 말고 너희들 나름으로 사람답게 살아가라

　미국 출신 박사가 귀했던 시절이었으니 주변 사람들은 모두 그의 출셋길은 보장됐다고 여겼다. 그러나 그는 주요 교단 소속이 아니었다. 국내 어느 신학자도 따르기 어려운 지성을 갖춘 그는 영어와 일어만이 아니라 히브리어, 헬라어까지 능통했지만, 주요 대학에 진출하지 못한 채 산동네 목회를 계속해야 했다. 그는 산동네에서 발달장애아들을 모아 그림을 그리게 했고, 글을 모르는 부녀자들에게 글을 가르쳤다. 그러나 마을 사람들은 "미국에서 박사까지 따온 사람이 저게 뭐하는 짓이냐"며 비웃었다.

　설상가상으로 1975년에는 정부의 무허가 판자촌 철거 정책으로 인해 오두막까지 헐렸다. 결국 그는 충청도 괴산의 산골 교회로 떠났다. 그곳에서 이신은 손수 돌을 주워 아름다운 교회를 지었고, 새벽이면 냉수마찰을 한 뒤 '육안으로는 보이지 않는 세계'를 화폭에 담았다. 이신은 천재적인 감수성을 지닌 예술가였다. 그는 그림만 잘 그리는 것이 아니라 손재주가 남달랐고 공간 배치 감각도 뛰어났다. 그의 손이 닿은 낡은 물건들은 순식간에 귀한 골동품으로 변했고, 그가 손을 댄 나무는 멋진 목공예가 되곤 했다. 그렇게 아무렇게나 굴러다니던 물건들이 그의 미적 감각에 의해 멋진 인테리어 소품들이 되었다.

　그런 멋은 보고 듣는 것만이 실체고 진리라는 생각에 갇혀 있는 사고와 안목으로는 가질 수 없는 것이었다. 그는 초현실주의 화가였고, 신학에 있어서도 예술에 있어서도 혁명가였다. 보고 듣고 만질 수 없지만 언제나 함께하는 성령을 만나기 위해 그는 끊임없이 공기처럼 바람처럼 자신의 감수성을 발현했다. 유학시절에 쓴 그의 시에서 이런 면모를 엿볼 수 있다.

'자연'적인 현상만을 보는 눈으로 신과 만날 수 없습니다.
그것은 항상 토막토막 잘라진 단편이기 때문에 산 역사로서 보지 못합니다. 신은 그런 곳에 계시지 않으니 말입니다. 신은 그 위에 숨어 계시기 때문입니다. 아니, 숨어 계신다는 것보다 원래가 그런 분이 아니기 때문입니다.
신은 이 자연적인 현상의 단편 사이에 계십니다. 그것은 신만이 이 토막토막을 생명 있는 역사로 연결하시는 고리시기 때문입니다. 그래서 신은 우리 눈앞에 전개되어 있는 현상에 뜻이라고 하는 생기를 불어넣습니다. 소리만 들을 수 있는 귀는 말을 알아들을 수 없습니다. 그에게 그것은 그저 소리, 소리의 토막토막이기 때문이지요. 이 소리에다 뜻을 불어넣을 때 말이 되는 것이 아닙니까. 이것을 알아들을 수 있는 귀는 따로 있지 않습니까.
우리 눈앞에 되어지는 현상의 뜻을 더듬는 분은 신과 만날 수 있습니다. 소리 속에 있는 말을 더듬는 분은 뜻을 알게 되고 뜻을 더듬는 분은 말한 분과 만날 수 있는 것처럼 말입니다.

_ 이신, 〈신과의 주체적 조우〉

아무에게도 매인 바 되지 않았던 나사렛의 한 목수, 그분은 결코 우리들을 노예로서 다루지 않습니다. 어디까지나 자유로운 인격으로 소중히 여기십니다. 그동안 사람들이 여러 가지로 노예적인 자리에서 고생하고 있는 것을 그분은 끌러주려고 노력하시는 해방자십니다.

그러니 나는 당신의 종입니다 하는 말을 그분은 제일 싫어하십니다. 그것은 사람들이 노예적인 살림 가운데서 버릇이 돼서 그전에 그 상전에 아첨하던 버릇을 못 벗어버리고 하는 소리입니다.

그분은 우리들에게 이제부터는 나를 너희들의 친구라고 고분고분히 일러주십니다. 그러니 그전처럼 남에게 붙어살지 말고 독립해서 살아보라고 하십니다. 그러니 그분은 나를 믿어달라고 요청하시는 것보다 내속을 좀 알아달라고 하십니다.

그것은 믿는다고 말할 때는 그에게 기대는 종의 버릇으로 대하기 쉽기 때문입니다. 그러나 그저 믿는다고 말하는 것보다 그분이 말씀하시는 말씀의 뜻을 깨달을 줄 아는 귀를 가지기를 원하십니다.

그래서 이제는 나를 모방하지 말고 네가 서 있는 그 자리에서 너희들 나름으로 사람답게 살아가라고 하십니다. 너희들 나름의 창의력을 가지고….

종으로 살 때처럼 남의 눈치나 보고 살아가지 말고 너희 속에 무한히 펼쳐나가는 힘이 부여되어 있으니 그것을 마음껏 창의력을 가지고 활용하라고 하십니다.

 참으로 두려운 것은 사람 사는 것이 죽는 것보다 못한 떳떳하지 못한 삶이라고 말씀하십니다.

_ 이신, 〈나사렛의 한 목수〉

　해방 직후 은행원들 상당수가 적산가옥을 불하받아 큰돈을 챙기고, 한국전쟁 이후 영어에 능통한 목사들은 선교사들의 지원으로 누구보다 잘나갔고, 1970년대 '미국 박사'라면 금값을 주고 모셔갔지만, 이신은 매번 부귀영화와 신앙의 갈림길에서 자신의 신념을 따랐다. 죽는 것보다 못한 떳떳하지 못한 삶을 살지 않기 위해서였다.

　그는 스스로 자처한 곤궁함 속에서 안빈낙도하며 살면서도 한국 기독교를 위해 큰 외침을 남겼다. 평생 '한국적 그리스도교회'를 꿈꿨던 이신은 끊임없던 외세의 억압과 침략으로 사대주의의 노예가 된 한민족이 신앙이라는 영역마저 식민지로 넘겨주어서는 안 된다면서, 우리가 성서를 읽고 깨달은 대로 성서가 우리의 역사와 삶에 대해 가르치는 것을 깨달아야 한다고 했다.

　또한 오직 '밥'만이 추구됐던 1960년대에 "정작 우리에게 중요한 것은 밥이 아니라 물질화하고 경직화해 창조적 상상력을 잃어버리는 것"을 경계해야 한다고 했다. 그는 배고파도 결코 창조성을 잃지 않았다. 그랬기에 비록 주요 교단으로부터 거의 주목받지 못한 채 배척되었지만 그가 외친 광야의 소리는 오늘날의 한국 교회가 다시 주목하지 않을 수 없는 내용들이다.

속俗에서 성聖을 실현하다

한국 그리스도교 환원운동이 제대로 초심을 찾아간 것도 그가 1973년 교회연합회 회장이 되면서부터였다. 그가 김태수, 김정만, 김철수, 김용웅, 김길홍 등 뜻있는 한국 교회의 지도자들을 규합한 '한국 그리스도의 교회 선언'은 19세말 이후 선교사들에 의해 이식된 기독교에 대항하는 지각변동의 시작이었다.

"한국에 그리스도의 복음이 전파된 이래 짧은 한국 교회의 역사를 통해서 한국 교회가 갖는 어떤 특이성의 양상이 나타나기는 하였지만 정말 이것이 한국적이다라고 말할 수 있는 뚜렷한 모습이 신학적으로나 교회적으로 나타난 것은 아니다. 아직도 한국적 자각 밑에서 복음이 수용되었다기보다는 외국 교회가 자기네들의 성서 해석과 신앙 양식을 한국 교회에 이식시켜놓은 것에 불과하다. 아직도 한국 교회는 우리 나름의 자각으로 복음의 씨를 우리의 풍토에 심고 특이한 신앙 형태로 발전한 것 같지 않다. 다만 외국 교회의 흉내 아니면 무자각한 외국 교회의 전통과 성서 해석의 묵수, 이런 테두리에서 벗어나지 못하고 있는 것 같다. 과거 한민족의 역사가 정치적으로 외세에 의해서 억압과 침략을 당하는 동안 이 민족의 정신적 자세가 무자각한 사대주의에 기울어져 그 시정책이 국민적으로 논의되고 있는 마당에 이렇게 신앙마저 남의 나라의 식민지가 되어서는 안 될 것으로 안다. 그렇다고 극단의 반발로 무조건 외국의 것은 나쁘다고 하는 배타주의에 빠져서는 안 될 것

아버지 이신 목사를 회고하는 한국여신학자협의회 회장 이은선 교수

이지만은 우리는 과거에 한국 교회가 걸어온 무자각한 외국 것의 모방이나 묵수 등은 삼가야 할 것이다. 이런 것들은 초기 한국 교회의 발전 과정에 필요한 것들이었으나 상당히 역사가 경과한 오늘날에 와서도 한국 교회가 지속해야 할 태도로 우리는 보지 않는다."

그런 토착화를 위해 이신은 희생을 감수하며 십자가를 졌다. 자신의 소신으로 인해 그의 가족들도 늘 가난 속에서 살아야 했지만, 이신은 사랑하는 자식들에게 "너는 나처럼 살지 말라"고 말하는 법이 없었다.

그는 자신의 삶을 사랑했고, 자식들도 그런 창조적 삶을 살기를 원했다. 그의 둘째딸로 한국여신학자협의회 회장인 이은선 세종대 교수(교육철학)는 "아버지는 속(俗)에 성(聖)을 실현하려 했다"면서 "그런 어려운 삶 속에서도 자식들에게 그 무엇에도 얽매이지 말고 창조적으로 살다 갈 것을 격려했다"고 말했다. 이은선 교수는 남편인 이정배 감신대 교수와 함께 아버지의 못다 한 아름다운 꿈을 잇기 위해 이신의 그림들을 전시한 흙집 수도원을 강원도 횡성에 세웠다.

하늘에 계신 우리 아버지여, 우리도 주와 같이 세상을 이기므로 아버지의 영광을 볼 수 있게 하옵시며, 아버지 나라에 살 수 있게 하옵시며, 아버지의 뜻이 길고 멀게 이루시는 것과 같이 오늘 여기서도 이루어지이다. 오늘날 우리에게 먹이를 주옵시며, 우리가 아버지의 뜻을 이루는 먹이도 되게 하여 주시옵소서. 우리가 서로 남의 짐만 되는 거짓 살림에서는 벗어나서 남의 힘이 될 수 있는 참삶에 들어갈 수 있게 하여 주시옵소서. 우리가 세상에 끄을림이 없이 다만 주를 따라 위로 솟아남을 얻게 하여 주시옵소서. 사람 사람이 서로 널리 생각할 수 있게 하옵시며, 깊이 사랑할 수 있게 하옵소서. 아버지와 주께서 하나이 되사 영삶에 계신 것처럼 우리들도 서로 하나이 될 수 있는 사랑을 가지고 참말 삶에 들어가게 하여 주시옵소서. 아멘.

_ 다석 유영모의 주기도문

3

동방의
빛을
밝히다

동방을
밝게 빛낸
한국의
모세

김약연 1868~1942

　만주 지역 간도에도 명동이 있다. 그곳은 서울의 명동처럼 화려하지 않다. 황량한 벌판에 있다. 하지만 '동쪽, 즉 조선을 밝힌다(明東)'는 그 이름대로 조국의 내일을 밝히는 등불이 되었던 땅, 그곳이 바로 명동촌이었다.

　나라가 망해가던 때에 국내에선 남강 이승훈 선생이 평북 정주에 용동촌과 오산학교를 세워 미래를 준비했다면 간도에선 규암 김약연 선생이 한민족기독교공동체인 명동촌을 세워 민족의 앞날을 밝혔다. 간도는 두만강 바로 건너에 있다. 우리의 옛 선조들이 살던 곳이다. 그 땅에서 규암은 나라 잃은 민족의 미래를 준비했다. 명동촌은 젊은 나이에 세상을 떠나 더욱 안타까운 시인 윤동주의 생가가 있는 곳이다. 규암은 그 윤동주의 외삼촌이다. 그는 조카인 윤동주뿐만 아니라 당시 우리나라의 미래를 짊어질 새싹들에게 절대적인 영향을 미치던 인물이다. 그곳 명동촌에서 태어났던 문동환 목사(문익환 목사의 동생)는 자신이 목사가 되기로 한 것도 규암 때문이라고 했다.

"여덟 살 때 크리스마스 이브에 마을 아주머니들과 교회에 가다가 아주머니들이 '넌 커서 뭐가 될래?'라고 물었어요. 그때 가장 먼저 떠오른 얼굴이 김약연 선생이었어요. 나라와 민족을 위해 살고, 모든 이들이 존경하는 그분이 목사였기 때문에 나도 목사가 되어야겠다고 생각했지요."

국내외에서 수많은 종교인들과 명사들을 만났던 문익환·문동환의 부모인 문재린 목사와 김신묵 여사도 자서전인 《기린갑이와 고만녜의 꿈》에서 평생 만나보고 상종한 수많은 사람들 가운데 생각만 해도 언제나 머리가 숙여지고 마음으로 흠모하는 분이 많은데 그중 김약연 목사가 가장 그러하다고 하였다.

우국지사들을 길러낸 간도의 대통령

규암은 종교와 지역을 가리지 않고 사람을 돕고 껴안는 포용력과 인격을 지닌 인물이다. 그래서 '간도의 대통령'으로 불리기도 했다. 그는 함경북도 회령의 유가적 가풍을 지닌 집에서 부친 김석조와 모친 강씨의 4남 1녀 중 장남으로 태어났다. 그의 누이동생의 아들이 윤동주다. 규암은 일찍이 유학의 경전에 통달했다. 스무 살 전에 《맹자》를 만독했다

김약연

는 소문이 날 정도였다. 그의 스승은 도포도 안 입고 관도 안 쓴 채 그냥 검정 천으로 만든 것을 쓰고 옷도 제 손으로 더덕더덕 기워 입고 다닌다 하여 백결선생으로 불렸던 남종구였다. 비범한 인물이었던 그 스승도 일찍부터 규암을 보통이 넘는 사람으로 인정했다.

함경도 지방은 예부터 기상이 충만한 인물들이 많기로 유명했지만, 그만큼 중앙정부의 경계로 벼슬길이 막힌 부분도 없지 않았다. 그러나 이들에게는 대륙을 호령한 옛 고조선-고구려인들의 기개가 넘쳤다. 규암 역시 그랬다. 그는 선비로서도 나무랄 데 없는 인격자의 풍모를 지녔지만 문약한 서생이기보다는 말을 타고 대륙을 달리며 천하를 호령할 만큼 문무를 겸비한 사나이였다.

그가 고향 사람들을 이끌고 두만강을 넘은 것이 1899년 2월이었다. 구한말에 나라가 망해가는데도 관리들의 부패와 타락 그리고 민중 수탈은 갈수록 심해졌다. 고향을 떠나기로 마음을 굳힌 규암은 문재린의 아버지 문정호와 장인인 김하규의 가솔 140여 명과 함께 북간도 화룡현 불굴라재로 갔다.

당시만 해도 한 마을, 넓게는 한 고을이 세상의 전부인 줄 알고 살던 시기였기에 길도 제대로 나 있지 않은 먼 타지로 간다는 것은 쉽지 않았다. 그러나 규암은 개척정신이 남다른 사람이었다. 작은 농토의 척박한 고향을 벗어나 드넓은 간도 땅에서 새로운 미래를 열기 위해 집단이주를 감행한 것이다. 본래 우리 조상인 고구려인의 땅인 그곳을 개간해 우리 땅을 만들어보자는 웅지를 품은 규암은 땅 수백 정보를 사들여

한인 집단 거주지를 조성했다. 그리고 그곳에 명동촌을 세웠다. 그는 바로 한국판 모세였다.

그는 1901년 곧바로 규암재라는 서당부터 지어 교육을 시작했다. 이곳 규암재가 서전서숙으로 발전하고 서전서숙이 1909년 명동학교가 되었다. 이곳에서 문익환, 윤동주, 나운규를 비롯한 수많은 인재와 우국지사들이 자랐다.

무쇠 골격 돌 근육 소년 남자야, 애국의 정신을 발휘하여라.
다다랏네 다다랏네 우리나라에, 소년의 활동시대 다다랏네.
만인대적 연습하여 후일 전공 세우세.
절세영웅 대사 없이 우리 목적 아닌가.

규암이 설립한 명동학교의 응원가에선 비록 나라 잃고 곳곳을 고혼(孤魂)처럼 떠돌던 유랑민일지라도 이 민족을 일으켜 세우리라는 웅혼이 넘쳐흐른다. 규암은 처음 학교를 지을 때부터 그토록 어려운 여건에도 불구하고 초가집으로 짓지 않았다. 몸소 뒷산에서 아름드리나무를 베어다가 기둥을 세우고 크게 지었다. 조선왕조 500년 동안 왕의 궁궐과 향교의 위세에 찌들고 쪼들린 민초들이 바로 나라 잃은 동포들의 모습이라고 본 규암은 집부터 기개 있게 지어 아이들이 어깨를 펴게 했다.

명동학교 학생들은 이곳에서 민족혼을 키웠고 학내에서 학생독립

명동 소학교 17회 졸업식

문익환 목사(좌)와
김약연의 조카 윤동주(우)

운동단체인 학우회를 조직했으며, 충렬대라는 학교연합조직을 주도적으로 결성해 일찍부터 독립운동가의 길을 예비했다. 1919년 용정의 3·13만세시위운동과 15만 원 탈취사건, 1920년의 봉오동·청산리 전투, 1930년의 간도 5·30폭동 사건 등이 모두 명동학교 출신들이 주동한 일들이다.

내 삶이 유언이다

규암은 유학자였지만 유가적 틀에만 갇혀 있던 옹고집이 아니었다. 그

문익환의 부모 문재린 목사와 부인 김신묵. 이들은 김약연과 함께 간도로 이주했었다.

는 아이들의 미래를 위해 신교육을 도입했다. 그는 정재면을 명동학교 교사로 초청했다. 서울 청년학관 출신의 정재면은 1905년 전후 안창호, 이동휘, 김구, 전덕기, 양기탁 등 젊은 독립지사들과 함께 신민회를 중심으로 활동한 기독교 청년 우국지사였다.

당시 명동학교에선 그만한 인재를 교사로 초빙하기가 쉽지 않았다. 정재면은 명동학교에 교사로 부임하기 위해 조건을 들었다. 명동학교에서 《성경》을 정규과목으로 가르치게 해달라는 것이었다. 규암이 승낙하더라도 유가적 풍토의 명동촌에서는 가히 받아들이기 어려운 제안이었다. 그러나 규암은 이를 받아들였다. 자신이 비록 유학자였지만 조선 500년 동안 공자의 인(仁)은 사라지고, 나라가 외세 앞에 풍전등화의 위기에 처하고, 백성의 삶이 지옥과 같은 고통을 받고 있는 현실 때문이었다. 나라와 백성을 외면한 채 오직 기득권의 안위만을 위해 존재하는 유교 이데올로기에서 벗어나 새로운 기풍을 진작할 필요와 바꾸지 않고는 미래가 없다는 규암 자신의 처절한 성찰의 결과였다. 이후 규암은 1915년 장로가 되고 1929년에는 목사 안수를 받는다. 간도 기독교계의 지도자로 떠오른 규암은 성서 해석에도 탁월한 능력을 보였다고 한다.

정재면이 합세하면서 명동학교에는 예배당이 생겼고, 기독교 학풍의 학교로 새롭게 출발한다. 교장 김약연, 교감 정재면, 국어는 주시경의 제자인 장지영과 박태환, 법학은 와세다 대학 출신의 김철이 맡아 명동촌의 아이들을 민족의 동량으로 길러냈다. 이렇게 명동학교는 교육기관을 넘어 독립운동가 양성소가 되었다. 또한 규암은 1911년에 명동여학교까지 설립해 일찍이 여성교육도 시작했다.

그는 교육자이자 독립운동가이자 목사이며 민족의 지도자였지만 말로써 남을 가르치지 않았다. 그를 기억하는 사람이라면 하나같이 경모의 마음을 감추지 못하는 것은 솔선수범하는 그의 삶 때문이다.

그는 명동학교 교장 일을 보면서도 1천 평쯤 되는 밭에 호박을 심어 다른 일꾼 없이 혼자 농사를 지었다. 가을에는 농군들과 함께 밤을 새워 타작을 했고, 골짜기 하나를 통째로 사 동생과 함께 개간했다.

유가적 인격과 가풍, 기독교적 공동의식과 이웃사랑이 어우러진 규암의 영성은 명동촌을 빛내었다. 그 빛에 끌려 만주와 함경도 곳곳에서 학생들이 모여들었고, 국내에서 피신해 온 애국지사들을 선생으로 맞아 수많은 독립지사들을 낳게 된다. 신앙과 민족애로 무장한 명동촌은 비밀이 새어나가는 법이 없어 자연스레 독립운동가들의 아지트가 되었다. 이토 히로부미를 민족의 이름으로 처단한 안중근은 거사 전 천주교 신부들로부터 협조를 거부당한 뒤 규암을 찾아왔다. 그가 몰래 권총 연습을 한 곳이 바로 명동촌의 뒷산이었다.

규암은 민족을 위해서라면 어떤 이념과 사상과 종교도 구별하지 않았다. 그는 사회주의자인 이동휘나 대종교 지도자인 서일과도 손을 잡았다. 중국인들이 그를 '간도의 대통령'이라 칭한 것도 그만큼 그의 품이 넓었기 때문이다. 규암은 러시아에서 열린 독립운동가 회의에 참석하여 서울과 만주, 러시아 지역 독립운동가의 단결을 시도하다가 실패한 후 간도로 돌아오던 중 중국 관헌에 체포돼 연길감옥에 구금되기도 했다.

어린 시절 김약연 같은 인물이 되고 싶어 목사를 지망했다는 문동환 목사가 김약연을 회고하고 있다.

외국의 감옥에 기약 없이 구금돼 있어도 호소할 데 하나 없는 게 식민지 백성의 처지였다. 무려 3년 만에 석방된 규암은 다시 명동학교 교장으로 부임했으나 1920년, 일제는 독립운동을 위한 무기를 학교에 감추었다는 혐의로 명동학교를 불질러버렸다. 이후 규암이 주축이 되어 동포들은 잿더미 위에 다시 명동학교를 세우려 했으나, 일제는 명동학교를 폐쇄시킨다. 이후 상황이 어렵게 되자 대부분의 동포들이 용정으로 이주하고, 1925년 용정의 캐나다 선교부 내에 설립된 은진중학교로 합병해 교육을 이어갔다. 은진중학교에서도 규암은 이사장으로서 민족교육의 정신적 지주가 되었다. 1930년대 후반에는 장공 김재준이《성경》교사로 부임했는데, 규암과 장공의 영향을 받아 이곳에서 길러진 인물들이 강원용, 안병무, 문동환, 이상철 등이다.

그의 외조카 윤동주의 〈서시〉처럼 규암은 하늘을 우러러 한 점 부끄럼 없는 삶을 살았다. 규암은 꿈에도 그리던 조국 해방을 불과 3년 앞두고 세상을 떴다. 그를 임종하던 가족과 제자들이 울며 유언을 청하자 규암 김약연은 한 마디를 남기고 눈을 감았다.

"내 삶이 유언이다."

한국인들이 받아들인 예수가 조선의 예수, 한국의 예수가 되면 좋겠다. 한국의 예수는 말씀하실 것이다. '동족끼리 종교인들끼리 싸우지 말고 세계를 뒤흔들고 있는 거대한 악마적인 권세와 싸우라'고.

_ 변선환

현대사의 호랑이를 키워낸 자유혼

김재준 1901~1987

　서울 강북구 수유리 도봉산 아래에는 한신대학교 신학대학원이 있다. 설립자인 장공 김재준의 지령이 깃들어서인가. 몇 발자국 밖은 소란한 도시인데 캠퍼스는 깊은 산의 수도원 같다.

　김경재 명예교수도 1959년 이 학교에 입학해 장공을 만났다. 그가 말하길 장공은 칠판에 어려운 한시를 거침없이 쓸 만큼 동서양의 학문 세계를 자유자재로 넘나들었다고 한다. 그는 특정 학파와 이론에 갇히지 않고 자유로웠다. 그래서 그의 강의는 언제나 가슴을 툭 트이게 하는 힘을 가졌다고 한다.

　"아! 크리스천이 된다는 것은 무엇에도 걸림이 없는 자유혼이 되는 것이구나!"

김경재는 그렇게 깨달은 날부터 장공을 '사부'로 모셨다. 그에 앞서 이미 20년 전부터 장공을 삶의 스승으로 모신 이들이 있었으니 장준하, 문익환, 안병무, 강원용, 이우정, 김관석 등이었다. 그런 새끼호랑이들이 깃들만한 품이 애초부터 만들어진 것은 아니었다. 20대 초반까지도 장공은 고향 군청에서 말단직원으로 일했던 시골 청년이었다.

장공은 시대의 이단자였던 함석헌, 이용도가 태어난 1901년에 태어났다. 그의 고향은 함경북도 경흥군 아오지읍 창동이다. 바로 아오지 탄광으로 유명한 곳이다. 창동은 분지로 둘러싸여 있어 사방을 둘러보아도 하늘과 푸른 능선뿐인 시골이었다. 그의 부친은 한학에 조예가 깊었는데, 자연을 벗 삼아 살면서 아이들에게 글도 가르치고 농사일도 하는 전형적인 시골 선비였다. 어머니는 인자하기 그지없는 분이었다. 장공은 다섯 살 때부터 부친에게 천자문을 배우기 시작해 아홉 살 때까지 《통감》, 《대학》, 《중용》, 《논어》, 《맹자》를 통독하고 신학문을 접했다.

시골 백면서생의 상경길

그는 사립 향동학교를 2년 다니고 열두 살 때 보통학교를 거쳐 13~16세 때는 회령간이농업학교에 다녔다. 학창시절에는 수석을 놓치지 않은 수재였다. 하지만 그 시골에서 할 수 있는 일이란 그다지 많지 않았다. 학업을 마친 장공은 16세에 회령군청 재무부 직세과에 근무하면서 사회에 첫발을 내디뎠다. 18세 때는 부모가 찍지어준 처녀와 혼인했고,

웅기 금융조합으로 직장을 옮겨 월급을 받아 가족을 먹여 살리는 평범한 백면서생으로 살았다.

그런 장공을 깨워 새 삶을 살게 한 이가 동향 선배 송창근 목사였다. 훗날 '버려진 인간'에게서 쓸모를 찾는다는 장공의 교육관은 바로 자신을 발굴해 새로운 기회를 갖게 해준 송창근 때문이었는지도 모른다. 송창근은 웅기에서 5리 떨어진 웅상 출신으로 일찍이 성재 이동휘 선생을 만나 기독교에 입문하고 민족에 눈을 뜬 엘리트였다. 그는 서울 남대문교회 전도사로 있다가 3·1운동에 가담해 6개월간 옥살이를 한 후 잠시 고향에 내려와 있던 중 그곳에 묻혀 있던 장공을 발견했다. 그는 장공에게 서울을 비롯한 전국의 도시에서 일어난 만세운동 소식을 전하면서 "이 시골구석에서 서기나 하면서 평생 살 것이냐"며 상경을 권유했다. 이에 자극받은 장공은 부인에게 알리지 않은 채 상경했다.

시골 백면서생의 상경길은 고생길이었다. 웅기 금융조합에서 퇴직할 때 모아둔 몇 푼도 얼마 안 가 바닥이 나자 그는 내복조차 없이 한겨울을 나야 했고, 결국 하숙비가 밀려 이부자리도 떼인 채 거리로 쫓겨나야 했다. 하지만 더 심각한 건 시골의 간이농업학교를 졸업한 학력으로 상급학교에 진학할 수 없다는 사실이었다. 그는 서울 유학 3년 동안 서울중앙기독교청년회(YMCA)에서 진행하는 일요강좌를 들으며 학구열을 채웠고 틈나는 대로 신학문과 신문물을 접했다. 이곳에서 영어전수과 3년 과정을 1년간 다니면서 영어를 귀동냥하기도 했다.

그러던 중 장공에게는 놀라운 변화가 생겼다. 어려서부터 공자·맹

김재준

자를 익힌 선비가 종교 체험 후 크리스천이 된 것이다. 장공은 승동교회 예배당에서 열린 서울시내 장로교회 연합사경회에서 당대의 부흥사였던 김익두 목사의 설교를 들었다. 그는 그곳에서 성령의 사람으로 거듭나는 '중생 체험'을 했다. 사경회 마지막 날이었다. 김익두 목사는 창세기 1장 1절로 설교했다.

"자 여러분, 믿으시오! 그리하면 하나님이 당신 하나님으로, 당신 생명 속에 말씀하실 것이오. 그때부터 여러분은 새사람으로 새 세계, 새 빛 속에서 새로운 하나님 나라 백성이 될 것이오!"

유가적 선비답게 도덕적이고 합리적인 사고방식을 지녔던 장공이기에 평소 같으면 비논리적으로 들릴 부흥사의 말에 콧방귀도 뀌지 않았을 것이다. 하지만 '불의 사자'인 김익두 목사의 인도를 접하는 순간 그의 내면에서는 코페르니쿠스적 전환이 일어나고 있었다.

"옳다! 나도 믿겠다!"

장공은 그렇게 결단했다. 그 순간 그의 가슴속에서는 성령의 기쁨이 거룩한 정열을 불태우기 시작했다. 그때부터 《성경》 말씀이 꿀처럼 달게 들렸고, 끊임없이 기도하는 사람이 되었다. 그는 "교실에서 탈락한 자연인이 교회에서 위로부터 난 영의 사람이 됐다"고 했다. 일반적인 상식을 뛰어넘는 그의 체험은 "성령의 역사 없이는 예수를 주로서 고백할 수 없다"는 바울의 은혜 체험이기도 했다.

이는 이성을 초월한 영적 변이였으며 뜨거운 가슴의 일이었지만, 그럼에도 그는 냉철한 머리를 내버리지 않았다. 샤머니즘을 비판하던 이가 종교적 체험을 경험한 후로 기독교적 샤머니즘으로 회귀해 반이성적 · 반지성적 · 반합리적 정열주의로 치닫거나 도그마에 갇혀 세상과도 단절하고, 같은 교파 내에서도 스스로 교통을 차단하는 일이 있는데, 장공의 신앙은 그런 모습과는 크게 달랐다. 그는 3년 동안 서울에서 고학을 하는 연단과정을 거쳐 평생 열 가지를 삶의 신조로 정해 실천했다. 철저히 이성을 바탕으로 한 삶의 교훈이었다.

1. 말을 많이 하지 않는다.
2. 대인관계에서 의리와 약속을 지킨다.
3. 최저 생활비 이외에는 소유하지 않는다.
4. 버린 물건, 버려진 인간에게서 쓸모를 찾는다.
5. 그리스도의 교훈을 기준으로 "예"와 "아니요"를 똑똑하게 말한다. 그 다음에 생기는 일은 하나님께 맡긴다.
6. 평생 학도로 산다.
7. 시작한 일은 좀처럼 중단하지 않는다.
8. 사건 처리에는 반드시 건설적, 민주적 질서를 밟는다.
9. 산하와 모든 생명을 존중하여 다룬다.
10. 모든 피조물을 사랑으로 배려한다.

살아 계신 그리스도주의자

평생 흔들리지 않을 영적 체험을 했음에도 장공은 자신의 도그마를 완전히 해체할 자유주의 신학에 몸담기로 한다. 고향으로 내려가 소학교에서 학생들을 가르치던 그는 1924년 일본 도쿄의 아오야마(靑山)학원으로 유학을 갔다. 그곳은 미국 뉴욕의 유니언 신학교의 영향을 받아 개인의 자유, 학문과 사상의 자유를 보장하기에 사회주의 사상까지 마음껏 논의되는 자유혼의 산실이었다.

그러나 영혼은 자유로울 수 있어도 몸은 여전히 고달픈 유학생의 신분이었다. 단돈 5원 50전으로 떠났던 무모한 유학생 장공은 송창근의 기숙사에 숨어 살며 막노동으로 학비를 벌어 공부했다. 그는 추운 겨울에도 스팀 하나 없는 다다미방에서 헌 외투 하나로만 버티며 공부했는데, 일본인들도 놀랄만한 영어실력을 갖추어 3년 뒤에 미국 유학길에 오른다.

장공이 일본에서 3년, 이어 미국에서 4년간 눈물 젖은 빵을 먹어가면서 본토 학생들이 놀랄 실력을 갖추었다는 것도 주목할 일이지만, 더욱 특별한 것은 그가 당시 미국에서도 보수 신학의 총본산인 프린스턴 신학교로 진학해 근본주의 신학의 총사 그레셤 매첸(J.Gresham Machen) 박사의 강의를 주로 들었다는 점이다. 일본 아오야마학원에서 가장 진보적인 학문을 접했던 그였기에 더욱 놀라운 일이라 할 수 있다. 대부분의 신학자들이 애초부터 한쪽은 배제하고 한쪽만을 배웠던 것과 달리 진보와 보수를 망라해 신학을 골고루 접한 그의 열린 자세는 감히 누구도 따르기 어려운 태도였다. 태생적으로 도그마를 지닌 종교의 세계에서는 더욱더 그렇다.

보수와 진보로 나뉘는 양극단의 학문을 모두 경험한 그였기에 과연 어떤 쪽인지에 대한 질문을 받을 수밖에 없었다. 장공이 미국에서 학업을 마치고 귀국하려 하자 한국에 있는 한 선교사가 편지를 보내왔다. 귀국해서 일을 해야 할 텐데 그의 신학노선이 어떤 것이냐는 물음이었다. 근본주의자인지, 자유주의자인지를 물은 것이다. 이에 장공은 이렇게 답했다.

"나는 무슨 '주의'에 내 신앙을 주조할 생각은 없으니 무슨 '주의자'라고 판에 박을 수 없소. 그러나 나는 생동하는 신앙을 은혜의 선물로 받았다고 믿으며 또 그것을 위해서 늘 기도하고 있소. 내가 어느 목표에 도달했다고 생각할 수는 없지만, 그리스도를 목표로 달음질한다고는 할 수 있을 것 같소. 기어코 무슨 '주의'냐고 한다면 '살아 계신 그리스도주의'라고나 할까? 나는 하나님께서 자신의 경륜대로 써주시기를 기도할 뿐이며, 또 그렇게 믿고 있소."

귀국 후 장공은 죽어가는 식민지 백성과 나라를 구할 민족의식을 깨우는 학교로 향했다. 그는 조만식 선생이 설립한 평양 숭인상업학교를 거쳐 김약연이 설립한 북간도 용정의 은진중학교에서 후학을 길러냈다. 당시 학생이던 강원용은 "장공은 학교에서 한 달에 70원의 봉급을 받았다. 그중 22원만 쓰고 나머지는 모두 고학하는 학생들의 뒤를 보살피는 데 썼는데, 다 떨어진 옷을 꿰매 입고 다녔다"고 회고했다.

어둔 밤 마음에 잠겨

미국 선교사들에게 예속된 신학이 아닌 이 땅의 역사와 정신문화의 전통을 바탕으로 그리스도 정신을 접맥하려던 그의 꿈은 1939년 조선신학원 설립으로 현실화되기 시작했다. 그러나 장공은 훗날 수십 개가 넘는 교단으로 분열돼버린 장로교 교권의 종교재판에 의해 큰 위기에 직면한다. '성서 무오류설'과 관념적 교리의 도그마로 신학적 우민 정책을 편다면서 그의 성서 해석을 문제 삼은 교권은 그의 교수직과 목사직을 박탈하고, 그를 교단에서 축출한다.

미국에서도 가장 근본주의적인 선교사들의 신학을 아무런 여과 없이 무비판적으로 수용함으로써 전 세계적으로 그 유례를 찾아보기 힘든 극단적 보수 근본주의 신학이 한국 신학과 교회를 지배한 극단에서 벌어진 일이었다. 그런 시련 속에서 장공이 쓴 찬송시 〈어둔 밤 마음에 잠겨〉는 어둠 속에서도 비전을 보는 그의 마음을 엿볼 수 있는 글이다. 오늘날 교회에서 널리 불리는 찬송가이기도 한데, 마지막 3절은 그의 제자 문익환 목사가 지어 보탰다.

어둔 밤 마음에 잠겨
역사에 어둠 짙었을 때에

계명성 동쪽에 밝아
이 나라 여명이 왔다
고요한 아침의 나라
빛 속에 새롭다
이 빛 삶 속에 얽혀
이 땅에 생명탑 놓아간다

옥토에 뿌리는 깊어
하늘로 줄기가지 솟을 때
가지 잎 억만을 헤어
그 열매 만민이 산다
고요한 아침의 나라
일꾼을 부른다
하늘 씨앗이 되어
역사의 생명을 이어가리

맑은 샘 줄기 용솟아
거치른 땅을 흘러 적실 때
기름진 푸른 벌판이
눈앞에 활짝 트인다
고요한 아침의 나라

김 재 준

새 하늘 새 땅아

길이 꺼지지 않는

인류의 횃불 되어 타거라

_ 김재준, 문익환, 〈어둔 밤 마음에 잠겨〉

기성 교단은 그를 정죄했지만, 이미 장공의 인격과 학덕을 흠모한 이들이 매우 많았다. 그래서 그를 중심으로 한국기독교장로회가 출범했다. 하지만 장공은 5·16쿠데타 세력이 총학장의 재임 연령을 60세까지로 못 박는 바람에 자신의 신학교육을 채 펴보지도 못했다.

박정희 대통령이 영구 집권을 꾀한 이후 장공은 1969년 '삼선개헌 반대 범국민투쟁위원회' 위원장이 되어 교회 밖으로 나섰다. 기존 제국주의 침탈 정책을 그대로 따르거나 이를 이끌어 교세 확장의 기회로 삼았던 보수교회 지도자들은 "왜 교회가 정치에 관여하느냐"고 비판했다. 제국주의적 정치를 십분 활용하는 가운데 약소민족의 크리스천들에게는 정치참여 불가라고 못 박았던 미주와 유럽의 선교사들처럼 독재정권에 동조하는 행위였다. 이에 장공은 독재에 대한 동조야말로 크리스천으로서 부끄러운 일임을 분명히 했다.

그는 1971년 결성된 '민주수호국민협의회' 대표로 활동했고, 미국에 10년간 망명하던 중에도 '한국 민주회복 통일촉진 국민회의 북미본부(한민통)' 의장으로서 민주화의 버팀목이 되었다.

그는 장공(長空)이란 아호대로 길고 텅 빈 마음을 지녀 정치적 야심이

한신대 신학대학원 내 김재준이 쓴 글을 새긴 돌비 앞에서 제자 김경재 명예교수가 그를 회고하고 있다.

없었고, 교회와 역사를 깊이 통찰하며, 이를 현실에서 실천해가는 사람이었다. 그렇게 그는 늘 어두운 시대에 희망의 등불이 된 정신적 지도자였다.

천부님 거기 계셔 내 고향 마련하네

장공은 눈을 감기 전 "그리스도께서 평생 동행해주었다"고 고백할 만큼 확고한 신앙인이었으며, 이 땅의 전통 유·불·선 정신과 역사를 사랑했다. 장공은 서구의 선교사들이나 그들을 맹종하는 목회자들이 우리의 전통문화와 종교적 유산을 가치 없는 것으로 규정하고 박멸되어야 한다며 기도한 일이 잘못되었다고 보았다.

1885년 제물포를 통해 처음 들어온 언더우드나 아펜젤러 등의 선교사들은 모두 20대 후반의 청년들로 우리 종교문화와 도덕의 높은 수준을 이해하기 어려운 나이였다고 그는 주장했다. 더구나 당시 전통문화와 종교 기록은 대부분 한자였기에 그들이 이를 접하기도 힘든 일이었을 뿐 아니라, 중국으로 간 초기 선교사들처럼 전통사상과 문화를 이해하기 위한 노력도 전혀 없었다는 것이다.

그래서 장공은 한국 기독교 선교 2세기를 맞아 추구해야 할 신학 과제를 '한국사의 토양에 뿌리박은 한국 기독교를 발견해 육성하는 일'이라고 보았다.

기독교의 정수를 '전 우주적 사랑의 공동체'로 본 그가 품지 못할 것은 없었다. 그는 왜소하고 소박했으나 호랑이들을 품어 날게 했고, 좀체 말이 없고 정을 겉으로 표현하거나 특정 제자를 편애하지 않았지만 그를 만난 사람들은 한결같이 그의 특별한 사랑을 받았다고 고백했다. 그것이 그가 가진 영성의 신비였다. 그는 말년인 1983년 〈새벽 날개 타고〉라는 시를 통해 우리에게 우주적 영성을 선물하고 갔다.

이 우주는 하느님 집
하늘 위, 하늘 아래,
땅 위, 땅 아래,

모두 모두 아버지 집

새벽 날개 햇빛 타고
하늘 저편 가더라도
천부님 거기 계셔
내 고향 마련하네

이 눈이 하늘 보아
푸름이 몸에 배고
이 마음 맑고 맑아
주님 영광 비취이네

새벽 날개 햇빛 타고
하늘 저편 가더라도
천부님 거기 계셔
내 고향 마련하네

땅에서 소임 받아
주님 나라 섬기다가
주님 오라 하실 때에
주님 품에 옮기나니

김 재 준

새벽 날개 햇빛 타고
하늘 저편 가더라도
천부님 거기 계셔
내 고향 마련하네

_ 김재준, 〈새벽 날개 타고〉

사랑으로
농촌을 깨운
《상록수》의
주인공

최용신 1909~1935

동혁은 관 모서리에 얼굴을 비비며 연거푸 사랑하는 사람의 이름을 불렀다.

"영신 씨, 영신 씨! 내가 왔소. 여기 박동혁이가 왔소!"

하고 목이 메어 부르나, 대답은 있을 리 없는데, 눈물이 어린 탓일까, 관 뚜껑이 소리 없이 열리며 면사포와 같은 하얀 수의를 입은 영신이가 미소를 띠우고 푸시시 일어나 팔을 벌리는 것 같다.

이러한 환각에 사로잡히는 찰나에 동혁은 당장에 뛰어나가서 도끼를 들고 들어와 관을 빠개고 시체를 끌어안고 싶은 충동을 받았다. 그는 가슴 벅차게 용솟음치는 과격한 감정을 발뒤꿈치로 누룩을 디디듯이 이지의 힘으로 꽉꽉 밟았다. 어찌나 원통하고 모든 일이 뉘우쳐지는지, 땅

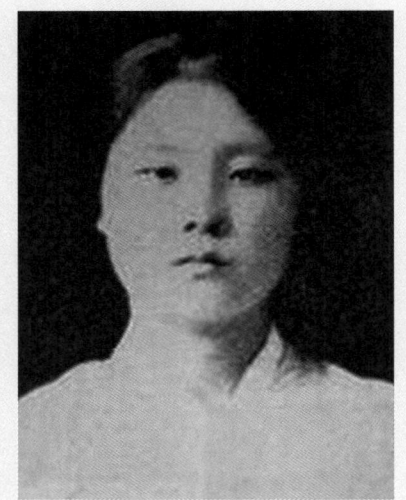

최용신

바닥을 땅땅 치며 몸부림을 하여도 시원치 않을 것 같건만 여러 사람 앞에서 그다지 수통스러이 굴 수도 없었다. 다만 한 마디,
"왜 당신은, 일하는 것밖에 좀 더 다른 허영심이 없었더란 말요?"
하고 꾸짖듯 하고는 한참이나 엎드려 떨리는 가슴을 진정하다가, '영신 씨 같은 여자도, 이런 자리에서 남에게 눈물을 보이나?'라고, 경찰에서 마지막 만났을 때 제 입으로 한 말이 문뜩 생각이 나서 주먹으로 눈두덩을 비비고 벌떡 일어섰다. 그는 다시 관머리를 짚고, 기도를 올리는 것처럼 침묵하다가 바로 영신의 귀에다 대고 말을 하듯이 머리맡을 조금씩 흔들면서
"영신 씨 안심허세요. 나는 이렇게 꿋꿋허게 살아 있소이다. 내가 죽는 날까지 당신이 못다 하고 간 일까지 두 몫을 허리다!"

_ 심훈, 《상록수》 중에서

경기도 안산시 본오동 지하철 4호선 상록수역. 심훈의 소설 《상록수》를 딴 역명이다. 《상록수》는 일제강점기 시골이던 이곳에서 봉사하다 저 세상으로 간 최용신을 모델로 한 소설이다. 지금은 아파트촌으로 둘러싸인 샘골교회의 붉은 십자가를 향해 가니 상록수 공원이다. 공원의 바위 표석에는 '최용신 선생이 남기신 말씀'이 새겨 있다.

겨레의 후손들아
위대한 사람이 되는 네 가지 요소가 있나니

첫째는 가난의 훈련이요

둘째는 어진 어머니의 교육이요

셋째는 청소년 시절에 받은 큰 감동이요

넷째는 위인의 전기를 많이 읽고 분발함이라

농촌을 깨우던 처녀 선생의 죽음을 환송하는 듯한 상록수들 사이에서 최용신을 앞에 두고 눈물로 기도하는 학부모들과 "우리 선생님을 살려달라"고 매달리는 아이들의 통곡이 들리는 듯하다. 공원 한쪽에는 최용신의 묘가 있다. 그런데 처녀로 죽은 그의 묘 옆에는 마치 부부인 양 김학준의 묘가 있다. 김학준과 최용신은 고향인 원산의 한마을에 살며 마을 교회에 함께 다니던 사이였다. 학준은 용신에게 오빠와 같은 연배였지만 최용신은 교회에서 여학생 대표였고, 김학준은 남학생 대표여서 자연스레 친해졌다.

최용신은 어려서 천연두를 앓아 얼굴이 얽었다. 그러나 생각이 바르고 의지가 곧았다. 나라가 기울던 구한말에 학교를 세운 구국운동가였던 할아버지의 영향이 컸다. 또한 그는 함경도의 명문이었던 루씨여자고등보통학교를 최우등으로 졸업할 만큼 영민했다. 학준은 의지가 곧아 흔들림이 없는 용신이야말로 평생의 배필로 손색없다고 여겼다. 그러나 용신은 얼굴이 얽은 데다가 평생 농촌 사람들을 위해 헌신할 뜻을 품었기에 약혼을 망설였다. 그러나 그도 학준이 인격에 대한 신뢰로 구혼했다는 것을 알고 있었다. 용신은 훗날 함께 힘을 합쳐 농촌을 위해

상록수공원의 최용신 기념 돌비

일하자는 학준의 말에 고개를 끄덕였다. 그들이 약혼한 것은 용신이 열여섯 살 때였다. 10년 뒤 결혼해 함께 못 배운 사람들을 도우며 살자는 굳은 언약과 함께.

용신 옆에 묻어달라

도쿄대학교 법대에 재학 중이던 학준이 용신의 부음을 들은 건 그 '10년'을 석 달 앞두고서였다. 용신은 죽는 순간까지 약혼자 학준에게 미안해서 어떻게 하느냐는 한숨 속에 숨을 거두었다. 학준이 도쿄에서 샘골로 도착했을 때는 입관식을 마친 뒤였다. 그러나 마을 사람들은 약혼자에게 얼굴이라도 보여주어야 한다며 관뚜껑 끝을 열어두고 있었다. 그런데 학준이 오열하며 영혼결혼식이라도 올려야겠다며 시신을 꺼내려

하자 마을 사람들도 함께 울며 붙들어 떼어냈다. 그러자 학준은 자신이 끼고 있던 반지를 용신의 관에 넣어주고, 외투를 관 위에 덮어주었다고 한다.

용신이 그렇게 간 뒤 학준은 삶의 의미를 잃고 방황하다가 함경남도 흥남 신흥리 감리교회에 머물며 봉사하게 된다. 그렇게 봉사하던 중 새로운 반려자를 만나 중도에 포기했던 일본 유학길에 다시 오른다.

해방 뒤 심훈의 소설 《상록수》가 영화로 상영되자 학준은 소설과 영화 속 박동혁이 바로 자신이었다고 고백했고, 이 사실을 알게 된 부인은 샘골에 정착해 용신의 뜻을 이어가려는 학준의 마음을 이해하게 되었다. 이로써 학준은 1961년 가족과 샘골에 정착해 용신의 뒤를 이어 샘골학원 이사장을 맡아 일했고 1975년 세상을 떠났다.

학준은 세상을 하직할 때 "용신 옆에 묻어달라"는 유언을 남겼다.

부인은 자녀들을 따라 외국으로 이민을 떠나면서 교회에 땅 1천여 평을 기증했고, 학준의 묘를 이곳으로 옮겼다. 못다 한 사랑을 위해 뼈가 되어서나마 곁에 누운 묘가 보는 이들의 가슴을 더욱 아리게 한다.

용신은 어려서부터 남다른 점이 많은 소녀였다. 1928년 《조선일보》에 실린 '새봄을 맞아 교문 나서는 원산 루씨학교의 재원들 특출한 네 규수'라는 기사에도 용신이 등장한다. 그런 용신이 샘골에서 목숨도 돌보지 않고 봉사하다가 불과 스물여섯 살의 꽃다운 나이로 생을 마감하니, 못다 핀 꽃이 지는 데 대한 아쉬움이 크게 마련이었다.

그런 처녀의 장례가 거국적인 사회장으로 치러진다는 기사를 본 심훈은 소설로 쓰기에 더할 나위 없는 모델이라 보았고, 현지답사를 거쳐 용신을 모델로 삼은 《상록수》를 썼다. 이어 영화제작을 위한 시나리오 작업에 몰두했으나 총독부의 출판 검열에 시달리다 그도 장티푸스에 걸려 서른여섯 살의 일기로 생을 마감하고 말았다. 작가 역시 극적인 인생을 살다 갔기에 《상록수》는 그 시절 세인들의 가슴에 더욱 아프게 새겨졌다.

사람을 가르치면 백 년 치 수확을 얻는다

당시 용신이 농촌에 자기 몸을 헌신했던 일, 《상록수》가 베스트셀러가 된 일은 농민이 90퍼센트나 되는 이 땅을 일제가 수탈하자 희망의 불마저 꺼져버린 암흑 세상이었기 때문이다. 그때는 일본에서도 식량이 부족했다. 그래서 한반도에서 생산된 쌀은 대부분 일본으로 실려 갔다. 군산항은 언제나 한반도의 쌀을 싣고 가는 배들로 가득했다. 대신 우리나라 사람들은 중국에서 수입한 좁쌀이나 수수를 사서 연명했다.

배고픔도 해결하지 못하는 농촌에 배움의 기회가 있을 리 만무했다. 일제는 조선 사람이 접할 수 있는 배움의 기회를 봉쇄하는 데 여념이 없었다. 서울에는 양정, 중앙, 휘문, 보성, 배재 등 몇 개의 고등학교만 있었는데, 이마저도 한 학년에 100명 이상을 뽑지 못하게 했다. 그러니 수업료가 없어 진학할 꿈을 꾸지 못한 사람이 대부분이었지만, 그나마 수업료가 있더라도 진학 자체가 하늘의 별 따기였다. 배우면 독립과 해방에 눈뜰까 두려웠던 일제가 행한 의도적인 교육 봉쇄조치였다.

그래서 농촌계몽운동은 농촌에 희망을 불어넣으며 동시에 배움의 기회를 제공하여, 조선인을 교육시키고 민족의식에 눈을 뜨게 하는 민족운동이기도 했다. 식민지 백성의 우민화를 위해 신규 학교 설립을 차단하고, 기존의 민족학교마저 폐쇄하던 그때도 고등교육을 받은 소수는 자신의 안위만 추구했다. 용신은 "중등교육을 받은 우리가 화려한 도시 생활만 동경하며 일신의 영달만 도모한다면 저 버림받은 농촌 아이들의 까막눈은 누가 뜨게 해줄 것이냐"고 했다. 하나님과 시대가 자신을 앞서 배우게 한 것은 아무런 희망도 없는 이들을 깨우게 하기 위한 것이라고 그는 느꼈다.

용신이 농촌계몽운동에 더욱 눈을 뜬 계기는 루씨학교를 졸업하고 감리교협성신학대학교에 들어가 황에스더 선생을 만났을 때이다. 황에스더 선생은 서울 이화학당을 졸업하고 평양 숭의여학교 교사로 일하다가 1913년 비밀결사인 송죽회를 조직해 자수와 재봉으로 자금을 만들어 국외 항일 독립단의 군자금을 대었다. 2·8독립선언에도 참여했던 그는 대표적인 여성 독립운동가였다.

용신은 협성신학교 1학년 때부터 황해도 수안 용현리로, 다음 해엔 포항 옥마동으로 돌며 농촌계몽을 나갔고, 졸업을 1년 앞둔 1931년 10월에는 경기도 반월면 천곡(안산시)으로 들어갔다. 그러나 유교적 분위기의 시골에서 외지 처녀를 반겨줄 이는 아무도 없었다. 오히려 이상한 눈으로 쳐다볼 뿐이었다. 그는 이 고장에서 가장 영향력 있는 지주 염석주의 집을 찾아갔다. "농사를 지으면 1년 먹을 수확을 얻는데, 사람을 가르치면 백 년 치 수확을 얻는다"는 처녀의 당찬 말에 염석주는 마음의 문을 열기 시작했다.

농사일을 돕던 아이들에게 헛바람이나 들게 하지 않을까 우려하며 그를 경원시하던 마을 사람들도, 한 명 두 명 아이들을 교회에 모아 헌신적으로 가르치고 돌보는 용신의 모습에 어느새 마음의 벽을 허물고 있었다. 용신은 낮에는 아이들을, 밤에는 주부들을 모아 가르쳤고, 수업이 끝나면 다시 길을 나서 이웃마을에서 사람들을 가르친 후 새벽이 되어야 집으로 돌아왔다. 그런 중에 하루도 빼지 않고 새벽기도로 하루를 열었다. 그리고 방학 때면 인근 시골교회를 순회하며 주간단위로 교육을 실시했다. 그렇게 초인적인 헌신을 본 마을 사람들은 그가 교회에 학교를 세우려 하자 노인부터 어린아이까지 모두 나와 함께 도왔다. 그야말로 일심동체였다.

이렇게 2년 5개월이 지났다. 용신은 공부를 중도에 포기한 자신의 지식을 더 길러야 함을 절감하고 일본 유학길에 나섰다. 그러나 채 3개월도 안 돼 각기병에 걸리고 말았다. 그가 병에 걸려 고국으로 돌아온다는 소식을 들은 샘골 사람들은 "누워 있어도 좋으니 제발 우리 마을로 돌아와 달라"고 부탁했고, 용신도 "죽더라도 샘골에서 죽자"며 돌아왔다. 헐벗은 사람들 속으로 들어가 다시 교사로, 마을 지도자로, 때로는 상담자로 헌신하던 중 그녀의 병이 도졌다. 영양실조로 창자가 꼬여 썩어가는 병이었다. 용신은 "이 학교만은 여러분의 손으로 살려가라"고

죽어서도 함께한 두 사람. 최용신의 묘(좌)와 김학준의 묘(우)

유언한 뒤, 그토록 사랑하던 아이들의 이름을 마지막 숨이 넘어가는 순간까지 한 명 한 명씩 불렀다.

당시 용신이 병을 얻은 것은 그를 감시하던 일경이 끌고 가 여성으로선 견디기 어려운 고문을 가했기 때문이라는 얘기도 돌았다. 몇 명이 모이는 것마저 절대로 금기시하던 일인들의 압박 속에서 용신의 장례를 사회장으로 치른 것에는 용신의 삶을 널리 알리고, 이를 통해 잠자는 농촌과 민족을 깨우려는 의도도 있었다. 용신이 사망하자 그의 여동생 용경이 5년 이상 이곳에 머물며 그를 대신했고, 용신의 약혼자 학준이 뒤이어 용신을 대신했다.

1930년대 말 수원고등농림(서울대 농과대학의 전신)에 재학 중이던 고

류달영 박사(서울대 명예교수, 성천문화재단 이사장)는 용신이 별세하고 4년 뒤 소설이 아닌 전기로 《최용신 소전》을 썼다. 조선 여성들에게 전하는 애절한 편지 형식의 이 원고를 처음 받아든 〈성서조선〉의 발행인 김교신은 "원고를 읽으며 눈물로 밥을 말아 먹었다"고 회고했다.

훗날 〈성서조선〉이 폐간될 때 《최용신 소전》도 민족의식을 깨우는 책이라 하여 모두 압수돼 폐간됐다. 최용신 생전에 샘골로 직접 가 그의 활동을 보고 돕기도 했던 류달영은 전기를 이렇게 맺었다.

"최용신은 예수, 페스탈로치 등과 같이 인류가 영원히 마시는 사랑의 샘이 되었다."

4

동포여
깨어나라

오산학교를 설립한 겨레의 스승

이승훈 1864~1930

서울 용산구 보광동. 남산의 품에 안긴 오산중·고교를 한강이 휘감아 돈다. 3·1운동 때 기독교 대표였던 남강 이승훈이 세운 학교다. 남산 위의 저 소나무와 누만 년을 흐른 한강물이 옹위하지 않을 수 없는 학교다.

오산학교는 6·25전쟁 뒤 서울로 내려왔지만 애초 1907년 남강이 평안북도 정주의 제석산 기슭에 세운 학교였다. 처음 7명의 학생으로 시작해 전교생이라 해야 기껏 100명 남짓이었던 이 학교를 거쳐 간 교사와 학생들을 살펴보면, 한 사람이 심은 밀알이 얼마나 창대한 결과를 낳는지 알 수 있다.

고당 조만식, 단재 신채호, 춘원 이광수, 다석 유영모, 함석헌, 주기철 목사, 한경직 목사, 소설가 염상섭, 벽초 홍명희, 시인 김소월, 화가 이중섭…. 이들이 모두 오산학교 출신이며, 독립투사와 애국지사들은 일일이 열거하기도 어려울 정도다. 호랑이굴에 고양이 새끼는 없다고 했던가. 멀리서 남강이 나타나면 "범(호랑이) 온다, 범 온다" 하며 숨던 오산의 자식들은 남강의 품을 떠나는 순간, 식민지의 비참하고 무력한 낭인이 아닌 자신 안에 잠자고 있던 야성과 웅혼을 되찾은 호랑이로 변모했다.

하늘이 성인과 영웅을 낼 때는 먼저 시련과 고통을 주어 단련시킨다고 했던가. 남강은 평안북도 정주 상민의 집안에서 태어났다. 정주는 홍경래의 난이 일어났던 곳이다. 남강은 홍경래의 난이 일어난 지 50년 뒤, 또 미국 대통령 링컨이 노예 해방령을 내린 바로 1864년에 태어났다. 그러나 그가 태어난 지 8개월 만에 어머니가 세상을 뜨고 말았다. 그래서 그는 할머니 손에서 자랐으나 열 살 때 할머니와 아버지마저 세상을 떠 천애 고아가 되었다.

남강은 곧 상점에 잔심부름을 하는 사환으로 들어갔다. 특유의 성실과 정직으로 주인의 눈에 들어 자리를 잡은 그는 열다섯 살에 혼인을 하고, 스물네 살에는 주인의 가게와 유기공장을 넘겨받아 30대에 정주의 유망 기업가로 부상했다. 그는 납청정, 평양, 진남포 등에서 유기공장과 유기제품 도산매업을 하며 사업을 확장해갔다.

그런데 그때부터 남강은 남다른 면을 보였다. 당시 공장 환경은 열악하기 그지없었는데, 노동환경이나 위생시설뿐 아니라 임금이나 근로

이승훈

시간에 대해서도 노동자의 권리를 얘기하는 시절이 아니었다. 그저 종처럼 부리는 게 공장주의 일반적인 생각이었다. 남강은 그때부터 직원들을 가족처럼 대했고, 그들이 인간다운 삶을 살아갈 수 있도록 노동환경과 조건을 배려했다. 자연스레 그의 일터는 기쁨으로 충만했고, 이는 사업이 더욱 번창하는 계기가 되었다.

사흘 밤을 한 잠도 자지 못하다

그는 사업에 성공하자 1899년 서른여섯에 납청정에서 용동으로 이사해 여주 이씨 친족들을 이주시켜 새 동리를 만들었다. 의좋은 종문을 만들자는 소박한 생각에서였다. 그는 자기 집과 형의 집을 각각 알맞게 짓고, 다른 친척들도 같이 모여 살게 해 남에게 모범이 되는 깨끗하고 화목한 동리를 만들어갔다.

그러나 서른한 살 때 청일전쟁이 일어났고 그동안 쌓아온 부가 한순간에 날아가버렸다. 다행히 남강은 곧 재기했고 우리나라에서 제일가는 국제무역상이 되었다. 하지만 그의 나이 마흔한 살이던 1904년에 터진 러일전쟁으로 또다시 큰 실패를 겪고 말았다. 개인이 아무리 죽도록 노력해도 외세 앞에서 태풍 앞의 등잔불처럼 꺼져가던 나라에서는 모든 삶이 외세에 의해 송두리째 좌우되었던 것이다. 일제의 강압으로 을사조약마저 맺어져 패망이 눈앞에 왔던 1907년 남강은 평양에서 도산 안창호의 연설을 듣게 된다.

"여러분, 흥분만 할 것이 아닙니다. 옛사람의 말에 '인필자모이후 인모지(人必自侮而後 人侮之)'라 했습니다. 즉, 사람이 제가 자기를 업수이 여긴 후에야 다른 사람이 업수이 여깁니다. 우리 국민이 모두 깨어서 자기의 덕을 닦고 행세를 바로 한다면 다른 사람이 업수이 여기려야 업수이 여길 수가 없습니다. 일본은 장차 우리 2천만의 피를 빨아먹고 우리의 사랑하는 아들과 딸은 일본의 남종, 여종으로 붙잡혀 갈 것입니다. 우리는 우물 안에 있는 개구리처럼 작은 하늘만 쳐다보고 있습니다. 좀 넓은 세상을 바라보고 세계의 대세가 어떻게 되며 남들은 어떻게 사는가 하는 것을 좀 살펴보아야 합니다. 우리는 깨어야 합니다. 정신을 차려야 합니다. 물고기를 낚으려면 먼저 그물을 만들어야 하는 것과 같이 우리나라를 바로 잡으려면 먼저 우리가 깨어야 하고, 동포를 깨울 인재를 길러야 합니다. 이것이 우리나라를 구하는 첫 번째 방법입니다."

젊은 도산의 연설에 자신이 깨어지는 듯한 체험을 한 남강은 정주로 돌아와 먼저 단발, 금주, 금연을 결행했다. 그러고는 민족을 깨우기 위해 고향 향교에 강명의숙을 세웠다. 그는 4개월 뒤 이곳을 '서당'이 아닌 신학문기관인 오산학교로 탈바꿈시켰다. 남강은 한 번 듣고 마음이 서면 반드시 행하는 성격이었다. 실행의 인간이었다.

훗날 그는 "내가 오산학교를 세우기로 결심한 것은 불과 사흘이었는데, 이 사흘 밤을 한 잠도 자지 못하고 그 일만을 골똘히 생각했다"고 했다. 그는 오산학교에 전 재산을 투자했다. 처음에는 대부분의 재산을 처분하고 가족들의 호구지책으로 땅을 좀 남겨두었으나, 오산학교 선생님들에게 월급도 제대로 주지 못할 처지가 되자 그 땅마저 모두 팔아 학교에 보탰다.

그가 모든 것을 아낌없이 퍼부은 것은 단순히 사학을 세워, 설립자 노릇이나 하기 위해서가 아니었다. 민족을 깨울 전초기지를 세우기 위해서였다. 남강은 애초 자기 문중 여주 이씨끼리 잘 살아보기 위해 용동촌을 세웠으나 도산의 강연을 듣고 뜻을 굳게 세우자 오로지 오산학교를 중심으로 한 민족학교 공동촌 만들기에만 전념했다. 그는 이상적인 한반도를 만들기 위한 전진기지로 오산학교를 키우고자 했다.

남강은 오산학교 첫 입학생 7명을 앉혀놓고 혼자 입신출세할 인재가 아니라, 국민을 깨우고 민족운동을 일깨울 인재를 기르기 위함이라고 역설했다. 이런 선각자들의 노력에도 불구하고 시대는 더욱 암울해져 '국치'로 치닫고 있었다. 남강은 1909년 9월 평양에서 어느 목사의 설교를 듣게 되었다. 목사는 이 고난의 땅만 있는 게 아니므로 하늘을 보며 어려움을 이겨나가자고 호소했고, 섬김과 사랑, 평등의 기독교 정신을 설파했다. 남강은 무력하고 분열된 민족을 구원할 사상으로 이를 받아들였고, 오산학교를 그리스도의 믿음을 근간으로 한 민족학교로 키워갔다.

오산학교에서는 모든 생활이 자율적이었다. 기숙사도 자치적으로, 시험도 무감독으로, 동문회의나 학생회의, 임원 선출 등 모든 생활이 자율적이었다. 특히 기숙사 생활부터 풍기단속까지 학생들 스스로가 규정을 정하고 감독위원을 임명해 생활해나갔다.

나라 없는 놈이 어떻게 천당에 가?

남강은 이후 일제가 민족 지도자들을 붙잡기 위해 날조한 105인사건으로 3년 7개월간 옥살이를 하며 온갖 고문을 받았으나 그런 중에 신약성경을 백독해 내면의 신앙을 반석에 세웠다. 그는 기독교를 의(義)의 종교로 생각했다. 거짓이나 분열이나 게으름이나 도적질이나 죄는 의가 아니며, 자기만 잘살려 하거나 자기만 높아지려고 하거나, 자기의 이익만 노리는 것도 의가 아니며 권모술수나 이기심도 의가 아니라 여겼다. 그는 1915년 감옥을 나오면서 "감옥이란 이상한 곳인걸. 강철같이 굳어져서 나오는 사람도 있고, 썩은 겨릅대(껍질을 벗긴 삼대)처럼 흐느적거리면서 나오는 사람도 있거든"이라고 했다.

    그는 감옥을 거치면서 더욱더 강철처럼 굳어진 의(義)의 인간이 되었다. 남강은 육신이 크게 상하면서 옥고를 마친 지 얼마 되지 않아 또다시 감옥행을 불사해야 했다. 3·1운동이 그를 기다리고 있었다. 아니 그가 3·1운동을 만들었다. 그는 "안방에서 편히 죽을 줄 알았더니 이제야 죽을 자리를 얻었구나"라고 했다. 그러나 장로교계 중심 지도자들이었던 길선주 목사, 손정도 목사, 신홍식 목사 등은 신중론을 폈다. 이에 남강이 벽력처럼 일갈했다.

    "나라 없는 놈이 어떻게 천당에 가? 이 백성이 모두 지옥에 있는데 당

오산중·고교 내에 세워진 남강 이승훈의 흉상

신들은 천당에서 내려다보면서 앉아 있을 수가 있느냐?" 이런 남강이 없었다면 평양대부흥의 기세도 사그라진 상황에서 여전히 서양의 이방 종교에 불과했던 기독교가 3·1운동에 앞장서 한민족과 일심동체임을 분명히 해 동아시아에서 유일무이하게 착근에 성공하는 일은 불가능했을 것이다.

남강의 독려로 3·1운동의 민족 대표 33인 가운데 16명이 기독교(개신교)인이었다. 하지만 민족 대표들은 각 종교 대표들로 구성됐기에 자기 종교를 앞세우며 대결할 수 있는 상황이었고, 그럴 경우 민족의 대사는 수포로 돌아갈 수 있었다. 큰사람만이 큰일을 이끌 수 있었다. 서명을 앞두고 자기 종교인을 먼저 써야 한다며 좌충우돌하는 각 종교 대표들에게 남강은 "순서가 무슨 순서야. 이거 죽는 순서야, 죽는 순서. 아무를 먼저 쓰면 어때. 의암(천도교 교주 손병희)의 이름을 먼저 써"라고 했다.

그의 성격은 불같았다. 상인 출신답게 남의 시선 따위에 구애받지 않았다. 정열이 솟구치면 말씨가 격해졌고 웃옷을 벗고 팔을 걷어붙여 속된 말을 쓰기도 했다. 그런데 다른 사람이 말하면 아무것도 아닌 듯 들릴 말도 남강의 입을 거치면 사람들의 표정이 변하고 눈물이 흐르기도 했다. 개인의 욕심을 초월한 그의 진정과 의로운 마음이 통했기 때문이다. 사람들은 오산학교 학생들은 표정부터 벌써 다르다면서, 이는 남강으로부터 감화를 받았기 때문이라고 했다.

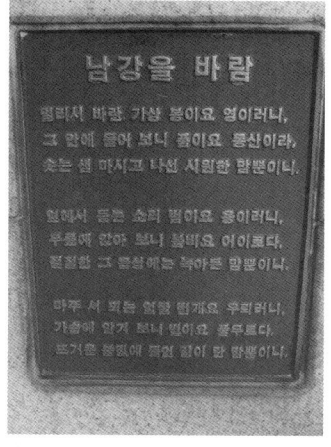

함석헌이 남강을 기리며 쓴 '남강을 바람'

정인보는 3·1운동 서명과정을 보고 "옛사람 가운데 나는 아직 이런 분을 보지 못했는데 곧 이목으로 친히 살펴본 것과 타고난 모습이 지덕에 가까운 것을 남강에게서 보았다"고 했다.

상당수 목사들이 따랐던 신사참배나 세속의 영리에 털끝만큼도 흔들리지 않은 신앙을 지녔으면서도 그는 내 종교, 내 종파에만 빠져 정의와 평화와 자유를 도외시한 우물 안 개구리 같은 신앙을 경계했다. 그는 열네 살이나 적은 안창호의 말을 즉각 수용했고, 스물여섯이나 적은 유영모에게 기독교를 배울 정도로 품이 컸다. 권위나 말과 나이로 자신의 아집을 세우는 그런 인물이 아니었다. 3·1 독립선언 뒤 민족대표 33인 가운데 최고형인 3년형을 언도받은 남강은 서대문 형무소에 수감되기 전 최후진술에서 이렇게 밝혔다.

"나는 하나님을 믿는 사람이다. 하나님이 인류를 내실 때 각각 자유를 주셨는데, 우리는 이 존귀한 자유를 남에게 빼앗겼다. 자유를 빼앗긴 지 10년 동안 심한 고난과 굴욕이 우리를 죽음의 골짜기로 이끌었다. 일본이 오랜 옛날 조선으로부터 입은 은의를 생각하라. 은의를 원수로 갚아도 이렇게 심할 수 있느냐? 우리는 최후의 일인, 최후의 일각까지 적의 칼 아래 쓰러질지언정 부자유, 불평등 속에서 남에게 끌리는 짐승이 되기를 원치 않노라. 우리의 이번 일은 제 자유를 지키면서 남의 자유를 존중하라는 하늘의 뜻을 받는 일에 지나지 않는다. 조선의 독립은 조선의 영광뿐이 아니고 튼튼한 이웃을 옆에 두는 일본 자신의 행복도 되는 것이다."

옳게 살려니까 어려운 게야

그는 늘 배웠고 변화를 두려워하지 않았다. 그는 3·1운동으로 인한 형기를 마치고 1922년 일본을 시찰했다. 아시아의 맹주를 자처하는 일본의 장점과 단점을 제대로 간파해 우리의 나아갈 바를 구상하기 위해서였다.

그는 만세만 불러서는 독립이 어렵고 일본이 가진 좋은 것은 배우되 우리의 것을 찾고 내면적인 힘을 길러야 한다는 생각을 가졌다. 그는 "일본의 장점은 새것을 찾으려는 정열과 물건을 아껴 쓰는 마음. 일본의 단점은 조그만 성공에 도취해 허영과 외식(外飾)에 빠진 점. 결론은 모든 이는 심은 대로 거두는 법이니 우리도 부지런히 심으면 풍성한 수확을 거둘 날이 온다"고 했다.

그는 배울지언정 자존이 동요되는 법이 없었다. 오직 철저히 스스로 힘을 기르자는 것이었다. 이 땅에서 자신의 권력을 세우기 위해 많은 이들이 외세를 빌려온 사실을, 이 땅을 그들에게 팔아넘기며 동포들을 배신한 역사를, 그런 인간의 욕망과 나약함을 그는 알고 있었다. 그랬기에 1922년 공산주의를 품은 한 청년에게도 그는 일찍이 말했다. "우리가 할 일은 민족의 역량을 기르는 일이지 남과 연결하여 남의 힘을 불러들이는 일이 아니다. 나는 씨앗이 땅 속에 들어가 무거운 흙을 들추고 올라올 때 제 힘으로 들추지 남의 힘으로 올라오는 것을 본 일이 없다."

훗날 한경직 목사(전 대한예수교 장로회 총회장, 전 서울 영락교회 목사)는 평양 숭실대학 재학 시절, 오산 동문 몇 명과 평양을 찾은 남강에게 인사드리러 갔을 때를 회고했다. 일행 중 누군가가 남강을 위로하듯이 "요즘 세상은 참으로 살기 어려운 세상입니다"라고 하자 남강이 버럭 역정을 내며 "거 무슨 소리냐. 일본 놈들 하자는 대로 하고, 그 비위에 맞춰 앞잡이 노릇하면 이처럼 살기 쉬운 세상이 또 어디 있느냐. 쉽지, 암, 쉽고말고…. 왜 어려운가, 옳게 살려고 하니까 어려운 게야"라고 말했다고 한다.

남강이 오산학교를 세워 공적 생활을 한 것은 23년간이다. 하지만 옥살이를 제외하면 14년에 불과하다. 그러나 그는 서슬 퍼런 일제의 압제에 기개가 땅에 떨어져 신음하고 있을 때 함석헌이 남긴 말대로 "직(直)의 인간, 강(強)의 인간"으로 남은 한줄기 서광이었다.

　그는 제집 드나들 듯 옥문을 드나들면서도 조국강토를 떠나지 않았다. 당시는 뜻있는 이들도 독립운동은 국외로 나가 해야 한다고 생각하던 때였다. 그러나 남강은 끝까지 한 발자국도 나가지 않았다. 외국에 나가는 것만 능사가 아니라 이 땅에서 이 나라 동포들을 깨우는 게 더 시급하다는 것이 남강의 뜻이었다. 그의 유언에 따라 유해는 학생들을 위한 생리표본으로 만들어졌으나 일제는 그의 뼈마저 두려워해 강압적으로 매장시켰다. 그러나 남강의 정신은 묻을 수 없었다.

　만약 남강의 면모를 많은 사람들이 제대로 안다면 우리나라의 근현대사를 만든 첫손으로 남강을 꼽는 데 주저하지 않을 것이다. 수많은 이들이 조국을 배신하고, 약자를 외면하며 제 한 몸의 영달만을 위해 치달을 때 그는 동포를 깨우고 보듬어나갈 인재를 길러냈다. 그들이야말로 제 한 몸 입신양명할 인재가 아닌 동포와 나라를 섬길 인재들이었다. 더구나 그는 이상적 공동체를 직접 만든 이상가였고, 그런 이상을 현실에 착근시킨 실천적 이상가였다. 남강 이승훈은 감옥에서 젊은 사람들이 싫어하는 똥통 청소를 도맡았다. 그러면서 기도했다.

　"주여 감사합니다. 바라건대 이 문에서 나가는 날 이 백성을 위하여 똥통 청소하기를 잊지 말게 해주소서."

이 땅의
농촌을 살린
혼의
풀무질

이찬갑 1904~1974

    충남 홍성 홍동면 갓골에 들어서니 멋들어진 집들이 한 폭의 그림이다. 풀무농업학교 남녀 학생들이 어울려 풀무생활협동조합 빵가게 툇마루에서 봄볕을 쪼이며 그림을 그리고 있다. 친할아버지 대하듯 홍순명 선생에게 살갑게 미소 띤 얼굴에서는 요즘 세상을 달구는 입시경쟁의 그림자를 찾을 수 없다. 가게 안에는 갓 구운 유기농 빵들이 있어 군침을 돌게 하고, 바로 앞 공방에서는 동네 아낙들이 모여 바느질을 하고 있다. 그리고 지키는 사람 하나 없는 헌책방에서는 마을 아이들이 책을 사고 홀로 돈 통에 돈을 넣고 나온다. 이상적인 모습이 오히려 이상하게 보이는 세상에서 내가 왔기 때문일까.

    이곳은 별천지다.

밝맑 이찬갑 선생이 주옥로 선생과 함께 풀무농업학교를 연 것은 1958년 4월 23일이었다. 초가지붕 아래에서 개교할 때만 해도, 이곳이 어느 학교도 넘보지 못할 기적의 씨앗이 될 것이라 상상하기는 어려웠다. 더구나 급격한 산업화와 이농현상으로 농업학교는 '똥통학교'라며 외면해 입학생은 두세 명에 불과한 때도 있었다. 1960년 밝맑이 연탄가스에 중독돼 누운 뒤부터 이 학교를 짊어진 홍순명은 자신의 자녀 6명을 모두 이곳으로 보내며 시류에 맞섰다. 그가 길러낸 제자들이 홍성 여러 마을의 이장이 되었고, 생활협동조합운동을 벌이며 힘을 합친 결과 홍성은 '희망의 땅'으로 떠오르기 시작했다. 이렇게 홍순명이 40여 년간 세상의 비웃음 속에서도 학교를 지탱한 것은 바로 밝맑이 남긴 정신을 간직했기 때문이다.

 밝맑은 남강 이승훈이 고향 평안북도 정주에 세운 민족학교인 오산학교 출신이었다. 밝맑은 남강의 동생의 증손이었다. 그는 용동촌이란 문중 공동체를 만들 만큼 문중을 사랑했던 남강 가문의 장손이었다. 그랬기에 밝맑에 대한 남강의 관심과 사랑은 남달랐다. 그럼에도 밝맑은 오산학교가 일제의 제도권 학교로 편입되면서 일본 역사와 일본어 과목이 조선 역사와 조선어를 대신할 수밖에 없는 상황이 되자 과감히 학교를 중퇴하고 떠났다. 정규학교를 안 하면 그만이지 왜 혼을 빼앗기느냐는 불만이었다. 오산학교 출신들도 대학을 진학해야 하는 등 더 큰 뜻을 위한 남강의 생각을 모를 리 없었지만, 그는 형식이야 어떻든 내용을 중시한 사람이었다.

이찬갑

스물네 살 때 고향을 떠나 서울 피어선고등성경학원에서 몇 개월간 공부한 그는 같은 해 9월 일본으로 떠났다. 그러나 돈 많은 집 자제의 유학과는 거리가 멀었다. 그는 일본의 치바현 등의 빈민굴로 들어가 생활했고 틈틈이 일본의 농촌 교육 현장을 둘러보며 조선의 농촌을 어떻게 깨울지를 고민했다. 귀국 후 과수원 농사를 지으며 민족을 살릴 꿈을 키웠던 그가 1945년 해방 직후에 쓴 〈다시 새 날이 그리워〉를 보면 농촌 교육에 대한 그의 벅찬 이상을 볼 수 있다.

헤쳐감의 표징인 부지런히 일하며
찾아감의 표징인 부지런히 공부함
이로 우리 삶의 터전을 삼음

해뜰 때 문을 열고 해질 때 집에 들며
언제든 참과 옳음 무어든 밝고 맑게
이로 우리 삶의 규범을 삼음

이 수난의 상징인 조선에 뛰어들며
또 조선의 상징인 농촌을 둘러메임
이로 우리 삶의 의무를 삼음

참됨의 새 인간에 이 겨레가 깨나며

영원의 새 나라에 이 겨레가 살아감

이로 우리 삶의 이상을 삼음

_ 이찬갑, 〈다시 새 날이 그리워〉, 1945

민족과 신앙 중 민족을 택하겠노라

밝맑은 조선의 상징을 농촌으로 보았고, 자연과 인간이 어우러지는 농촌이 죽고서는 우리의 미래도 없다고 보았다. 여러 학교에서 교사로서 경험을 쌓은 밝맑이 풀무학교를 세운 것은 오산학교에서 못 이룬 꿈을 제대로 이루기 위해서였다. 그것은 가장 소외받는 농촌을 살려 이 땅에 희망의 싹을 틔우는 일이었다. 대장간 자리가 있는 풀무골에 세운 학교에서 혼의 풀무질이 시작되었다. 밝맑은 학교란 권위나 돈이나 입시가 아닌 정신과 정성으로 움직여야 한다고 믿었다. 그는 돈이 있어야 하고 권력이 있어야만 된다는 세상에 정신의 증거를 이 학교에서 보여주고자 했다. 그런 밝맑의 뜻에 따라 이 학교에는 교장도 사환도 없었다. 그는 이를 '무두무미(無頭無尾, 우두머리도 병졸도 없이 모두가 주인)'라고 했다. 그런 정신에 따라 시작된 풀무학교는 초가지붕의 허름한 학교에 선생 2명, 학생 18명이 전부였다.

밝맑은 특히 우리글과 역사에 관심이 많았다. "그 나라의 말과 역사가 아니고서는 그 민족을 깨울 수 없다"는 덴마크 국민고등교육의 창시자 그룬트비의 영향을 받아 그도 우리글과 역사를 통해 우리 민족을 깨워야 한다고 생각했다. 그룬트비는 루터 교회의 승정직을 버리고 "크리스천이기 전에 인간이 되고 인간이 되기 전에 덴마크 사람이 되어야 한다"고 외친 인물이다. 그는 또한 이렇게도 말했다. "민족과 신앙, 이 두 가지 가운데 하나만 택하라고 하면 민족을 택하겠노라."

조선의 선구자와 예언자들에게 하나님과 민족은 둘이 아니었다. 밝맑 또한 그룬트비처럼 지금 우리가 서 있는 땅의 역사와 말과 글을 통해 정신과 종교를 세워야 한다고 생각했다. 그래서 그는 늘 〈한글〉지를 구독했고, 함석헌의 《성서적 입장에서 본 조선역사》를 즐겨 읽었다.

그는 모든 것을 학생들과 함께했다. 지게질도 함께했고, 마라톤도 함께 뛰었다. 길거리를 다니면서도 소똥과 유리조각을 주워 소똥은 밭에 뿌리고, 유리조각은 한쪽에 묻었다. 또 농민들을 위해 보리깜부기병을 막도록 종자를 열탕해 소독하는 법을 직접 개발해 보급했다. 그렇게 교육과 삶이 일체가 되는 현장을 보여주었다.

"일만 하면 짐승이고, 공부만 하면 도깨비지." 그는 오산학교 교장이던 유영모가 했던 이 말을 자주 인용하며 "우리나라엔 도깨비와 짐승은 많아도 일하며 공부하는 사람은 없다"고 한탄했다. 그래서 그는 일과 공부, 인문과 실습이 조화되는 자신의 삶에 학생들이 스며들게 했다.

그는 "정성과 정신이 없어진다면 우리는 서슴지 말고 그날로 교문을 닫아버릴 것"이라고 입버릇처럼 말했다. 자신의 이해타산을 셈하며 시류에 눈을 번득이는 권력자와 학자와 언론인이 아닌 평민들이 깨어날 때 우리의 삶이 바뀌고 세상이 바뀐다던 그는 그 나라의 역사와 말만이 그 나라를 깨울 수 있다고 믿었다. 그래서 더욱 역사와 한글 교육에 심혈을 기울였다. 그의 두 아들 이기백과 이기문이 역사학자와 국어학자가 된 것도 그런 아버지의 영향이 컸다.

밝맑이 워낙 우리말을 사랑했기에 닭이 우는 소리를 들은 그의 아내가 닭울음소리를 "꼭 깨요!라네요"라고 했다는 일화가 전해진다.

밝맑은 남들이 성적에 가려 보지 못한 인간의 개성과 능력을 보았다. 그랬기에 명성과 권위와 제도권이란 이름으로 우등생만을 선점해 열매만 거두려는 경쟁에도 동요치 않았으며, 모든 생명의 가치를 알아보았고, 그 가치를 꽃피우게 하는 데 힘썼다. 그래서 그가 세상을 떠났을 때 사람들은 이런 조사로 아파했을 것이다.

"연구실에서 학문을 연구하고 교단에서 진리를 갈파하시는 기라성 같은 박사님들. 그 박사님의 숲 속에서 아무도 흩어진 쇠똥을 주워 보호하는 분 없고, 세상에 낙오되어 말라빠진 삭정이를 줍는 교수 없으며, 민족에 상처를 줄 유리조각을 주워 파묻는 선생님이 계시지 않습니다. 버림받은 쇠똥, 말라비틀어진 삭정이는 어디로 가야 하고 살기 띤 유리조각은 누가 주워 구덩이에 묻겠습니까!"

유기농의 메카 풀무농업학교

홍순명 선생은 풀무농업학교가 최고 인기 대안학교가 되어 전국에서

풀무생협이 운영하는 갓골작은가게 앞에서 정겹게 이야기를 나누고 있는 홍순명 선생(오른쪽에서 두 번째)과 풀무농업학교 학생들

학생이 몰려오자 이를 기쁨보다 시대의 위기로 보았다. 이는 모두 밝맑의 교육혼 때문이다. 그런 밝맑의 혼이 이어져 지금도 풀무농업학교 입학생에는 거의 매년 장애인이 포함돼 있다. 어떤 이는 등이 굽고, 어떤 이는 간질이 있으며, 어떤 이는 자폐아다.

언젠가는 간질이 있는 이가 입학한 적이 있다. 그 학생은 3년을 기숙사와 교실에서 다른 학생들과 교사들과 함께 지냈다. 그런데 그 함께함을 더욱 고마워한 이는 그와 그의 학부모가 아닌 학생들과 교사들이었다. 처음에는 발작을 일으키면 많은 학생들이 어찌할 줄을 몰라 했다. 하지만 그의 발작은 이내 끝나고 그도 곧 제 정신이 들곤 했다. 그래서

풀무생협의 유기농 작물로 만든 장을 보이는 홍순명

얼굴을 닦고 다시 공부를 할 수 있었다. 간질은 저절로 회복이 되니 발작이 되는 순간만 잠시 도와주면 된다는 사실을 학생들도 알게 되었다. 나중에는 여학생들도 그 학생이 발작을 일으키면 차분히 숙직실로 데려가 누이고 수건을 물리고 얼굴을 닦아주었다. 그리고 30분 정도 지난 뒤 깨어나면 다시 데려와 함께 공부했다.

　홍순명은 사람들은 대개가 다른 사람에 대해 신체적으로 문제가 없는가, 어떤 집에서 사는가, 학력이 어느 정도인가 등등을 따지며 그것으로 사람을 평가하는데, 교육이란 그런 편견을 없애는 중요한 역할을 한다고 했다. 편견 없이 더불어 생활하며 각자가 받은 달란트를 마음껏 발휘할 장을 제공하다 보면 공부를 잘 못하는 아이도 곧 다른 분야에서 놀라운 소질을 보이곤 한다는 것이다. 돈과 권력만 좇고, 더불어 사는 두레와 대동의 소중한 가치를 잃어가는 오늘날 풀무농업학교의 모습은 우리에게 잃어버린 낙원으로 가는 길을 보여주는 것만 같다.

밝맑은 이곳에서 매일 새벽 비가 오나 눈이 오나 뒷동산에 올라 해 뜨는 동쪽을 바라보며 기도와 묵상으로 하루를 열었다. 그는 아침이면 늘 "밝았습니다"라고, 낮이면 "맑았습니다"라고, 저녁이면 "고요합니다"라고 인사했다. 그 인사법은 이 학교의 인사법이 되었다. '밝습니다'와 '맑습니다'란 순우리말을 딴 '밝맑'은 그의 아호였다.

별천지는 풀무농업학교가 있는 갓골에만 있지 않다. 이제 밝맑과 홍순명의 교육은 홍성의 너른 들판에서 실현되고 있다. 이 일대 200만여 평의 들녘에선 농약을 전혀 쓰지 않고 쌀과 채소를 길러낸다. 풀무농업학교를 중심으로 한 홍성이 '유기농의 메카'가 된 것이다.

쌀 수매가 어려워지면서 파산 위기에 처한 대부분의 벼 재배 농가의 곤란한 분위기를 문당마을에선 찾아볼 수 없었다. 오리농법으로 짓는 유기농 쌀을 찾는 소비자가 늘어 이곳에서 수확이 예상되는 5만 가마(가마당 40kg)는 벼를 심기도 전에 대부분 예약 판매된다.

다른 농가들로서는 부럽기만 한 이런 기적 같은 일은, 풀무학교의 사제지간인 홍순명과 주형로(홍동면 문당마을 이장)의 사랑과 존경이 그 씨앗이 되어 일어났다. 1992년 초 주형로는 "주군에게"로 시작하는 편지 한 통을 받았다. 편지 속에는 "자네에게 꼭 필요할 것 같아 보내준다"는 홍 교장의 글과 함께 일본의 농민잡지에 실린 '오리농법'에 대한 기사와 번역문이 들어 있었다. 스승에게 배운 대로 땅에 농약을 뿌리지 않고 농사를 짓느라 하루 종일 김매고 꿈에서마저 밤새 김매느라 야위어 가는 농사꾼 제자를 본 스승이 마음이 아파 보낸 편지였다.

모내기 뒤 새끼 오리를 이삭이 패기 전까지 달포 간 논에 넣어두는 오리농법은 오리가 떼 지어 다니며 흙탕물을 일으키기에 풀의 발아를 막아주고, 나온 풀들도 오리가 뜯어 먹는다.

농약을 쓸 필요도 없고, 김매지 않아도 되는 이 방법이야말로 흙도 살고 농민도 사는 비책이라 판단한 주형로는 이를 함께해보자며 마을 사람들에게 권유했다. 처음엔 "무슨 말도 안 되는 소리냐"며 뜨악해하던 사람들도 논에서 오리들이 풀을 뜯어먹고 벌레를 잡아먹는 모습을 보고 "허허, 오리가 농사 다 짓네"라며 신기해했고, 하나둘씩 오리농법에 참여했다.

농약을 쓰지 않는 오리농법에 대한 소문이 퍼지자 이제는 소비자들과 미리 계약을 하고 재배하게 되었다. 쌀농사를 지어도 수매할 길이 막막한 타지 농민들의 부러움을 산 것은 두말할 나위가 없었다.

홍성의 농민들이 일반 쌀보다 30퍼센트나 더 비싸게 받고 농사를 지을 수 있게 되자 오리쌀 재배 면적도 점차 늘어 200만 평 가까이 되었다. 홍동면 들판은 900평마다 50~60마리의 새끼오리들이 '농촌의 희망을 품고' 푸릇푸릇한 벼 사이를 떼 지어 누빈다. 그야말로 장관이라 할 수 있다.

오리농법으로 기린아가 된 주형로는 "중학교 때까지 배구 선수를 해 공부에는 전혀 흥미가 없었고, 풀무학교가 농고라고 '똥통학교'로 멸시를 당했지만, 홍 선생님이 모든 것을 긍정적으로 생각하도록 해 희망을 가꿀 수 있었다"고 회고한다.

그가 스승을 만나지 못했다면, 오늘날 홍성의 변화를 기약하기는 어려웠다. 4대째 훈장을 해온 홍순명은 독서광이며, 영어와 독어, 일어, 중국어까지 독학으로 배워 수준급에 이를 정도로 학구적이다. 농사꾼이자 대장간 아들인 주형로는 지금도 거의 책을 거들떠보지도 않지만 일의 추진력에선 남의 추월을 불허한다. 스승과 제자, 책과 일, 학문과 현장의 만남이 절묘하게 조화를 이뤄 홍성의 기적을 일군 것이다.

스승은 풀무질로 바람을 일으켰고, 제자들은 불로 타올라 땅과 인간에 생명을 불어넣었다. 풀무학교를 나와 홍성의 들녘을 지나오니 정호승 시인이 말했던 그 봄길이다. 밝맑이 걷고, 홍순명이 걷고, 제자 농부들이 따라 걷고 있는 바로 그 길이다.

길이 끝나는 곳에서도 길이 있다.
길이 끝나는 곳에서도 길이 되는 사람이 있다.

_ 정호승, 〈봄길〉 중에서

아무에게도 매인 바 되지 않았던 나사렛의 한 목수, 그분은 결코 우리들을 노예로서 다루지 않습니다. 어디까지나 자유로운 인격으로 소중히 여기십니다. 그동안 사람들이 여러 가지로 노예적인 자리에서 고생하고 있는 것을 그분은 끌러주려고 노력하시는 해방자십니다.

그러니 나는 당신의 종입니다 하는 말을 그분은 제일 싫어하십니다. 그것은 사람들이 노예적인 살림 가운데서 버릇이 돼서 그전에 그 상전에 아첨하던 버릇을 못 벗어버리고 하는 소리입니다.

그분은 우리들에게 이제부터는 나를 너희들의 친구라고 고분고분히 일러주십니다. 그러니 그전처럼 남에게 붙어살지 말고 독립해서 살아보라고 하십니다.

그러니 그분은 나를 믿어달라고 요청하시는 것보다 내 속을 좀 알아달라고 하십니다.

그것은 믿는다고 말할 때는 그에게 기대는 종의 버릇으로 대하기 쉽기 때문입니다. 그러나 그저 믿는다고 말하는 것보다 그분이 말씀하시는 말씀의 뜻을 깨달을 줄 아는 귀를 가지기를 원하십니다.

그래서 이제는 나를 모방하지 말고 네가 서 있는 그 자리에서 너희들 나름으로 사람답게 살아가라고 하십니다. 너희들 나름의 창의력을 가지고….

종으로 살 때처럼 남의 눈치나 보고 살아가지 말고 너희 속에 무한히 펼쳐나가는 힘이 부여되어 있으니 그것을 마음껏 창의력을 가지고 활용하라고 하십니다. 참으로 두려운 것은 사람 사는 것이 죽는 것보다 못한 떳떳하지 못한 삶이라고 말씀하십니다.

_ 이신, 《나사렛의 한 목수》

살과 피를
모두 주고 간
거룩한
기업가

유일한 1895~1971

　천문학적인 돈을 기부한 빌 게이츠와 워렌 버핏의 선행이 세상의 주목을 받은 바 있다. 재벌이 된 것도 대단하지만 엄청난 재산을 사회에 환원한다는 사실에 사람들은 놀란 듯하다. 그런데 더 놀라운 사람이 있다. 엄청난 액수의 돈을 만지면서도 애초에 그 돈은 "내 것이 아니다"라고 말한 사람이다. 부와 직위는 자신이 잠시 맡은 것이라며 여기에 조금도 집착하지 않았던 인물, 유한양행의 설립자 유일한 선생이다.

　서울시 동작구 대방동에는 붉은 벽돌로 지은 오래된 작은 건물이 있다. 이곳은 옛 유한양행의 사옥으로 오늘날의 유한킴벌리와 한국얀센까지 낳은 곳이다. 유일한이 생전에 늘 묵상에 잠겨 있던 그 뒤 언덕에 지금의 신사옥이 들어섰다.

빌딩에 들어서면 가장 먼저 유일한의 흉상이 반긴다. 유한양행 사장을 지낸 연만희 고문은 1963년 이 회사에 입사했고 총무부장 등으로 지내며 유일한을 가까이에서 보좌했다. 그는 1969년 유일한이 부사장으로 근무하던 외아들과 조카에게 회사를 그만두게 했을 때 "특별한 잘못이 없는데 그렇게까지 해야 하느냐"고 물었다. 그러자 유일한은 "내가 죽고 나면 그들로 인해 파벌이 조성되고, 그렇게 되면 회사가 공정하게 운영되기 어려울 것"이라 말했다고 한다.

유일한은 매사에 공과 사를 분명히 한 사람이었다. 외국을 오가는 비행기표는 물론 개인적으로 쓰는 모든 비용을 자신의 주식배당금에서 공제하도록 했다. 반면 사원들을 '주인'으로 우대했다. 1930년대부터 부천 소사 공장 부지에 종업원들을 위한 독신자 기숙사, 집회소, 운동장, 양어장, 수영장을 만들고, 주식을 공개하고 사원 지주제를 도입했다.

미국의 문물을 배워 조국 동포를 구하라

인간으로서 애착을 버리기 가장 어려운 대상인 돈과 가족에 그는 이미 초탈한 사람이었다. 그런 그의 삶은 독실한 기독교인이었던 아버지 유기연의 영향이 컸다. 유기연은 1861년 경북 예천에서 태어나 아홉 살 때 부모를 잃고 고아가 되었다. 그는 초등학교도 제대로 못 다녔고 하루하루 연명하며 살았다. 그러다가 어느새 스물여섯의 노총각이 되자

유일한

괴나리봇짐 하나 메고 고향을 떠났다. 그는 평양에 정착해 옷감을 떼다 파는 장사를 했다. 그러다 스물일곱 살에 열다섯 살의 강계 처녀 김확실과 혼인했다. 당시 평양에서는 미국 감리교 선교위원회에서 파송한 홀이라는 캐나다인 의사가 의료선교사업을 벌이고 있었다.

얼굴이 하얗고 눈이 파란 서양인이 나타나니 당연히 구경거리가 될 수밖에 없었다. 새로운 것에 대한 관심이 많던 유기연도 홀에게서 궁금했던 서양 얘기와 함께 성경말씀을 듣고는 했다. 그러다가 기독교인이 된 그는 아내의 이름을 김확실에서 김기복으로 바꾸었다. '하나님께서 주신 소중한 복'이라는 의미였다.

유기연은 1893년 첫딸 선한을, 1895년 장남 일한을 얻었다. 처음 유기연이 지어준 일한의 이름은 일형이었다. '하나의 향기가 멀리까지 풍기라'는 소원을 담은 이름이었다. 그 유일형이 나중에 유일한으로 개명한 것이다.

유기연은 자신은 초등학교도 나오지 못했지만 자식들은 어떻게든 제대로 공부시켜보겠다는 열의에 차 있었다. 그의 교육은 마치 사지에 버려두고 살아남은 자식만 키우는 스파르타 방식과 같았다. 유기연은 일한이 불과 일곱 살 때 집에서 50리나 떨어진 양잠학교에 보내 그곳에서 기숙하며 양잠을 익히도록 했다. 유일한은 그 어린 나이에 부모와 떨어져 두 달간 매일 울면서 양잠을 익혀야 했다.

1904년이 되자 평양에는 러일전쟁의 기운이 감돌았다. 이미 10년 전에도 평양은 청일전쟁의 접전지가 되어 아수라장이 되었었다. 그 피해는 양국 군대만이 아닌 두 나라와 아무 상관없던 조선의 백성에게도 돌아가 많은 이들이 죽었다. 청일전쟁 당시 유기연은 평양 북쪽의 대성산과 아미산으로 가족을 끌고 피난해 생명을 지키긴 했지만, 다시 전쟁이 터진다면 살아남을 자신이 없었다. 그는 일한만이라도 외국으로 피신시키고 싶었다. 더구나 곧 국권이 상실되어 조선인은 해외로 나가는 것마저 금지된다는 소문이 돌았다.

때마침 미국 선교사가 교회에서 아이 두 명을 미국에 유학 보낼 수 있다고 말해 유기연은 옳다, 됐다면서 일한을 보내달라고 청했다. 그때 대한제국 순회공사 박장현이 멕시코로 부임해 가기로 돼 있어 그 편에 아들을 보내기로 했다.

어린아이를 만리타향에 보낸다는 얘기를 들은 아내는 몸져 누워버렸다. 그러자 유기연은 "자식들이 우리 것 같지만 하나님 아버지의 자녀들"이라고 설득했다. 독실한 신자였던 일한의 어머니도 이곳에서 죽을 수 있는 아들을 멀리 보내 공부시키는 게 낫겠다고 달리 생각하게 되었다.

소년 일한은 "미국의 문물을 배워 조국 동포를 구하라"는 아버지의 말을 가슴에 담고, 21년 뒤에야 만나볼 어머니의 품을 떠나 그렇게 미국행 배에 올랐다. 그러나 그는 아버지가 안겨준 돈을 몽땅 도둑맞은 채 미국 땅에 발을 디디게 된다. 어렵게 샌프란시스코에서 초등학교에 진학했지만 학비를 부쳐주기로 했던 아버지로부터 돈은 오지 않았다. 일본의 경제 침탈로 조선인의 상권이 대부분 무너졌고, 그의 아버지 역시 학비를 대줄 수 없는 처지가 되었던 것이다. 그야말로 이역만리에 떨어져 부모로부터 돈 한 푼 받지 못한 채 열 살 때부터 신문배달과 구두닦이, 종업원을 전전하며 고학을 해야 했다.

그렇게 홀로 방치된 일한은 엄마가 너무나 보고 싶어 한밤중이면 몽유병 환자처럼 거리로 나가 안개 속의 가로수를 껴안고 "엄마, 엄마"를 부르며 서럽게 울기도 했다. 그래도 하나님이 도우사 일한은 2년 뒤 독실한 두 기독교인 자매를 만나 네브래스카 주 커니로 갔고 그들과 함께 살면서 학업을 이어갈 수 있게 되었다. 그 자매들은 마치 어머니처럼 누나처럼 이국의 소년을 감싸주던 천사들이었다.

병든 동포를 위해 의약품 사업에 뛰어들다

학비와 점심값을 마련하기에도 역부족인 환경이었지만 그는 독립투사들이 독립군을 양성하기 위해 세운 헤이팅스소년병학교에 1909년부터 3년간 여름방학마다 참여해 훈련을 마치기도 했다. 나라를 잃은 뒤 평양에서 북간도로 건너가 이국을 떠도는 가족들과 동포들의 아픔을 밥으로 삼고, 자신의 땀을 국으로 삼은 일한은 대학을 졸업한 뒤 그동안의 고생을 밑천 삼아 숙주나물 통조림 회사를 세워 큰 성공을 거둔다. 그는 아홉 살에 한국을 떠난 지 21년 만인 1925년, 통조림용 녹두도 구하고 간도로 이주한 가족들을 만나기 위해 귀향한다. 일한이 21년 동안 단 한시도 잊지 못했던 고국이요 가족들이었다.

헤이팅스소년병학교 시절의 유일한(아래쪽 세 명 중 우측)

그런데 그가 막상 가족을 만나보니 자신은 이미 조선말을 대부분 잊어버려 의사소통마저 제대로 되지 않았다. 그래도 떠듬떠듬 그동안의 이야기를 하는데 아버지는 아들이 미국에서 나물 장사를 한다는 얘기에 노발대발하고 말았다. "내가 왜 너를 먼 이국까지 보낸 줄 아느냐"면서 "나물 장사는 시장 좌판을 깐 할머니들이나 하는 것 아니냐"고 질책했다. 그러자 일한은 "그런 장사가 아니고 숙주나물을 통조림에 넣어 대규모로 파는 사업"이라면서 "한시도 아버지가 어린 저를 미국으로 보낸 뜻을 잊지 않고 나라 잃은 조국에 힘이 되는 무엇인가를 하려는 생각으로 살아왔다"고 했다.

일한은 자신이 미국에 세운 라초이식품회사와는 별도로 유한주식회사를 설립했다. 그가 초빙한 초대 사장은 서재필 박사였다. 일한은 그 무렵 중국계 소아과 의사인 호미리와 결혼까지 했지만 한국행을 감행했었다. 미국에서 성공한 사업가로 한국말도 서투른 그가 일제가 조선인이라면 언제든 잡아먹을 듯 눈을 부라리는 그곳으로 간다고 하자 미국에 있던 그 누구도 이해하지 못했다. 그러나 그는 고국을 떠나던 아홉 살 때 그 마음 그대로 다시 돌아왔다.

오랜 식민지 생활로 동포들의 삶은 모두 지치고 피폐해진 시기였다. 이윤을 위해서라면 장사치들이 조국과 동포를 파는 일도 비일비재했다. 그러나 일한은 장사치로 여겨졌던 사업을 하면서도 이 땅에 새로운 기업문화의 바람을 일으키며 등장했다. 그가 설립한 유한양행은 1928년 12월 29일 《SEOUL PRESS》에 'Straight Talking(솔직한 말)'이라는 영문 광고를 실었다.

사업의 즐거움은 인간관계에 있습니다. 성공의 척도는 서비스에 달려 있습니다. 저희의 가장 큰 소원은 여러분에게 친절한 서비스를 제공함으로써 여러분이 우리에게 친밀감을 느끼도록 하는 것입니다. 우리는 우리가 취급하지 않는 물품의 구입이나 각종 심부름도 기꺼이 여러분을 기쁘게 해드리기 위해 서비스하고자 합니다. 이것이 솔직한 말입니다.

이어 1930년 10월 5일에는 〈동아일보〉에 '조선에 대한 유한양행의 상업'이란 우리말 이미지 광고를 내었다. 이를 통해 사회봉사를 최우선으로 삼는 기업취지와 함께 고객에 대한 감사, 세계 의학계에서 공인된 의약품만 공급하겠다는 약속, 제품설명 등을 소개했다.

전후 문제 논의를 위해 태평양문제연구회의에 참석한 유일한(가운데), 정한경(좌), 전경무(우). 미국 버지니아 주 핫 스프링스, 1945년 1월

 그가 의약품 사업을 하는 이유는 병든 동포들을 구하기 위해서였다. 당연히 벌어들인 돈은 교육과 공익사업에 투자했다. 그는 사업을 하면서도 헤이팅스소년병학교에서 끓던 피 그대로 조국 독립에 대한 열망을 한시도 놓지 않았다. 이후 그는 해방 전 미국 전략처장 빌도노반 장군이 CIA의 전신인 OSS(미 육군전략처)를 만들어, 일본군과의 전투에 투입할 특수부대를 설립했을 때 한국담당 고문으로 참여했다. OSS의 한반도 비밀 침투작전인 냅코 작전을 짜면서 직접 특수훈련까지 받았던 그는 일본이 예상보다 일찍 항복을 선언하는 바람에 자신의 손으로 독립을 쟁취할 기회를 아깝게 놓치고 말았다.

 해방이 되자 이승만은 일한을 끌어들이기 위해 여러모로 노력을 기울였다. 이승만은 CIA의 전신인 OSS의 한국담당 고문을 지낸 일한을 두려워했다. 자신이 독립운동자금을 운용한 정보를 비롯해 많은 것을 일한이 알고 있으리라 생각했기 때문이다. 그러나 일한은 같은 구미파

이자 크리스천이었지만 그를 신뢰하지 않았다. 일한은 정확한 정보의 소유자였고, 미국 내 한인들에 대해서도 누구보다 깊고 넓게 아는 사람이었다. 그는 미국에서 독립운동가들이 주도권을 잡기 위해 안창호를 중심으로 한 서북파와 서재필의 지원을 받던 이승만계가 싸우던 양상을 잘 알고 있었다. 일한은 처음에는 이승만계인 박용만을 따랐으나 이승만의 정치적인 술수와 독단적인 모습을 간파하고는 가까이 할 인물이 아니라고 생각해왔다.

이승만은 1948년 8월 15일 대한민국 정부가 수립되자 일한에게 초대 상공부 장관으로 입각할 것을 요청했지만 일한은 이를 거부했다. 자신은 사업가이므로 사업에만 전념하겠다는 것이었다. 일한은 이승만 정권의 정치자금 요청에도 응하지 않았다. 그러면서 그가 다른 기업에서는 엄두도 못 낼 금액을 매번 세금으로 내자 당국은 의약품 함량을 속이는 게 틀림없다며 조사했다. 그러나 함량은 조금도 어긋나지 않았다. 그렇게 언제나 곧은길을 걸었던 일한은 훗날 6·25 전쟁이 끝난 후 모르핀을 수입해 팔면 큰 이익을 남긴다고 보고한 간부사원에게 "당장 회사를 나가라"고 호통을 치기도 했다.

애초에 재산도 자식도 하나님 것

연만희 고문은 당시 늘 언덕 위 자신의 집에서 물끄러미 회사를 바라보며 앉아 있던 유일한에게 심심하지 않느냐고 물었다고 한다. 유일한의 중국인 의사 아내 호미리는 미국으로 돌아가 자녀들과 살았고 혼자 남은 그는 반평생을 독신으로 살았기 때문이다. 그러나 그는 "이 시간이 내겐 가장 행복한 시간"이라며 "자네도 꼭 자신을 돌아보고 숙고할 시간을 가지라"고 충고했다고 한다. 유일한에게는 그런 시간이 바로 기도의 시간이었다.

"삶에 있어서 무엇이 더 중요한 것인가를 인식할 수 있고, 오늘날 저희들에게 주어진 좋은 것들을 충분히 즐기며, 명랑하고 참을성 있고, 친절하고 우애할 수 있는 능력을 허락하여주옵소서."

늘 이런 기도문을 외던 멋쟁이 유일한이 영원히 눈을 감은 뒤 그의 유언장이 공개됐다. 손녀 유일링에게는 대학 졸업 때까지 학비 1만 달러를 주고, 딸 유재라에게는 유한중·고 안의 땅 5천 평을 주니 학생들이 뛰노는 유한동산을 꾸미라고 했다. 그리고 외아들 유일선은 대학까지 보냈으니 스스로의 힘으로 살라며 한 푼도 주지 않았다. 그리고 나머지 거대 재산은 모두 교육과 사회사업에 기증했다. 1991년 타계한 딸 유재라도 아버지로부터 물려받은 땅을 비롯해 전 재산 205억 원을 공익재단에 기부하고 빈 몸, 빈 마음으로 떠났다.

부자가 천국에 가는 것은 낙타가 바늘구멍을 통과하는 것과 같다고 했지만, 애초에 재산도 자식도 자신의 것이 아니라 하나님 것이라 여겼던 유일한은 깃털보다도 가볍게 떠났다.

1. 말을 많이 하지 않는다.
2. 대인관계에서 의리와 약속을 지킨다.
3. 최저 생활비 이외에는 소유하지 않는다.
4. 버린 물건, 버려진 인간에게서 쓸모를 찾는다.
5. 그리스도의 교훈을 기준으로 "예"와 "아니요"를 똑똑하게 말한다. 그 다음에 생기는 일은 하나님께 맡긴다.
6. 평생 학도로 산다.
7. 시작한 일은 좀처럼 중단하지 않는다.
8. 사건 처리에는 반드시 건설적, 민주적 질서를 밟는다.
9. 산하와 모든 생명을 존중하여 다룬다.
10. 모든 피조물을 사랑으로 배려한다.

_ 김재준의 삶의 신조

5

하늘의
문을
열다

모든 걸
나누고 비운
도암의
성자

이세종 1880~1942

    아내가 바람이 났다. 아내 문순희는 이웃마을 정부(情夫)의 집으로 들어가 앉았다. 아이들까지 딸린 홀아비 집이었다. 집엔 아내가 쓰던 살림살이가 고스란히 남아 있었다. 미처 자신이 쓰던 살림까지 챙겨갈 염치는 없었나 보다. 이세종은 아내가 쓰던 살림도구를 하나하나 챙겼다. 그리고 짐꾼을 불렀다. 아내의 물건을 지게에 가득 실은 짐꾼을 앞세우고 그는 이웃마을로 향했다. 논둑을 따라 그가 간 곳은 바람난 아내가 정부와 사는 살림집이었다.

    밖에서 인기척이 나자 아내는 빠끔 문을 열고 내다보았다. 황당했다. 남편이 마당에 들어서고 있었다. 다른 남자 방에 버젓이 앉아 있는 아내를 보고도 이세종은 일 나간 아내를 밖에서 만난 듯 태연했다.

"옷가지 하나 챙겨오지 않고서 어떻게 사오? 여기 옷가지랑 당신 살림들을 챙겨왔소."

그러나 마루에 짐을 내려놓는 이세종을 향해 아내는 "여긴 뭐하러 왔느냐"면서 눈에 쌍심지를 켰다. 순희는 남편을 보자 다시 분노가 일었다. 그녀의 얼굴에선 격노의 파고가 꿈틀거리기 시작했다. 순희가 세종에게 이처럼 분노한 데는 그럴만한 이유가 있었다.

순희는 열네 살 어린 나이에 무려 열여섯 살이나 많은 노총각 세종에게 시집왔다. 그녀는 배운 것 없고, 외모도 여성스럽기보다는 선머슴 같았지만 남편은 어린 아내를 귀여워했다. 세종도 배운 것 없이 무식하고 빈한하기는 마찬가지였다. 삼형제의 막내로 태어난 세종은 어려서 부모 모두를 잃고 형님댁에서 얹혀살다가 나와 남의 집 머슴살이를 하고 있었다. 하지만 그는 키가 크고 어깨가 딱 벌어진 건장한 사내였고, 자린고비 살림꾼이기까지 했다. 아이가 생기지 않아 고민이 되었지만 살림살이 불어가는 재미로 살았다.

혼인한 지 10여 년이 됐을 때 부부는 무려 100마지기가 넘는 논을 마련해 마을에서 제일가는 부자가 되었다. 순희가 황금쌀이 익어가는 논들에, 큰 집에, 튼실한 남편까지 두고 사는 호사를 누리리라곤 누구도 상상치 못했다. 그런데 호사다마라고 했던가.

어느 날부터 남편이 변해버렸다. 《성경》 한 구절을 듣고는 싹 바뀐 것이다. 세종은 그 순간 이미 하늘나라로 가버린 것 같았다. 몸은 집에 있었지만 그는 이미 속인이 아니었다. 육체적인 접촉 없이도 더욱 깊게 교감한다는 하늘나라에 사는 천인(天人) 같았다. 그래서 그날부터 일절 아내와 육체적 접촉을 하지 않았다. 전날까지만 해도 그 좋던 힘으로 안아주던 남편은 이제 이 세상에 없었다. 세종은 원래 이름조차 버리고 '공(空)'이라고 했다. 텅 비었다는 뜻이었다. 욕정도 비우고, 욕망도 비우고, 이름도 비워버렸다.

여전히 육정을 버리고서는 사는 재미를 찾을 수 없던 순희에게 남편의 변신은 청천벽력이 아닐 수 없었다. 순희는 달래도 보고 을러도 보고 애교도 부려보고 협박도 해보았지만 '공(空)'이 되어버린 남편은 요지부동이었다. 그야말로 순희로선 미치고 환장할 일이 아닐 수 없었다. 그뿐이 아니었다. 그 자린고비의 모습은 어디로 가버린 채 세종은 그토록 아끼고 아끼면서 모아온 재산을 처분해 가난한 사람을 돕는답시고 써버렸다. 고리를 받기 위해 빌려주었던 부채 문서까지 태워버렸다.

순희가 보기엔 미친 게 분명했다. 미치지 않고서야 그럴 수 없는 일이었다. 사람이 저토록 변하면 죽는다고 했는데, 차라리 죽기라도 하면 재산이라도 남을 일이지만 세종이 죽을 성싶지는 않았다. 시일이 지나도 세종의 태도는 조금도 변함이 없었다. 날이 갈수록 외양과 태도가 더욱더 성(聖)스러워져 다시는 속인으로는 돌아올 성싶지 않았다. 다른 사람들은 남다른 눈으로 세종을 대하기 시작했지만 순희로선 원수가 따로 없었다.

세종이 성스러워지면 성스러워질수록 순희는 더욱더 약이 오르고 화가 치밀었다. 세종을 볼 때마다 독을 내뿜는 독사마냥 독기가 올라오곤 했다. 왜 세상의 기쁨을 버린 것인지, 아끼던 재물까지 놓아버리는 것인지 이해할 수도 없었고 이해하고 싶지도 않았다.

그러니 집안 꼴이 제대로 돌아갈 리도 없었다. 뭔가 나간 집 꼴이었고, 순희도 반쯤 넋이 나간 듯이 살다가 견디다 견디다 못해 뛰쳐나간 것이었다. 그러니 아무리 자기 짐을 싣고 오는 선의를 베풀어도 속이 풀릴 리 없었다. 그런 남편의 행동 또한 이해하기 어려웠다. 차라리 예전의 남편이 되어 쌍욕을 하고, 머리채를 끌고 가기라도 하면 좋아 춤이라도 출 것 같았다. 그러나 세종은 여전히 예전의 그가 아니었다. 순희가 이해하기 어려운 불가사의한 세계로 가버린 모습이었다.

그렇게 세속을 초월한 도인의 모습에서 뭔가 알 수 없는 경외감이 들지 않은 것은 아니었지만, 너무나 오랫동안 남편 품에 익숙했던 순희로선 기대가 무너진 분노에서 뿜어져 나오는 독기를 어찌할 수 없었다. 그녀는 샘가로 달려나가 물을 한 바가지 퍼서는 세종에게 퍼부어버렸다. 물세례였다. 세종은 세례로 더욱더 정화된 것처럼 자비로운 얼굴을 하고는 멀어져갔다.

세종은 그렇게 돌아왔지만 머지않아 그 집에 다시 발걸음을 했다. 그 집에 갈 때는 꼭 상점에서 과자를 사갔다. 아내가 함께 사는 홀아비에겐 어린아이들이 딸려 있었는데, 그 아이들에게 줄 것이었다. 마치 "새엄마한테 너무 막 대하지 말고 잘해주라"고 자신의 딸을 당부하는 아버지처럼. 그렇게 찾아간 그는 아내의 남자 앞에 무릎을 꿇었다.

"이렇게 된 것은 당신 탓이 아니오. 모두 내 탓이오. 내 죄요. 내가 잘

못해서 그런 것이오. 그러니 아내를 돌려보내주시오."

　세종의 그런 모습에 남자의 마음이 움직였다. 순희와 살아보니, 순희가 샘도 많고 욕심도 많고 다정한 데가 없어 그리 정도 들지 않았다. 더구나 바람난 여자와 살다보니 마을사람들의 눈길도 거북스럽기만 했다. 마침내 남자의 마음을 눈치채고 더 이상 있기 어려워진 순희는 어느 날 집으로 돌아왔다. 세종은 외출했다가 돌아온 아내를 맞듯이 순희를 맞아들였다. 그렇다고 세종이 옛날 모습으로 돌아간 것은 아니었다. 순희는 행여나 하고 기대했지만, 세종은 여전히 성(性)에는 아무런 관심도 욕망도 없었다.

　순희도 처음엔 바람나 집 나간 자신을 아무 말 없이 다시 받아준 세종이 고맙기도 했지만, 날이 갈수록 그에 대한 원망이 다시 도졌다. 남편의 권유에 못 이겨 교회도 나가보았지만, 남편을 앗아가버린 하나님이 원망스럽기만 했다. 순희는 집에 돌아온 지 얼마 되지 않아 다시 새서방을 얻어 집을 나가버렸다. 이번엔 세종이 살림살이를 져 날라줄 필요도 없이 스스로 집안의 살림이란 살림은 모조리 챙겨 능주의 홀아비 집으로 싣고 가버렸다. 이번에도 세종은 물어물어 아내를 찾아갔다.

　"지금은 순간의 욕정을 이기지 못해 당신이 이러지만 그것도 다 한때요. 그런 세속적이고 육체적인 욕심을 놓아버리면 당신 앞에 천국이 펼쳐진다오. 당신이 어디에 있더라도 당신을 한순간도 잊지 않고 당신 가슴에 성스러운 모습으로 살아 있는 하나님을 잊지 마시오. 하나님은 살아서 당신을 늘 사랑하고 계시오."

세종의 간곡한 말에도 순희는 "하나님이 계시다면, 나에게 이런 고통을 줄 리가 없다"고 생각했다. 그것이 성이든 재산이든 자신이 원하는 것이라면 무엇이든 들어주어야만 전지전능한 하나님이라고 생각했다. 그녀는 하나님이 자신을 사랑한다는 세종의 말을 믿을 수 없었다. "내 것을 이렇게 온통 앗아가버리는 하나님이 무슨 나를 사랑한다는 말이냐" 하고 악을 쓰면서 남편을 내쫓았다. 세종은 쫓겨 가면서 "살다가 영 못 살겠으면 돌아오라"고 당부하고선 돌아섰다.

순희는 여전히 남편이 원망스럽긴 했으나 자신이 처음 집을 나가고 두 번째 집을 나온 지 몇 년이 지난 뒤에도 마음 한 자락 변하지 않은 채 자신을 걱정해주는 세종의 모습에 조금씩 녹아들고 있었다. 또 자신에게 옛 삶에 연연해하지 말고 새로운 삶을 살아볼 것을 권하는 세종의 말이 자신도 모르는 가운데 마음속에 스며들고 있었다.

욕정을 이기지 못해 그때마다 새로운 남자를 만났지만 밤새 욕정을 불태우고 나면 더욱더 허전했다. 욕정을 불태우는 것은 순간이었고, 불안과 불행은 오랜 시간 지속되곤 했다. 마음에 평화도 행복도 없었다. 그녀는 돌아가고 싶지만 이번엔 왠지 염치가 없었고, 정부도 그를 놓아주지 않았다.

때마침 집안에 우환이 끊이지 않자 정부도 순희를 놓아주었다. 그러자 순희는 몇 년 만에 다시 귀가했다. 바람나 다른 남자와 두 번이나 살림을 차리고 살던 아내를 받아주자 그의 친형이 달려와 "옛날 강태공 같은 성인도 한 번 집 나간 아내를 다시 받아주지 않았는데, 너는 어찌

자고 그런 여자를 다시 받아주는 것이냐"며 힐난했다. 그러자 세종은 "강태공은 세상의 선지자이지만, 저는 하나님 나라의 선지자 아닙니까"라고 답했다. 일곱 번씩 일흔 번이라도 용서하라는 예수 그리스도의 말씀이 아니라도 이미 자타의 경계를 넘어 자타가 하나 되고 천지가 모두 하나님의 품에서 회통하는 영적 체험을 통해 하늘 사람으로 깨어난 세종이 내칠 사람은 이 세상에 없었다.

세종은 그때부터 성서를 읽을 수 있도록 아내에게 한글을 가르쳤다. 가까운 사람일수록 공부를 가르치는 게 쉽지 않다. 특히 나이 오십이 다 되도록 문맹으로 살아온 여인이 글을 배우기란 더욱 쉽지 않은 일이었다. 그런데도 세종은 얼마 전 자신이 한글을 배워《성경》을 읽고 느낀 감격을 아내도 맛보라면서 한 자 한 자 한글을 깨우쳐주었다. 그렇게 한글을 배운 순희는 죽을 때까지《성경》을 손에서 놓지 않았다.

태초에 하나님이 천지를 창조하시니라

옛날 남평에서 40리를 들어가야 했다는 산골, 전남 화순 도암면 등광리가 세종과 그의 아내가 살던 곳이다. 무엇이 이세종 같은 인물을 낳게 한 것일까. 지기(地氣)와 천기(天氣)가 통한 것일까. 도암(道岩)면 등광(登光, 빛이 하늘로 오름)리, 지명 하나하나가 예사롭지 않다.

도암은 옛날 이 땅의 조상들이 구세주(미륵불)를 기다리며 천불천탑을 세웠던 운주사가 있는 곳이다. 그 운주사에서 보면 하늘로 솟구치는 산이 보인다. 마치 올림픽 성화 같은 모습의 개천산(開天山)이다. 개천은 '하늘문이 열린다'는 뜻이니 이 역시 범상치 않다. 풍수지리로는 천개등용지지(天開登龍之地)라고 한다. 하늘이 열려 용이 하늘에 오르는 곳이라는 뜻이다. 그 산만을 바라보고 가니 맑은 물이 고요한 등광 저수지가 거울처럼 개천산을 비추고 있다. 그 호수 옆을 따라 마을로 접어드니 개량되지 않은 옛집들 가운데 마을 우산각(지붕이 원뿔로 된 집)이 있다.

그 주변에 마을사람들이 옹기종기 서 있거나 앉아서 돼지고기에 소주를 마시고 있다. 누군가 돼지를 잡았거나 외출했다가 돌아오는 길에 고기를 사온 모양이다. 콩 한 조각도 나눠 먹어야 직성이 풀리는 시골인심이 이곳엔 살아 있다. 처음 본 객에게도 의심치 않고 휘이휘이 손을 저어 불러 소주 한 잔과 돼지고기 한 점을 권한다.

자린고비처럼 자기 욕심만 챙기다가 어느 날 하나님의 영을 접하고 홀연히 욕심을 비워버린 이세종이 지녔던 무욕의 모습이 그들의 태평스럽고 평안한 기운에 담겨 있다. 어떻게 자기가 힘들게 번 것을 그렇게 빈자들과 걸인들에게 줘버릴 수 있느냐고 사람들이 묻자 세종은 "앞으로는 그런 세상이 올 것이다. 모두가 똑같이 먹고, 똑같이 입고, 똑같이 아는 세상이 올 것이다. 너는 못 봐도 너희 후손들은 그런 세상을 볼 것"이라고 마치 백 년 뒤 미래를 꿰뚫어보듯이 얘기했다고 한다.

이 사람들이 당시 세종의 말을 들었던 바로 그들의 후손들이리라. 흙 묻은 내의만 입은 채로 거북이 등처럼 갈라진 손으로 집어 시골김치에 말아준 돼지고기 한 점의 맛이 그 어디에 비할 데가 없다.

그 골목을 따라 산길을 한참 오르니 외딴 산기슭에 조그만 집 한 채가 서 있다. '이세종 수양관'이다. 세종이 별장 삼아 지은 산당이 있던 터 바로 밑에 그의 제자들이 지은 집이다. 수양관을 홀로 지키는 심상봉 목사와 어린 시절 세종을 보았던 이원희 장로, 세종의 삶을 좇아 독신 수도자로 살아온 한영우 장로가 마치 옛 선인(仙人)들처럼 거닐고 있다.

세종이 불현듯 그리스도인이 된 뒤 머물며 수도하던 이 터는 원래 산당이었다. 사십이 넘어서도 자식을 얻지 못하던 세종은 산신에게 공을 들이려고 무당이 잡아준 터에 산당을 지었다. 그런데 그 산당을 짓던 목수는 기독교 신자였다. "이렇게 좋은 터에 집을 지으려면 예배당이나 지을 것이지"라는 생각으로 가득 차 있던 목수는 일하면서도 찬송가를 불렀고, 쉬는 시간엔 《성경》을 보았다. 이를 지켜보던 세종은 어느 날 그에게 《성경》을 빌렸고 까막눈이었기에 마을 사랑방에 가 글자를 아는 사람에게 《성경》 첫 줄을 읽어달라고 했다. 창세기 1장 1절이었다. "태초에 하나님이 천지를 창조하시니라"였다.

그 한 구절을 새기며 개천산을 오르던 세종의 눈에 하나님이 창조하신 창조물이 펼쳐졌다. 자신과 호수와 산과 나무와 풀…. 그 모든 것이 나와 다름없이 하나님이 창조하신 나의 형제요, 천지가 바로 우리의 집이었던 것이다. 그는 갑자기 춤을 추었다. 오직 '나'와 '내 것'에만 집착해온 기미가 걷혀버린 개안(開眼)과 개천(開天)의 기쁨을 억누를 길이 없었다.

그 기쁨으로 밤을 밝혀 글을 깨쳐 《성경》을 꿰뚫고 '영원한 삶'을 알게 된 그는 언제 그랬느냐는 듯이 자식이나 재산에 대한 미련 한 점 남기지 않고 대자유인이 되었다. 그때부터 인간이 탐할 수 있는 재산욕, 명예욕은 물론 식욕, 색욕, 수면욕도 철저히 극복해 초월했다. 그때부터 아내를 누이로 대했고, 죽는 순간까지 잠자리를 함께하지 않았다.

남의 집 머슴을 살면서 오로지 몸으로 논 100마지기를 장만할 만큼 힘과 풍채가 좋고 얼굴이 잘생겼던 세종은 천도(天道)가 터진 뒤 마치 호랑이 눈처럼 안광에서 빛을 뿜었다. 당시 화순 지방엔 일본의 무교회주의자 우치무라 간조의 영향으로 그리스도교적 수도를 해온 안학수라는 의사가 공의(公醫)로 와 있었다. 그는 세종을 만나보고선 "내가 팔도강산을 순회하면서 여러 사람들을 수없이 만나보았지만 이 선생만큼 총명하고 눈에서 영채가 반짝거리는 인물은 본 적이 없다"고 말했다.

또 1930년대 미국과 일본에서 유학하고 돌아온 감리교 신학자 정경옥 박사는 말년에 모든 신학서적을 버리고 《성경》 한 권만을 들고 섬에 들어가 있었는데, 그 당시 세종에 대한 소문을 듣고 찾아가 그를 만나보고는 '도암의 성자'라고 했다.

세종이 개안 후 가장 변한 것은 자연에 대한 태도였다. 그는 "피는 생명"이라며 일체의 육식을 하지 않았다. 독에 빠진 쥐를 건져주고, 그를 문 지네를 조심스레 집어 풀숲에 놓아주었다. 어느 날은 부엌에 나가보니 독사가 똬리를 틀고 있었다. 그러자 세종은 막대로 조심스레 몰아내면서 말했다.

"사람들이 보았으면 큰일 날 뻔했다. 앞으로는 조심해라"라면서 마

개천산 중턱 이세종 기념관을 홀로 지키고 있는 심상봉 목사가 이세종의 깨달음을 글로 써보았다. "하늘과 땅은 나와 한 뿌리요, 세상 만물은 나와 한 몸이다"라는 뜻.

치 자식에게 얘기하듯 타일렀다. 그는 길을 걸을 때도 혹여 개미를 밟을까 봐 조심스러워했다. 언젠가는 말라가는 웅덩이 속에서 미꾸라지와 올챙이들이 파닥거리며 죽어가는 것을 보았다. 그는 옷으로 그것들을 담아 냇가에 풀어주면서 "이것들이 이렇게 말라 죽듯이 인간도 저죽을지 모르고 천지자연을 함부로 대해 이렇게 말라 죽어갈지 모르겠구나"라며 눈시울을 적셨다. 세종은 동물뿐 아니라 나무와 풀이 꺾인 것을 보고도 만지며 눈물을 뚝뚝 떨어트렸다. 그런 모습을 한심하게 쳐다보는 사람들에게 세종은 말했다.

"세상엔 버릴 것이 없지라. 잡초만이 아니라 사람도 그렇지라우. 버린 돌이 집 초석이 되곤 한당께요. 오늘날 기독교인들은 그것을 어째서 그렇게도 모른다요."

죄악 벗은 우리 영혼은 기뻐 뛰며 주를 보겠네

세종은 죽음이 가까워 오자 석 달 동안 곡기를 끊었다. 화학산 골짜기에 찾아온 다섯 명의 제자들이 마른 장작처럼 말라 거지 옷을 입고 있는 그를 둘러메자 그는 "올라간다 올라간다 올라간다"고 춤을 추듯 노래하며 눈을 감았다. 나라도 잃고 동포 형제들이 어둠 속에서 길을 잃고 있던 시절 이곳에서 세종의 빛이 그렇게 하늘문을 열고 올라갔다.

그렇게 세종이 떠난 뒤 순희는 남편의 삶을 따랐다. 산골에서 초근목피로 연명하며 수도자로서 산짐승이나 다름없이 살았다. 그녀가 어떻게 달라졌든 세상 사람들은 아랑곳하지 않았다. 여성에 대한 편견이 특히나 심했던 시절이었다. 더구나 두 번이나 새서방을 얻어 집을 나갔으니 사람들은 그녀를 화냥년이라면서 상종도 해주지 않았다. 그녀는 남편을 묻은 터에서 3년간 시묘를 지냈다.

사막의 은수자나 다름없는 삶이었다. 식사도 제대로 하지 못한 채 불기도 없는 냉골에서 자는 그녀를 불쌍히 여긴 사람들이 장작을 가져다주어도 때지 않았고 잠을 잘 때도 "나 같은 죄인이 어찌 하늘을 향해 누울 수 있겠느냐"면서 옆으로 누워 잠깐씩 새우잠을 자곤 했다.

그녀가 별세하기 15일 전 세종의 제자인 정왈순이 집으로 모셔와 간호하며 자식 하나 없이, 세상에 의지할 데 하나 없이 거지꼴로 병들어 죽어가는 그녀의 모습을 보고 통곡했다. 순희는 "왜 우느냐?"면서 기쁨에 찬 얼굴로 찬송을 부르며 눈을 감았다.

"죄악 벗은 우리 영혼은 기뻐 뛰며 주를 보겠네…."

겨레의 후손들아
위대한 사람이 되는 네 가지 요소가 있나니
첫째는 가난의 훈련이요
둘째는 어진 어머니의 교육이요
셋째는 청소년 시절에 받은 큰 감동이요
넷째는 위인의 전기를 많이 읽고 분발함이라

_ 최용신

아홉 자식
가슴에 묻은
구도자
수레기어머니

손임순 1893~1963

"엄마, 엄마, 불이 계속 우리를 따라와. 엄마, 엄마, 저기 봐. 불이 우리를 비춰줘."

개천산의 산당이 어두워지도록 이세종의 말은 그치지 않았다. 어두워지면 어두워지는 대로 불도 켜지 않고 그는 말을 이어갔다. 이세종은 빛났고, 그의 눈은 등불 같았다. 이세종의 말이 끝나고 산당을 나와 신발을 찾을 때서야 칠흑 같은 사위가 온 산을 뒤덮고 있는 것을 뒤늦게 발견하곤 했다.

산당 안에선 불을 켜놓지 않아도 그 누구도 어둠 속에 있지 않았다. 그렇게 이세종은 빛이었고, 서로는 서로에게 빛이 되었기에 누구도 어둠을 의식하지 못했다. 그러나 산당은 개천산의 깊은 골짜기에 있었다.

그야말로 밝은 달이라도 뜨지 않으면 한 치 앞을 내다볼 수 없을 만큼 나무와 수풀이 우거진 산골이었다. 우거진 수풀에선 금방이라도 귀신이 뛰쳐나올 듯이 무서웠다.

수레기어머니는 어린 사무엘을 들쳐 업고 집이 있는 아랫마을을 향해 밤길을 내달렸다. 엄마 등에 업힌 사무엘은 엄마와 자신을 뒤쫓아 오는 두 개의 불을 보았다. 이제 말을 배운 사무엘이 자꾸 뒤쪽을 바라보며 "불, 불" 하면서 "뒤에서 불이 따라온다"고 하면 수레기어머니는 사무엘을 더욱더 꼭 들쳐 업은 채 아무 말도 하지 말고 조용히 있으라는 신호를 보내곤 했다. 그러나 이를 알 턱이 없는 사무엘은 어둠 속을 환하게 밝히는 두 개의 불빛이 신기해 계속 고개를 돌려 바라보고 또 바라보며 엄마에게 얘기해주었다. 그렇게 두 개의 불은 어귀에 있는 사무엘의 집까지 따라오곤 했다. 그 불은 개천산 호랑이의 눈에서 뿜어져 나오는 것이었다.

욕망을 놓아버리면 펼쳐지는 마음속의 천국

지금 이세종 수양관이 있는 산당터는 옛날부터 이 고을에서 호랑이들이 사는 곳으로 알려진 곳이다. 이세종이 그것을 모르고 산당을 지어 머무르자 호랑이들이 밤이 되면 밤새 울부짖었다고 한다. 그래서 이세종이 하루는 호랑이에게 "영물이라는 너희들이 수도를 도와야지, 방해해서야 쓰겠느냐"면서 밤새 호랑이 뒤를 쫓으며 개천산을 돌고 돌

수레기어머니 손임순

면서 호통을 치자 그 다음부터 호랑이들이 잠잠해졌다는 얘기가 전해 내려온다. 그런데 직접 호랑이를 본 당사자가 그 증언을 해주고 있는 것이다.

당시 엄마 등에 업혀 개천산 중턱의 산당을 오가며 그 호랑이 불을 보았던 사무엘 이원희 장로는 이제 머리가 새하얀 노인이 되었다. 어린아이 때였지만 생전의 이세종 선생을 직접 보았고, 이세종의 제자로 가히 성녀로 칭할만한 그의 모친 수레기어머니의 삶을 개천산에서 그로부터 직접 듣는 것은 그야말로 귀한 인연이다. 조그만 체구에 지금도 어린아이 같은 순수함을 간직한 그의 얼굴에서 수레기어머니의 마음이 읽힌다.

그의 모친 손임순은 폭포가 있는 인근 '수락기'마을에서 시집온 수락기댁이었다. 사람들은 소리 나는 대로 수레기댁이라고 불렀고, 훗날 제자들은 '수레기어머니'로 칭했다. 그는 이 마을 최고 부잣집에 시집을 왔다. 애기 집도 튼실해 아기도 잘 낳았다. 부잣집에 와서 첫아기를 낳을 때만 해도 수레기댁은 누가 보아도 '복 많은 여인'이었다.

그러나 순조로운 그의 집에 바람이 불어닥쳤다. 흉악한 바람이었다. 죽음의 태풍이었다. 운명은 그녀를 순조롭게 살도록 내버려두지 않았다. 수레기댁이 낳아 온 식구가 금지옥엽으로 키우던 아이는 몇 살이 못 되어 죽어버렸다. 그 시절엔 아이들이 죽는 일이 예사였다. 그러나 그것도 한둘이 아니었다. 수레기댁이 낳은 아이들은 하나같이 몇 년이 못 되어 세상을 떠 그의 가슴에 대못을 쳤다. 하나, 둘, 셋, 넷….

그렇게 줄이어 수레기댁의 가슴에 묻은 자식이 무려 여덟이었다. 그의 가슴은 이제 썩을 대로 썩어서 더 이상 문드러질 것도 없었다. 타지고 타져서 아예 새까만 숯검댕이가 되었고, 그 숯검댕이마저 다 타버리고 없었다.

수레기댁은 어디든 의지하고 싶었다. 지푸라기라도 잡고 싶었다. 그러지 않고선 단 한순간도 육신을 지탱할 힘이 없었다. 마음도 몸도 영혼도 지치고 지쳐서 둘 곳이 없었다. 살 수가 없었다. 그는 증산도에서 유래돼 당시 전국에 들불처럼 번져가던 보천교에 귀의해 3년간 열심히 기도했다. 제물을 산처럼 쌓아놓고 액을 물리치기 위한 제사를 지냈다. 그러면서 시부모에게 물려받은 전답도 하나둘씩 팔아치웠다. 결국 집마저 팔아버려서 집도 절도 없는 신세가 되었다.

더구나 설상가상으로 병까지 얻었다. 다리에 상처가 생겨 낫지 않았는데 약을 써도 차도가 없었다. 오목하게 파인 상처가 사라지지 않았다. 그는 바늘로 상처를 찔러보았다. 당시에 사람들은 상처를 바늘로 찔러봐서 감각이 없으면 나병인 줄 알았다. 수레기댁은 다리의 상처를 바늘로 찔렀지만 감각이 없었다. 나병이었다. 자식을 모두 앞세워 보내고 가산을 탕진한 채 자신마저 나병에 걸려 죽게 생겼으니 기막힐 노릇이었다.

그 즈음 같은 마을에 사는 이세종이 예수를 접한 뒤 환골탈태해 예전과는 전혀 다른 사람이 되어 있었다. 예전에 마을에서 제일가는 부자였던 그는 논밭도 다 줘버리고 아내마저 집을 나가버려 거지 중의 상거지 꼴이었다. 그런데도 얼굴에서 빛을 뿜는 그 불가사의가 궁금했다. 광주에서도 내로라하는 목사들이 찾아와 마치 공자 맹자와 같은 옛 성현을 대하듯 경애하는 것은 무엇 때문인지 알고 싶었다. 세상에 낙이라곤 없이, 하늘이 원망스러운 수레기댁은 장맛비 속에 언뜻 비치는 햇살 같은 이세종의 마음 자락이 궁금했다. 오직 눈에 보이는 것, 곡간에 쌓아놓은 것, 내 몸으로 낳은 자식만이 자신의 행불행을 결정짓는다고 여기던 수레기댁에게 이세종은 보이지 않는 세계를 가르쳐주었다. 눈에 보이는 것은 모두 변하고 허망한 것이므로 그것을 쫓으면 반드시 실망하고 고통스러울 수밖에 없다고 했다. 그리고 그처럼 눈에 보이는 것에 대한 욕망을 놓아버리면 전개되는 마음속의 천국을 펼쳐주었다. 그런 세계로 가는 길이 성서에 적혀 있다고 했다. 이세종은 어서 한글을 배워 《성경》을 읽으라고 했다.

그런 어느 날 수레기댁의 꿈속에 갓을 쓰고 하얀 옷을 입은 노인이 나타나 "네가 3년 동안 열심히 기도했는데도 너를 위해 해준 것이 없다"면서 "네 병은 내가 가져가겠다"고 했다. 그 꿈에서 깬 뒤 나병이 거짓말처럼 사라져버렸다. 그러나 시련은 끝나지 않았다. 아홉 번째 자식마저 또 세상을 뜬 것이다. 수레기댁이 낙심해 행여 삶을 포기하지나 않을지 걱정된 이세종이 방문을 열어보자 수레기댁은 죽은 아이를 그대로 둔 채 먹을 갈고 있었다. 그는 이미 싸늘해져 버린 시신 대신에 《성경》을 통해 새 생명을 얻기 위해 그렇게 한글을 배우고 있었다.

수레기댁은 어느 날 열 번째 낳은 아들을 들쳐 업고 산당으로 올라가 이세종의 말을 들었다. 그때 이세종은 마치 거울을 들여다보며 단둘이 애기하듯 그의 고통과 갈증을 해소시켜주었다. 그때부터 수레기댁은 마치 산당에 엿이라도 붙여놓은 것처럼 온종일 마음이 산당에만 가 있었다. 산당은 깊은 산골로 옛날부터 호랑이가 나온다고 알려져 있었지만 이세종의 말씀을 듣는 환희 때문에 무서운 줄도 몰랐다.

이세종은 "더 이상 자식에도 재산에도 집착하지 말고 하늘을 울 삼고 땅을 벗 삼으며 순결의 삶을 살라"고 했다. 수레기댁은 그때부터 남편을 설득해 금욕하며 수도자의 삶을 살았다.

병을 얻으면 참회하라

이세종이 말년에 산당을 떠나 인근 화학산 도구밭골로 가기로 하자 수레기댁은 자신이 산당에서 기도하겠다고 했다. 그러자 이세종은 이곳은 대낮에도 범인은 혼자 살 수 없는 곳이라고 했다. 훗날 빨치산의 은거지가 될 만큼 골이 깊었던 이곳은 호랑이 소굴이었다. 호랑이를 고양이처럼 다루었던 대도인 이세종이 아니고선 범인이, 그것도 여자 혼자서 이 산중의 산당에서 밤을 지새운다는 것은 어림없어 보였다. 그러나 수레기댁은 이에 아랑곳없이 홀로 기도했다. 그렇게 몇날 며칠이 흘렀다. 칠흑 같은 밤 산당 안이 대낮처럼 밝아왔다. 눈을 떠도 눈을 감아도 너무나 밝은 빛을 피할 도리가 없었다. 빛을 본 것이었다. 그 뒤 수레기댁은 한밤중에도 산중을 오르내리며《성경》을 전하러 다녔는데 그때마다 집채만 한 호랑이가 눈에 불을 켜고 길을 밝혀주었다고 한다.

수레기어머니 손임순의 아들 이원희 장로가 어릴 적 살던 집터에서 호랑이가 밝혀준 산길을 더듬어 어머니와 오르내렸던 개천산을 가리키고 있다.

늘 헌신적인 수레기어머니는 자비롭기 그지없어 그를 바라보는 것만으로도 안락을 누리게 했다. 그러나 자신에겐 엄격하기 그지없었다. 아파도 약을 쓰지 않았다.

"어머니는 모든 병이 자신으로부터 나온다고 했다. 결국 무엇이든 자신이 짓고 자신이 받는다는 것이다. 그러므로 병이 들면 내가 마음과 육신을 어떻게 잘못 사용했는지 자신을 되돌아보라고 했다. 육체든 정신이든 병이란 고통을 통해 자신의 죄를 깨달아 죄를 벗고, 하나님에게 나아가는 계기로 삼으라는 것이었다. 따라서 그는 병을 얻으면 누구에게 잘못했는지, 삶을 어떻게 잘못 살았는지 자신을 돌아보아, 스스로 참회하고 고침으로써 병을 낫게 했다."

이원희 장로의 회고를 듣던 이세종기념관의 심상봉 목사는 "발병발도심(發病發道心)"이라고 표현했다. 수레기어머니는 병을 절망 삼은 게 아니라 '병이 나면 이를 구도의 계기로 삼았다'는 것이다.

수레기어머니는 훗날 이세종의 제자 이현필 등과 함께 거리의 고아와 걸인들을 돌보는 모든 언님들의 사표가 되었다. 이현필의 제자들도 수레기어머니를 보고서 자신을 온전히 내려놓은 채 타인을 위한 삶에 그대로 헌신하곤 했다. 그는 순명의 어머니였고, 헌신의 천사였다.

개천산을 내려와 수레기어머니의 집터가 있던 '광구(光求, 빛을 구함)터'에서 솟는 물에 손을 대보니 어쩐 일인지 한기를 녹이는 온기가 몸으로 전해져와 따스하게 감싼다. 신비한 일이다. 가슴에 달뜨듯 사랑이 떠오르면 호랑이도 무서워하지 않던 수레기어머니의 마음이 겨울 한기 같은 우리네 마음을 녹이듯 지금도 광구터의 샘물로 솟아나고 있는 것일까.

걸인과 고아를 섬긴 맨발의 성자

이현필 1913~1964

전북 남원시 대산면 운교리. 남한산성 쪽에서 풍악산 솔밭을 향해 오른다. 산 밑인데도 양지바른 언덕이 나온다. 그 언덕에 오래전부터 있던 허름한 한옥들과 양옥집들 예닐곱 채가 어우러져 있다. 동광원이다.

이 공동체 마을은 '맨발의 성자'로 불리는 이현필의 제자들이 사는 여성 수도원이다. 이곳에 24명의 여성들이 살고 있고, 마을 아래의 독신 남성 수도자들까지 합하면 35명이다. 이들은 모두 하나의 공동체가 되어 살고 있다. 대부분이 70대가 넘은 노인들로 이곳에선 여성 수도자를 '수녀'가 아닌 '언님'이라 부른다. 언님은 언니의 높임말로 순우리말이다. 이들 중에는 스무 살 안팎에 들어온 이들이 있는가 하면, 자녀들을 키우고 뒤늦게 수도원에 들어온 이들도 있다. 이곳엔 백 살이 넘은 할머니 수도자들도 있어 칠팔십대는 노인 축에도 들지 않는다.

마을에 들어서자 김금남 원장이 맞아준다. 수줍은 듯하면서도 환한 그 표정은 세간에서 보기 힘든 모습이다. 뒤꼍 장독대에 선 새색시의 모습이 저럴까. 오기 전만 해도 전화로 "시골 할머니라서 아는 것도 없고, 말할 줄도 모른다"면서 손사래를 치던 그였다. 지구상에서 가장 순수한 영성 집단으로 손꼽힐만한 동광원에 들어온 지 60여 년간 한 번도 외부에 모습을 드러낸 적이 없던 옹달샘 같은 산골의 언님이 샘물을 나눠준다.

금남이 스승 이현필을 처음 뵌 것도 남원에서였다. 이현필은 스승 이세종과 같은 전남 화순 도암면에서 태어났다. 십대 때부터 기독교를 접해 전도사 생활을 하며 평범한 목회자가 될 수 있었던 그의 삶이 송두리째 바뀐 것은 이세종을 만난 뒤였다. 이세종은 "나 같은 사람이 또 하나 나올 것"이라고 예언했는데, 사람들은 "그가 바로 이현필"이라고 했다.

이현필은 이웃마을에 "그리스도교를 믿는 기인이자 도인"이 있다는 소문을 듣고 개천산 산당으로 찾아가 이세종을 만났다. 이세종은 사람들에게 보이는 신앙을 따르지 말라고 가르쳤다. 사람들과 어울리는 그런 신앙이 아닌 자신의 인격이 변하고, 인격이 완성돼 예수 닮은 삶을 사는 신앙을 가르쳤다. 이현필은 그를 만나 평생의 스승으로 모셨다.

그러나 가톨릭의 수도사나 불가의 출가자처럼 독신으로 살아야만 한다는 데 대해서는 늘 의혹을 품었다. 결국 이현필은 스물세 살에 결혼

이현필

을 했다. 그러나 머지않아 육적인 습이 깊어질수록 영(靈)으로는 멀어진다는 것을 뼈저리게 깨달았다. 그래서 그도 부부관계를 끊었다. 이미 혼인한 몸으로 금욕의 삶을 살려다보니 이를 이해하지 못하는 아내로부터 수없이 봉변을 당해야 했지만, 그것은 그가 남다른 삶을 선택했기에 치르는 당연한 대가이기도 했다.

이현필은 화순 화학산에서 4년, 지리산에서 3년간 기도하던 중 신비체험을 겪으며 거듭났다. 그때부터 그의 눈은 육안에서 영안으로 바뀌었고, 자신을 따르던 언님들이 정결과 헌신의 삶을 살도록 훈련시켰다.

내가 먹으면 다른 사람 먹을 몫이 줄어든다

남원에서 태어난 금남도 이현필이 지리산에 머물던 60여 년 전인 열아홉 살에 어머니와 세 여동생과 함께 출가했다. 철저한 금욕을 강조했던 그의 가르침에 따라 가정을 버린 부녀자들이 이곳에 모여들었는데, 금남의 어머니도 그중 한 명이었다. 당연히 아내를 잃은 남편들로부터 이현필은 가정을 파괴한다는 비난을 받을 수밖에 없었다.

이현필이 기도를 하던 지리산 서리내의 원래 지명은 선인래(仙人來)다. '신선이 내려온 곳'이라는 뜻이다. 금남이 만난 이현필은 도무지 이 세상 사람 같지 않았다. 행색은 거지 중에서도 상거지 꼴이었지만, 눈빛과 얼굴만은 신선이었다.

이현필은 기도하러 숲 속에 들어가면 그대로 나무가 되고 바위가 되어버렸다. 다 떨어진 옷을 입은 채 기도하던 그는 꽁꽁 얼었고 머리 위로는 하얀 서리가 내렸다. 아침이 되면 햇살을 받아 김이 모락모락 피어났고, 새가 날아와 목석인 듯 쪼아댔다.

그때는 배고픈 시절이었다. 이현필은 "내가 먹으면 다른 사람 먹을 몫이 줄어든다"며 굶기를 그야말로 밥 먹듯 했다. 그래서 배는 늘 등가죽에 붙어 있어 눈을 뜨고 볼 수 없는 행색이었다. 그런 그가 눈이 가슴까지 쌓인 어느 날 새벽에 남몰래 길을 나섰다. 3일 동안 먹은 것이라곤 없는 상태였다.

당시 다른 수도자들과 함께 기도하던 금남은 행여 이현필이 눈밭에 쓰러지지나 않을까 염려되어 다른 동료 한 명과 몰래 뒤를 밟았다. 눈이 너무도 많이 와 어디가 땅이고 어디가 벼랑 끝인지 구분이 되지 않았다. 그러나 이현필은 사뿐사뿐 날 듯이 나아갔다. 둘은 이현필의 발자국만을 밟으며 따라갔다. 이현필은 그렇게 오감산까지 무려 40여 리를 걸었다. 오감산 산막에서 홀로 수도 중인 제자가 눈 속에서 얼어 죽지 않았을까 밤낮으로 기도하다가 몸소 눈밭을 헤치고 그를 찾아 나선 것이었다.

이현필은 대중을 구하려 하지 않았다. 그렇게 한 영혼을 우주로 알고, 하나님으로 알고, 마치 살아 돌아온 예수님을 영접하듯 했다. 그 한 영혼을 위해 자신을 온전히 바쳤다. 이를 지켜본 사람들은 이기적인 자신의 욕망을 회개했고, 눈물을 쏟지 않을 수 없었고, 삶이 달라지지 않을 수 없었다.

이현필이 기도했던 산당

이현필은 장성한 남성으로서 당연히 가질 여자를 안고 싶은 욕정을 놓았고, 배불리 먹고 싶은 욕심을 놓았고, 추우면 따뜻한 곳에 눕고 싶은 마음을 비워내었다. 그는 다른 사람의 아픔을 보듬고 연약한 이의 고통을 대신해 십자가에 오른 예수 그리스도의 보혈과 그 사랑에 통곡했다. 밤새 한데서 기도하느라 고드름처럼 꽁꽁 얼은 그의 모습에 언님들은 '갈보리 산' 찬송가를 부르며 눈물을 흘렸다.

갈보리 산에서 십자가를 지시고
예수는 귀중하신 보배 피를 흘리사
구원받을 참 길을 열어놓으셨느니라

갈보리 십자가는 저를 위함이요
아, 십자가, 아, 십자가

갈보리 십자가는 저를 위함이요

찬송을 하는 그들의 볼을 타고 흐르는 것은 눈물이 아닌 예수 그리스도의 피였다. 우리의 죄에 아파해 가슴에서 솟구치는 애통의 피였고, 그들의 죗값을 대신해 달게 받는 헌신의 피였다.

이현필은 이렇게 훈련시킨 언님들과 함께 광주 무등산으로 향했다. 광주와 무등산 일대엔 여순반란사건과 6·25전쟁 후 부모를 잃은 수많은 고아들과 폐병 환자들이 굶주린 채 거리를 떠돌았고, 다리 밑에서 바람을 피하다가 얼어 죽는 이도 있었다.

이현필은 자신의 옷을 헐벗은 걸인들에게 줘버리고 다 떨어진 옷을 입었다. 그는 그런 모습으로 하루 한 끼도 먹지 못한 채 맨발로 눈길을 걸어 탁발을 했고 고아와 걸인들을 먹였다. 이현필이 '맨발의 성자'라고 불리기 시작한 것도 이때부터다. 그는 산중에서 감히 누구도 따를 수 없을 만큼 기도하던 '기도의 사람'이기도 했지만, 실은 그에게 기도하는 시간이 따로 있지는 않았다. 이현필에게는 삶이 기도였다. 한 걸음 한 걸음이 기도였고 예수의 발걸음이었다.

초월이란 은둔이 아니라 온전히 바치는 것이다

이현필의 뒤를 이어 동광원 식구들을 이끌고 있는 김준호도 그 시절에 스승을 보고 팔십 평생 그를 따르는 삶을 살았다. 6·25전쟁 이후 동광원 식구들은 광주 양림동에 있는 빈집들과 학교 건물들을 빌려 고아들과 살았는데, 그마저 잘 곳이 없어 이현필과 김준호는 신학교 기숙사 한 귀퉁이를 빌려 잠을 청했다. 그러나 겨울에도 불을 때지 않아 맨 정신으로는 도저히 잠을 청할 수 없을 만큼 추웠다.

 김준호는 날마다 깡통 하나 차고 거리를 돌아다니면서 탁발을 해 고아들의 밥을 보탰다. 하루는 눈이 많이 왔다. 그들의 방이 더욱 추워져서 잠이 오지 않았다. 그런데 스승은 꽁꽁 얼고 있는 자신의 몸은 아랑곳하지 않고 "이 추운 날 한데서 그대로 날밤을 새야 할 사람도 있을 텐데"라며 걱정했다. 김준호는 "아까 보니 양림 다리 밑에서 덮을 거적때기도 없이 앓고 있던 걸인이 있었습니다"라고 말했다. 이현필은 "단 한 채뿐인 이불을 준호에게 주면서 어서 가서 덮어주고 오라"고 채근했다. 준호는 스승과 둘이 덮던 하나뿐인 이불을 줘버리고 나면 어떻게 밤을 날지 걱정되어 앞이 캄캄했다. 다리 밑 걸인에 대해 얘기한 것이 후회스럽기만 했다.

 하지만 김준호 역시 또 다른 이현필이었다. 광주 무등산 자락을 돌아 4수원지를 지나 화암마을 골짜기에 있는 수도원으로 김준호를 찾아간 적이 있다. 돌계단 위의 초라한 오두막에 흰 옷을 입은 채 앉아 있던 그 노인은 영락없는 학이었다.

 김준호는 원래 전남 해남에서 태어났고, 의사가 되어 사람들의 병을 고쳐주기 위해 의과대학 시험을 준비하던 중에 이현필을 만났다. 김준호는 고아들 가운데 건물 안에도 수용되지 못한 채 양림 다리 아래에 살던 50여 명을 모아 10년을 '거지 왕초'로 살았다.

고아와 걸인 환자들은 병원에서도 쫓겨나 오갈 데 없이 죽어야 하는 신세였다. 김준호는 병원에서 쫓겨난 시한부 동료 환자들을 위해 무등산 골짜기 이곳저곳에 움막을 쳤고 죽어가는 환자들을 돌보았다. 이현필과 마찬가지로 결국 김준호도 고아와 폐병 환자들을 돌보던 중에 폐병에 걸렸다.

'초월'이란 세상으로부터 은둔하는 것이 아니라 스스로를 온전히 비워 자신을 필요로 하는 사람들에게 온전히 바치는 것이다. 세상의 영광을 떠나고, 세상의 기쁨을 버리고, 세상의 평안을 놓고, 참 기쁨과 평안을 얻고자 한 김준호는 '홀로 예수님과 함께'란 글을 통해 이렇게 노래했다.

떠나는 기쁨 떠나는 기쁨
내가 세상을 떠나는 기쁨
세상이 나를 떠나는 기쁨
버리는 평안 버리는 평안
내가 세상을 버리는 평안
세상이 나를 버리는 평안

이현필, 김준호 그리고 동광원 가족들이 고아와 걸인들을 돌볼 때는 돌보는 자와 돌봄을 받는 자의 구별이 없었다. 모두 함께 먹고 함께 입고 함께 살았다. 이현필을 따라나선 언님들 중엔 어린 자식들을 데리고 있는 이들이 많았다. 그러나 동광원 식구들은 600명의 고아들을 돌보면서 자신의 자식들을 그 안에 넣어 똑같이 길렀다. 누가 그들의 자식이고 고아인지 아무도 구별할 수 없었다.

동광원은 정식으로 허가받은 고아원도 아니었기에 시청에서 아이들을 모두 다른 고아원으로 분산시킨 적이 있었다. 시청 직원들은 가까운 곳으로 보내면 아이들이 다시 찾아온다며 멀리 떨어진 순천과 목포로 그들을 보냈다. 그래도 며칠 뒤면 아이들의 절반 이상이 돌아왔다. 걸을 수 없는 아주 어린아이들을 빼고는 대부분의 아이들이 며칠 동안 산을 넘고 물을 건너 동광원을 찾아왔다. 아이들을 먹일 것도 없어 굶기를 밥 먹듯 해도 자신들을 친자식과 같이 여기고 사랑해주는 동광원에서 살고 싶어 했다.

동광원이 특이한 것은 헌신적인 사랑 때문만이 아니었다. 이현필로부터 훈련받은 언님들의 삶은 경이로웠다. 그들은 늘 남 앞에서 무릎을 꿇는 겸손함을 지녔고 엄격한 태도와 순결한 모습은 수도자와 같았다. 이들을 보고 따르는 아이들은 신발 하나를 벗을 때도 언제나 나갈 때를 대비해 밖을 향해 가지런히 놓았는데, 이는 매사에 준비성이 몸에 배도록 하는 동광원의 가르침이었다.

배부를 때 배고픔을 대비하고, 살아 있을 때 죽음을 생각하라는 게 이현필의 가르침이었다. 동광원에 사는 사람들은 음식물도 전혀 남겨서는 안 된다. 특히 동광원의 신자들은 그토록 어려운 중에도 하루에 밥

남원 동광원의 김금남 원장

한 끼씩을 따로 모아 그것으로 불쌍한 사람을 돕자는 '일작운동'까지 펼쳤다. 한국 사회의 최대 혼란기였던 6·25전쟁 이후여서 모든 것이 어려웠지만 그들은 언제나 철저한 규율을 따랐고 절제된 삶을 살았다. 이러한 그들의 모습은 당시 한국 사회에 알게 모르게 큰 영향을 끼쳤다.

박정희 대통령은 이현필의 제자로 전남대 농대 교수였던 김준을 초대 새마을운동 연수원장으로 초빙했었다. 김준은 동광원에서 익힌 대로 준비하며 미래를 개척하는 삶을 모든 농촌 지도자들에게 심어주었다. 동광원의 정신이 새마을운동의 모태가 된 것이다.

불우한 이들을 헌신적으로 돌보던 이현필의 삶은 김준호뿐 아니라 다른 제자들에 의해서 지금까지 계속 이어지고 있다. 광주광역시 남구 봉선2동 귀일원(귀일민들레집)에서는 당시 동광원에서 이현필을 따르던 복은순 언님 등이 정신지체장애인 60여 명을 돌보고 있다. 귀일원을 정부가 전국 최우수 복지시설로 선정한 것은 우연이 아니다. 언님들의 몸과 마음에 이현필의 정신이 각인되었기 때문이다. 독신으로 평생 어려

동광원의 언님들

운 이들을 위해 헌신하는 언님들은 자신들이 받는 월급 대부분을 장애인들을 위해 도로 내놓고 있다. 그러니 이곳 장애인들이 어느 시설보다 최고의 대우를 받는 것은 당연하다. 언님들과 함께 사는 이들의 얼굴이 천사처럼 빛난다.

강원도 화천군 사내면 광덕3리에 있는 장애인 공동체 시골교회도 귀일원처럼 천국의 향기가 느껴지는 곳이다. 시골교회를 만든 임낙경 목사도 이현필의 제자다. 중증장애인 30여 명이 사는 여느 복지시설 같으면 하루가 멀다 하고 병원에 가야 하는 장애인들 때문에 병원을 오가는 승합차와 운전기사를 따로 두어야 한다. 그런데 시골교회엔 다운증후군과 정신지체, 지체장애 등 중증장애인이 많지만, 지난해도 올해도 병원에 간 사람이 없다. 어찌된 영문일까?

시골교회를 찾아가니 그 비밀을 알게 되었다. 닭과 사슴이 뛰노는 우리가 있는 마당을 지나 봄볕이 쏟아지는 돌집 안으로 들어가면, 넓은 거실 안에 가족들이 두세 명씩 어울려 얘기를 나누기도 하고 장난을 치기도 하며 놀고 있다. 점심 식사 시간엔 거동이 좀 더 나은 이들이 식판에 밥과 반찬을 담아 앞을 못 보거나 잘 걷지 못하는 가족들 앞에 가져다주고, 자기 것도 담아 자리에 앉는다. 쌀만 인근 유기농가에서 가져올 뿐 식탁에 오른 밥의 잡곡들과 배추, 무, 당근, 감자, 콩나물 등 채소들과 양념들은 모두 이곳 8천 평의 밭에서 가꾼 것들이다.

국도 직접 기른 돼지고기에 이곳 된장 공장에서 만든 된장을 넣어 끓인 것이다. 임낙경 목사는 농사를 지은 이후 한 번도 농약과 인공비료를 사용하지 않았다고 한다. 완전한 무공해 식탁이었다. 그는 가족들이 건강을 되찾는 비결로 식용유와 라면, 과자 등 인공첨가물이 들어간 음식을 절대 먹이지 않는다는 점을 첫째로 꼽는다. 이곳에선 간식도 직접 생산한 달걀과 꿀 등을 먹는다.

정신지체장애인 연수도 3년 전 이곳에 처음 올 때 관절염 때문에 거동이 어려웠다. 그동안 별다른 치료 없이 이런 식생활만으로 닭 모이를 주는 일을 도맡아 할 만큼 건강해졌다. 온갖 치료를 받아도 악화되던 간경화로 고생하다가 5개월 전 이곳에 온 한 여성은 하루 종일 토하기만 해 제발 물이라도 마셔 갈증이나마 면할 수 있으면 좋겠다는 마음이 간절했다는데, 이곳에 온 지 2개월 만에 구토가 그치고 맛있는 식사를 즐기고 있다고 한다.

임낙경 목사는 다운증후군이나 뇌성마비, 정신지체장애인들의 수명이 짧다는 말도 낭설이라고 했다. 그 이유는 예방을 제대로 하지 못하기 때문이라고 한다. 실제 유아 때 들어와 이곳에서 자란 정신지체장애인 태은과 진경, 온 지 7~8년 된 다운증후군 원석과 봉수도 점점 더 건강해지고 있다.

물론 이들의 환한 웃음이 먹거리만으로 만들어지지는 않았을 것이며, 임 목사가 중증장애인들과 공동체를 만들어가는 데 어려움이 없다고도 할 수 없다. 그러나 사회의 냉대에 아픔을 겪어온 장애인들과 그들의 가족들은 장애 유무에 관계없이 모두 한 가족처럼 이곳에서 살아가며 진정한 행복을 맛보고 있다. 이곳에서는 그 누구도 장애인과 비장애인을 구분하지 않는다. 생활도 모두 함께한다. 임 목사와 이애리 원장, 자원봉사자들은 모든 식사와 간식을 장애인들과 한자리에서 함께 나눈다.

임 목사는 마치 독신 수도자처럼 살면서 돌보는 이 없는 아이들을 자신의 아들딸로 입양했고, 가족이 있는 장애인은 그 가족과 함께 받아들여 지금과 같은 공동체를 이뤘다. 정부의 인가를 받으면 경제적 사정이 나아질 수 있지만, 가족이 있는 장애인을 받을 수 없기에 인가마저 포기했다. 그러면서도 그는 스스로 "이현필 선생의 삶을 제대로 따르지 못한 낙제생"이라고 했다.

그러나 말이 아니라 온몸으로 사랑을 불태우다 간 그의 스승 이현필의 정신은 그의 삶 곳곳에서 살아나고 있다. 유기농 콩으로 빚은 시골 된장과 간장, 직접 산에서 딴 꿀만으로는 생계유지에 어려움이 적지 않지만, 남에게 손 벌리지 않고 스스로의 힘으로 살려고 노력하는 것도 이현필이 전한 실천적 삶의 영향이다.

시골교회의 삶을 안타깝게 지켜보는 공무원들이 어떻게든 허가를 내 지원을 받게 하겠다며 제안하지만 그는 "나중에 굶어 죽게 되면 얘기할 테니 도와달라"며 웃고 만다. 너도 나도 '잘난 사람'과 '명인'의 대열에 합류하기 위해 용쓰지만 그는 여전히 '촌놈'과 '돌팔이'로 자신을 칭한다.

숨 쉬는 게 기도지요

이렇게 이현필을 따랐던 제자들은 전북 남원과 장수, 경기도 벽제, 광주 무등산, 전남 화순, 함평, 진도 등에서 노동수도공동체를 일구어 호의호식과 출세와 성공과 승리의 대로가 아닌 절제와 양보와 헌신의 좁은 길을 조용히 가고 있다.

맨발로 눈길을 걸으며 탁발해 고아와 폐병 환자들을 먹이고 돌보던 이현필은 결국 자신도 폐병에 걸려 쉰한 살에 귀천했다. 그의 삶을 평생 추적해온 은성 수도원의 창립자 엄두섭 목사는 "예수 그리스도 이후 최고의 성인으로 추앙받는 프란체스코와 이현필을 비교해 봐도 누가 더 낫다고 할 수 없을 정도"라고 했다. 또한 함석헌의 스승 유영모는 아들뻘인 이현필에게서 빛을 본 뒤 광주(光州)를 '빛고을'이라 부르기 시작했고, 이를 들은 함석헌에 의해 빛고을이란 말이 널리 쓰이기 시작했다.

이현필이 가톨릭에 발을 들여놓은 적은 없지만 가톨릭 광주 대교구는 이현필의 영성을 가톨릭 성녀 소화 데레사의 영성과 일치한 것으로 보고, 5년 전 광주에 그의 삶을 잇기 위한 독신여성수도원인 '소화 데레사 자매원'을 설립해 이현필의 여제자들이 그 수도원에서 수도의 삶을 이어가도록 했다.

이현필은 경기도 벽제에서 생을 마감하고 묻혔다. 벽제 동광원은 당시 이현필의 마지막을 지켰던 여제자들이 살아가는 곳이다. 벽제 동광원을 찾았을 때 박공순 원장은 처마 밑 비닐하우스 안에서 한 묶음도 안 되는 볏단을 홀태질하고 있었다. 가을빛에 여문 이삭처럼 수줍어하는 공순 언님의 볼이 빨갰다. 수도원장이라기보다는 어느 촌로보다 더욱 촌로다운 모습이었다.

옆에선 구십이 넘은 배석순 할머니와 여든다섯 살 박덕례 할머니가 토란대를 다듬고 있었다. 거친 손끝을 거쳐 잘생긴 토란대가 한 도막 두 도막 겨우살이용으로 쌓여갔다. 원장 언님의 친동생인 금선 언님은 부엌살림을 맡고, 금자 언님은 50대에 공부를 시작해 학교에 나갔다. 그래서 1천여 평의 밭일은 원장 언님과 서른아홉 막내 영실 언님 둘의 차지다.

부양받아야 할 나이의 노인들이 많아 스스로 힘으로 살아가기엔 벅차 보이기도 하지만, 이들은 아무런 외부 원조 없이 자립하고 있다. 수입이 거의 없으니 오직 집 앞의 밭과 산에서 나는 제철음식, 나물만으로 살아간다. 그러니 이곳에선 무 꼬랑지 하나도 버려지는 것이 없다.

땅 한 뼘에 들이는 공도 남다르다. 홀태질하는 벼도 밭고랑 사이 두세 뼘의 땅에 남이 버린 모를 꽂아 놓았던 것이 자란 것이다.

흙집 뒤 처마 밑엔 이들이 지게 지고 산에서 해온 겨우살이용 나무들이 차곡차곡 쌓여 있다. 지난 1956년 이곳보다 산에 더 가까운 앵무봉 밑 풀로 엮은 초막에서 화롯불도 없이 기도만으로 겨울을 날 때에 비하면 이마저도 호사란다.

언님들은 그 산에서 봄에는 나물만 뜯어 먹고, 여름엔 쑥으로 죽을 쑤어 먹고, 가을엔 도토리를 주워 삶아 먹으며 버려진 땅 4천여 평을 개간해 1980년까지 가꿔 자립의 기반을 닦았다. 그 뒤 1980년대 초반 수도자들이 대부분 광주로 내려가기 전까지는 40~50명이 이 산에서 나는 푸성귀만으로 연명하며 수도생활을 했다.

물질 세상에선 가장 뒤처진 사람들이었다. 이들이 이곳에 정착한 지 20년도 넘은 1977년에야 전기가 들어왔고, 1995년이 되어서야 방 한 칸에 보일러를 놓았다. 그마저 아까워 지금도 땔감으로 난방을 한다. 스물다섯 살에 이곳에 와 50년이 다 되어가는 공순 언님은 그 많은 농사를 지으면서도 농약 한 번 쳐본 적이 없고, 풀을 베 썩힌 것만을 거름으로 써왔다고 한다. 외부인이 보기엔 너무도 힘든 삶이 아닐 수 없다. 그런데도 군불 지피던 덕례 할머니는 "세상에 이보다 좋을 순 없다"고 한다. 이런 궁벽한 곳의 무엇이 이렇게 잔잔한 미소를 가져다주었을까.

공순 언님은 스승 이현필의 죽음을 어제 일처럼 기억하고 있다. 이현필은 폐결핵 환자들을 돌보다 걸린 후두결핵으로 숨도 제대로 쉬지 못하면서 "대자연의 모든 것이 감사하지 않은가. 아, 사랑으로 모여서 사랑으로 지내다가 사랑으로 헤어지라!"며 기쁨을 이기지 못한 채 죽어갔다. 그 스승은 "청빈과 순결만이 세상을 이기는 길"이라는 유언을 남겼고, 유언은 그대로 그들의 삶이 되었다. 그러나 이곳은 수도공동체인데도 기도하는 모습이 눈에 띄지 않는다.

"숨 쉬는 것이 기도지요. 하나님이 주신 공기를 마시는데 어찌 감사하지 않을 수 있겠소." 이러한 자족과 감사의 삶이 소리 없는 파문을 낳으며 퍼져가고 있다.

"가지면 더 갖고 싶고, 하나님마저 이기려는 게 사람 마음 아닌가." 많이 가지는 것으로 행복을 찾는다면 처음부터 번지수가 틀린 것이라는 공순 언니의 금언을 뒤로 하고 나서니 노을빛 받은 단풍이 곱다. 줄곧 보면서도 단풍이 그리운 것은 그 아름다움마저 아낌없이 벗어버리는 무욕 때문이리라.

6

버림받은
당신을
하늘처럼

무등산으로 떠난 나환우의 아버지

최흥종 1880~1966

　전남 광주 양림동에서 한국인들을 치료해주던 미국인 의사이자 선교사 오웬이 1908년 초여름 급성 폐렴에 걸렸다. 오웬의 치료를 위해 목포에서 활동 중이던 선교의사 포사이트가 오기로 했다. 그런데 포사이트는 광주로 오던 중 차마 쳐다보기조차 어려울 만큼 온 얼굴이 뭉개진 여자 나환자를 만나 그를 나귀에 태워 오고 있었다. 포사이트는 병원에 도착하자 그 환자를 나귀에서 내리게 하고는 걷지도 못하는 환자의 겨드랑이를 부축해 현관으로 들어섰다.

　포사이트는 양복을 입고 있었는데, 그 양복에 환자의 썩고 있는 얼굴에서 흘러내린 진액이 묻어났다. 환자는 지팡이를 하나 들고 있었는데, 그때 지팡이를 떨어뜨리고 말았다. 그때 병중인 오웬의 조선인 조수가 지나가고 있었다. 그러자 포사이트가 어눌한 조선말로 말했다.

"저 지팡이 좀 집어주시겠소?"

그러나 조선인 조수는 망설였다. 지팡이엔 환자로부터 흘러내린 고름과 핏물이 묻어 있었다. 환자를 다시 살펴보니 손가락도 다 썩어 떨어져 두 개밖에 남아 있지 않았고, 얼굴과 몸이 썩고 있는 송장이나 다름없어 보였다. 당시에는 환자에게 닿기만 해도 나병에 걸린다고 알고 있었기에 그 조수는 차마 지팡이를 들지 못했다. 그러면서도 그는 내심 괴로워했다. 그 조선인의 마음을 아는지 모르는지 포사이트는 나환자를 껴안은 채 따스한 미소로 그에게 응원을 보내고 있었다. 마침내 청년이 용기를 내 지팡이를 집어 나환자에게 건넸다. 그러자 다 문드러진 나환자의 얼굴에서 작은 웃음꽃이 피어났다. 그 순간 청년의 가슴에 뭔가 뜨거운 것이 밀려왔다. 조선의 청년이 '작은 예수'로 거듭나는 순간이었다. 그 조선 청년이 소설가 문순태가 쓴 《성자의 지팡이》에 등장한 실제 모델 최흥종 목사이다.

문순태의 소설은 대학교 2학년생인 손자 협이 죽음을 맞으려 단식중인 최흥종을 무등산 속 오두막으로 찾아가면서 시작된다. 그 손자가 전남대 인류학과의 최협 교수다. 그가 눈 쌓인 무등산이 창밖으로 펼쳐진 연구실에서 할아버지의 삶을 회고한다.

최흥종은 젊은 시절 망치란 이름으로 장터와 뒷골목을 주름잡던 건달 두목이었다. 여섯 살에 어머니를 잃은 흥종은 엄한 계모 아래서 살았다. 그는 열아홉 살에 아버지마저 세상을 떠나자 계모 보란 듯이 행

최흥종

패를 부리고 다녔다. 사람을 개 패듯 패고 다니는 깡패였다.

그런 어느 날 열한 살이나 어린데도 늘 형을 챙겨주던 배다른 동생 영욱이 "성님은 사람 때리는 게 재미있어?"라고 안타까운 듯 물었다. 훗날 의사가 되어 최흥종이 설립한 광주 기독청년회(YMCA)를 재정적으로 뒷받침해주고, 형의 자식 9남매까지 대신 보살핀 그 동생이었다. 계모는 미워해도 동생은 지극히 사랑했던 흥종은 동생의 눈물겨운 물음에 고개를 떨어뜨렸다. 그 뒤 마음을 다잡고 선교사의 조수로 일하던 그는 미국인 선교사가 데려온 나환자와 그렇게 극적인 만남을 가졌다. 훗날 흥종은 그 순간을 이렇게 고백했다.

"예수님의 박애정신은 고사하고 동포애조차 결여한 인간으로서 무슨 신앙이냐는 자책이 나를 사로잡았다. 그러나 다음 순간 뜨거운 감동이 내 마음을 뒤흔들어 땅에 떨어진 그 지팡이를 주워 환자에게 쥐어주었다. 그 당시 교회 집사직을 맡으면서 제법 믿는다고 하던 나였는데 사랑이라는 진미를 못 깨닫고 포사이트와 같은 사랑의 행동을 보고서야 비로소 깨달은 것이다."

그리스도를 알고 사랑하는 것을 배웠다

어쩌다 행한 하나의 선행이 천만 사랑을 낳고, 억만 선행을 낳았다. 그가 나환우에게 집어준 지팡이는 나환우와 그를 이어주었다. 앞으로 나환우가 흥종이 되고, 흥종이 나환우가 되게 했다. 뜻하지 않게 온몸이 썩어 들어가는 병에 든 것만도 기막힌 일인데, 가족에게 버림받고 이웃으로부터 온통 돌팔매질만을 받아 가슴마저 찢기는 나환자들의 기막힌 설움이 바로 그의 설움이 되었다.

그로부터 홍종은 나환우의 친구이자 아버지가 되었다. 1913년에는 나환우 40명이 지낼 수 있는 최초의 나환자 집단 정착촌을 지었다. 병만이 아니라 사회의 냉소와 질시와 구타로 인해 육신보다 가슴이 더욱 썩어가던 그들이었다. 세상과 신에 대한 원망만 깊어가던 나환자들은 홍종과 함께 거듭날 수 있었다.

당시 선교사가 정착촌의 나환자와 교리문답을 하던 중 한 환자에게 "당신은 행복하냐"고 물었다. 환자는 "나는 나환자가 되었기 때문에 복음의 감화를 받고 그리스도가 나를 위해 죽었다는 것을 배웠으므로 참으로 축복받은 사람이다"라고 했다. 또 다른 선교사가 그곳을 찾아 병이 심한 환자를 위로하자 그 환자가 말했다. "나는 19년 동안 마음과 육체가 고통을 받았지만 그것 때문에 나를 동정하실 필요는 없습니다. 나는 그리스도를 알고 또한 사랑하는 것을 배웠습니다."

정착촌의 나환자들은 서로를 위로하며 점차 안식을 얻었고 스스로 살아가는 방법을 터득하기 시작했다. 그들은 스스로 약물 처치를 하는 것은 물론이고, 팔다리 절개수술까지 할 수 있게 되었다. 또 이들은 건축기술을 익혀 직접 집을 지을 수 있게 되었다. 1925년에 지은 광주 양림교회의 건축공사엔 이들 나환우들이 대거 참여했다.

그러나 나병원에 나환자들이 몰려들자 광주시민 중엔 "광주를 문둥

최흥종이 머물렀던 무등산 오방정

이 촌으로 만들려느냐"며 반발하는 이들이 적지 않았다. 그러자 홍종은 나환자들과 함께 여수로 옮겨 가 살았다. 이곳이 오늘날의 애양원이 되었다. 그는 한국나환자근절협회를 창설해 나환자들을 돌보았으나 여전히 갈 곳 없는 나환자들은 이 땅에 너무나 많았다. 그래서 그가 단행한 것이 일제강점기에 큰 화제를 일으킨 구라행진이다.

당시 전국 나환자 수는 1만 8천여 명이나 됐지만 모든 시설들이 수용할 수 있는 인원은 2,400명에 불과했다. 홍종은 윤치호, 신흥우, 안재홍, 조만식, 김병로, 김성수, 송진우 등 당대의 인물들과 함께 '나환자 구제 연구회'를 설립해 나환우를 도울 수 있는 구체적인 방안을 세우기 시작했다. 그는 머물 곳 없이 유리걸식하며 이리 쫓기고 저리 쫓기며 다리 밑을 전전하는 나환우들에게 근거지를 마련해줄 것을 총독부에 수차례 요청했지만 묵묵부답일 뿐이었다. 홍종은 최후의 수단을 강구했다. 집단 시위였다. 홍종은 150여 명의 나환우들을 이끌고 광주에서 서울까지 행진했다. 그들은 열하루 만에 서울에 도착했는데, 그 사이 소문을 들은 나환우들이 너도나도 합류해 이들이 서울에 당도했을 때는 무려 400명이 넘는 인원이었다.

  그들이 몰려가자 총독부가 발칵 뒤집혔다. 그도 그럴 것이 얼굴과 손발이 다 뭉개진 나환자들은 세상에 무서울 게 없었다. 이래 죽으나 저래 죽으나 마찬가지였다. 홍종은 그동안의 요구를 묵살해온 총독 우가키에게 면담을 청했다. 나환자들이 무려 7시간 동안 뒹굴고 박수를 치고 소란을 피우자 총독은 면담에 응할 수밖에 없었다. 홍종은 총독에게 "고흥 소록도에 나환자 수용소가 있으니 그곳의 시설을 대폭 확장해 환자들을 수용하고 치료받은 환자들에게 갱생의 길을 열어달라"고 요구했다. 총독은 그의 요구를 들어주겠다고 약속했다. 그리고 다시는 나환자들을 총독부로 몰고 오지 말라며 오히려 사정했다. 오늘날의 소록도 나환자 갱생원 설립의 계기가 마련된 순간이었다.

  훗날 미국에서 흑인의 인권을 외쳤던 마틴 루터 킹의 행진처럼, 그들의 시위는 이 땅의 인권운동으로 주목할만한 사건이었다. 나환자들이야말로 오히려 흑인보다 훨씬 더한 멸시와 천대의 대상이었을 뿐 아니라 병으로 온몸이 썩어가고 굶주리며 추위로 죽어가던 비참한 사람들이었다. 그들에게 구라행진은 지상의 지옥에서 탈출하기 위한 처절한 몸짓이었다.

  훗날 소록도 나환자들의 아버지로서 '한국의 슈바이처'로 불린 의사

신정식 박사, 그도 홍종의 삶에 감격해 평생 나환자들을 위해 살기로 한 사람이었다. 신정식의 책상 위에는 늘 세 장의 사진이 놓여 있다. 최홍종과 포사이트 그리고 예수의 사진이었다.

3·1운동 주동자의 한 명으로 1년 4개월의 옥고를 치렀던 최홍종은 전라도의 시민운동과 청년운동의 대부이기도 했고 북문안교회, 북문밖교회 등 광주지역 초기 교회들을 이끌어 광주를 기독교의 중심지로 만든 장본인이기도 했다. 그리고 이념이 달라 좌우로 나뉘어 싸움을 벌이던 독립운동단체들도 그의 카리스마와 넓은 포용력 앞에선 모두 하나가 되었다.

나환자들의 삶이 어느 정도 정착되자 그는 1935년 서울 세브란스 병원의 친구에게 부탁해 거세를 해버렸다. 그리고 지인들에게 자신의 사망통보서를 띄웠다.

"본인을 사망자로 간주하시고 우인(友人) 명단에서 삭제해주시기를 복망하나이다. 가정에 대하여 오만자, 사회에 대하여 방일자, 사업에 대하여 방종자, 국사에 대하여 방기자, 종교에 대하여 방랑자 소위 오방을 제창하면서도 명실히 불합한 가면극이 왕왕 연출되어 양심상 사이비한 생활을 절실히 참회하고 무익한 죄인이 세사에 관여하는 것은 유익보다 폐해가 더 될 것을 각오하므로 십자가의 구주 예수만 신뢰하고 범사에 예수의 교훈으로 생활할 것을 맹약하고 이제는 생사간에 예수 이외의 아무것도 없으므로 세사에 대하여 사망자가 되어 스스로 매장한 것이외다. 가족적 행례에서나 윤리적 예의에서나 사회적 규범에서나 제외자요, 출척자요, 폐기자로 인간사회에 무용의 일종 폐물이오니 자금 이후로는 사망자로 인정하시고 모든 관계와 통신을 단절하여 주심을 통고하나이다."

광주 최초의 시민장

홍종은 스스로 명예욕, 물질욕, 성욕, 식욕, 종교적 독선까지 '다섯 가지 집착으로부터의 해방'을 뜻하는 오방(五放)정을 무등산 속에 지어 홀로 살았다. 김구는 해방 뒤 오방정에 일주일을 머물며 그에게 함께 나라를 이끌어가자고 호소했다. 그러나 홍종은 다시 정치적·사회적 인사로 돌아오기를 거부했다. 결국 김구는 '화광동진(和光同塵, 성자의 본색을 감추고 중생과 함께함)'이라는 칭송의 휘호를 남기고 떠났다. 또한 함석헌은 광주에 올 때면 무등산에 올라 홍종을 뵙고 큰절을 올렸다.

살 만큼 살았다고 생각한 홍종은 1966년 2월 10일부터 단식에 돌입한다. 일제강점기 말기부터 하루 한 끼, 그것도 누룽지를 갈아 물에 불려 먹는 것이 전부였던 식사였지만 이제 그마저 중단했다. 자식들과 제자들의 만류에도 불구하고 그는 그렇게 단식을 지속하며 모든 것을 다 비워내고 95일 만인 5월 14일 육신을 벗었다.

그의 죽음을 즈음해 정작 더 애통해한 것은 자식들보다 나환자들과 부랑아들이었다. 홍종이 평생 가정보다는 나환자들과 부랑아들을 부둥켜안고 살았기에 그의 아들은 아버지가 버린 다섯 가지에 하나를 더해 취하며 살겠다는 뜻으로 '육취(六取)'라는 호를 자칭했다. 그만큼 오랫동안 아버지에 대한 원망이 컸으리라.

아들은 아버지의 마지막 가는 길에서 아버지의 상여를 부여잡고 뒹구는 이들을 보았다. 아버지라는 한 사람에게 소외당해 세상을 다 잃은 것 같았던 자신과 달리, 그들은 세상 그 누구 하나 의지할 데 없는 사람들이었다. 몸은 병들고 머물 곳조차 없는 사람들이었다. 한뎃잠을 잘 수밖에 없는 그들에게 지붕이 되어준 사람이 바로 자신의 아버지 최흥종이었다.

광주시민들은 광주 최초의 시민장으로 그를 보냈다. 그가 돌보던 환자들과 걸인들은 친자식보다 더욱더 서럽게 "아버지, 아버지! 저희들은 이제 어찌합니까"라며 길에서 뒹굴고 울부짖었다.

삶에 있어서 무엇이 더 중요한 것인가를 인식할 수 있고,
오늘날 저희들에게 주어진 좋은 것들을 충분히 즐기며,
명랑하고 참을성 있고, 친절하고 우애할 수 있는 능력을 허락하여주옵소서.

_ 유일한

눈앞의
한 사람이
귀했던
성자

강순명 1898~1959

  한국전쟁이 한창인 때였다. 전라도 광주에서 강순명 목사가 지팡이를 짚은 할머니가 구걸하는 모습을 지켜보고 있었다. 할머니가 부르는 소리에 나왔던 골목 첫 집의 사내가 걸인이 서 있는 것을 보고는 문을 쾅 닫고 돌아서버렸다. 두 번째 집도 세 번째 집도 마찬가지였다.

  힘들게 다리를 끌며 골목을 다 다녀도 할머니는 보리쌀 한 줌도 얻지 못했다. 눈물을 훔치는 할머니에게 다가간 강순명은 할머니의 손을 잡고 자기 집으로 데려갔다. 매일 죽으로 연명하며, 방 두 칸에 대식구가 겨우 살아가는 비좁은 집인데 식구 하나가 또 늘어난 것이다.

  광주천 다리 밑을 지날 때였다. 이번에도 순명은 거적때기를 둘러쓰고 죽어가는 할머니를 혼자 두고 돌아설 수 없었다. 그렇게 집에 데려

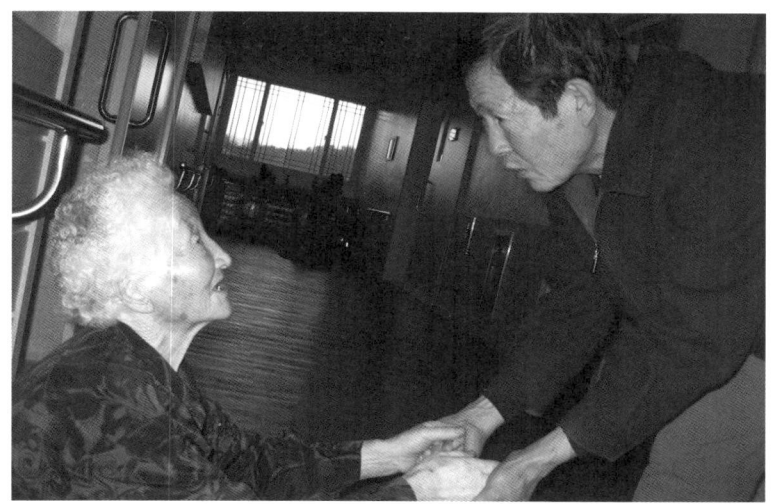

아버지 강순명 목사의 뜻을 이어 '오늘이 할머니의 마지막 날'이라 생각하고 모시고 싶다는 강은수 원장이 천혜경로원 할머니들과 다정하게 얘기를 나누고 있다.

온 사람이 한 명 두 명 늘어나더니 무려 30여 명이 되었다. 그렇게 순명이 전쟁 중에 데려온 걸인 할머니들 때문에 그의 가족들은 방 안에 들어가 앉을 수도 없이 한뎃잠을 자야 할 처지였다.

광주시 동구 학동 천혜경로원은 순명이 1952년 7월부터 그런 할머니들과 함께 살았던 곳이다. 여기서 살아가는 70여 명의 할머니들을 보니, 자식도 없고 가진 재산도 없어 양로원에 들어와 불쌍하겠다는 그동안의 편견이 여지없이 무너진다. 정갈한 모습과 밝은 미소가 오히려 양로원 전체를 빛으로 감싸는 듯하다. '천혜(天惠)' 즉 '하늘의 혜택'을 받은 듯한 모습이다. 그런 분위기의 비결을 아는 데는 긴 시간이 걸리지 않았다. 강은수 원장을 보니 알 수 있었다.

"오늘이 바로 할머니들의 마지막 날이라고 생각하지요. 그래서 여한이 남지 않게 모시려 합니다."

그가 바로 강순명의 아들이다. 순명은 원래 모태신앙을 가진 자였으나 아홉 살 때 아버지가 돌아가시고, 열세 살 때 어머니마저 세상을 떠나 청년기를 방황하며 보냈다. 한때는 광주의 뒷골목에서 이름깨나 날리던 건달이었다. 그의 별명이 '박치기 명수'였다. 싸울 때 머리로 받으면 쓰러지지 않는 자가 없었다 한다. 그런 순명에게 피붙이라곤 형뿐이었다. 형은 동생에게 지극했다. 형 태성의 눈물어린 호소로 순명은 마침내 교회를 나갔고, 이발 기술을 배워 이발소를 차렸다. '돌아온 탕자'였다.

그는 새 출발을 시작한 그해 수피아여고를 나온 재원 최숙이와 결혼했다. 최숙이는 '광주의 대부' 오방 최흥종 목사의 장녀였다. 대인은 대인의 싹을 알아보는 것일까. 당시 일본 유학을 다녀온 의사의 청혼마저 거절하고 최흥종이 부모도 없이 뒷골목이나 누비던 이발사를 사위로 맞으려 하자 집안 식구들은 모두 기가 막혀 했다. 그러나 최흥종은 보물을 얻은 듯 만족해했다.

순명은 이듬해 이발소를 처분하고 만학도가 되어 일본으로 유학을 갔다. 그는 중학교에 입학했고 그의 부인은 일본 유학생들의 밥을 해주며 근근이 살림을 이어갔다. 일본으로 간 지 2년째 되던 해인 1923년 도쿄대지진이 일어났다. 이틀 만에 도쿄 인구 3백만 가운데 16만여 명이 죽고, 백만 명의 이재민이 발생해 민심이 극도로 흉흉해지자 일제는 분노의 화살을 '조선인'에게로 돌렸다. "조센징들이 혼란한 틈에 도둑질을 하고, 우물에 독약을 풀었다"는 유언비어가 나돌았고 일인들은 미친 개처럼 조선인을 찾아 닥치는 대로 칼로 베고 찔러 죽였다.

도쿄에서 그렇게 학살된 조선인이 무려 5천 명이 넘었다. 도쿄에서 조선인이라는 게 밝혀지면 그 자리에서 살아날 가능성은 없어 보였다. 그렇게 일본 우익 자경단은 조선인의 씨를 말리려 했다. 순명의 목숨 역시 몹시 위태로웠다. 길을 가다가도 자경단의 눈에 뜨이면 그 자리에서 죽창에 찔려 죽을 상황이었다. 나라를 잃은 것도 서러운데, 이토록 음해를 받고 죽어야 하는 식민지 동포들의 모습이 불쌍하기 이를 데 없었다. 그러나 무엇보다 당장 제 한 목숨 구할 길도 막연했다. 간신히 우에노 공원의 숲 속으로 들어간 순명은 간절한 기도를 드렸다.

"하나님, 제가 지은 죄를 조금도 씻지 못했습니다. 제가 제 죄를 청산하도록 사흘만 시간을 주십시오!"

눈물의 기도였다. 더구나 그 기도는 일인들을 증오하거나 그들의 징벌을 청하는 것이 아니었다. 그 일촉즉발의 위기에서도 자신의 죄를 돌아보고 자복하는 기도였다. 순명의 눈에서 폭포수 같은 눈물이 솟구쳤다. 얼마나 지났을까. 그 눈물이 그치자 말할 수 없는 평화가 밀려왔다. 그는 그때 여생을 온전히 주님만을 위해 살기로 결심했다.

남을 성자로 보는 이가 바로 성자

회심 1년 뒤 귀국한 순명은 광주로 돌아왔다. 광주 전남 일대에선 기독교청년회의 운동가 에비슨이 피폐한 농촌에 희망을 불어넣는 운동을 벌이고 있었다. 에비슨의 서기가 되어 농촌을 돌아보던 순명은 다 지은 농사를 공출해가는 일제의 수탈을 목격했다. 그는 굶기를 밥 먹듯 하며 절망 속에 사는 농촌의 현실에 눈뜨게 된다.

당시의 우리나라는 농촌국가였다. 농촌에 희망이 없으면 당연히 나라에 희망이 없던 시절이었다. 가지고 있는 것을 모두 총칼을 든 일제에 빼앗기고 한마디 항변조차 못한 채 몸과 마음이 병들어 죽어가는 백성의 고통을 어떻게 구제해야 할지 순명은 날이면 날마다 제단을 눈물로 적시며 기도했다. 그는 깨달았다. 결국 지금 눈앞에 보이는 한 사람을 구하는 것이 세상을 구하는 일의 시작이었다. 그는 일찍이 고통스러운 현실을 이기게 해준 복음의 빛을 경험했다. 그는 그 빛을 절망에 허덕이는 백성들에게 비춰주고 싶었다.

백성들의 구제를 고민하던 순명은 1928년 금강산으로 들어가 기도하던 중 전주 서문교회의 배은희 목사를 만났다. 배 목사 역시 농촌의 현실과 민족의 앞날, 그 암울한 현실에서도 교권 다툼에 여념이 없는 개신교의 문제를 안고 고뇌 중이었다. 그러던 배 목사가 이 산을 내려가면 또 우리는 네가 옳으니, 내가 옳으니 하면서 싸울 게 아닌가, 이럴 바에야 목숨을 버리는 게 낫다며 폭포로 몸을 던지고 말았다. 그때 순명이 옷을 입은 채로 폭포로 뛰어들었고 익사 직전이던 배 목사를 구했다. 이 일로 순명과 배 목사는 목숨을 나눈 사이가 되었다. 둘은 신앙의 힘으로 농촌과 민족에 빛을 불어넣고자 독신전도단 운동을 벌이기로 했다. 그와 함께한 독신전도단은 죽어가는 농촌으로 파고들었다. 청년들은 3년간 독신의 몸으로 농촌에서 헌신했다. 주간엔 일하고, 저녁이면 부녀자와 가난한 아이들을 가르치고, 주일이면 교회에 봉사하는 삶을 살았다. 그들은 그렇게 농촌에 초대교회 공동체를 만들기 시작했다. 또한 독신전도단은 농촌 협동조합과 소비조합을 조직해 농촌의 경제를 구조적으로 개선하고자 했고, 기본적인 상비약을 준비해 환자들을 치료했다. 그때 독신전도단으로 그를 따라나섰던 이들 중에는 '맨발의 성자' 이현필과 '해남의 등대' 이준묵 목사도 있었다.

　순명은 그때부터 가족에게 버림받은 폐병 환자와 나환자를 업고 데려와 돌보았다. 그는 언제나 말보다는 행동하는 삶으로 '하나님의 은혜'를 증명했다. 첫 부인이 결혼 17년 만에 6남매를 남기고 세상을 떠난 뒤, 평양여자신학생 장신애가 처녀의 몸으로 고아원에 들어간 셈치고 강 목사의 삶에 동참했다. 그가 바로 강은수 원장의 어머니다.

　순명은 해방 후 서울에 연경원을 열어 기독교 청년들을 훈련시켰다. 자신이 직접 골목길을 누비며 남의 아궁이를 고쳐주고 칼을 갈아주고 쌀을 얻어와 청년들을 먹여 살렸다. 그런데 그가 거두었던 한 집사가 소유권 등기를 해놓지 않은 것을 알고 연경원을 자신의 소유로 만들었다. 주위에선 은혜를 원수로 갚는다며 이를 갈았으나, 순명은 "주님께서 더 좋은 것을 주시려고 한다"며 두말없이 한강 다리 밑으로 떠났다. 그는 그런 고난을 당해도 사람을 미워하지 않았다. 오로지 사람의 장점만을 보고 칭송하는 그였다. 그렇게 사람을 대하는 순명의 철학은 온 우주를 품는 하나님을 '순명'하는 그것이었다.

그는 이렇게 말했다. "남을 성자로 보는 자가 바로 성자이며, 남을 마귀로 보는 자가 바로 마귀라네."

거지대장이 된
애꾸눈
거두리

이보한 1872~1931

    1919년 1월 21일 고종이 갑자기 승하했다. 고종황제가 일인들에게 독살당했다는 소문이 퍼지면서 억눌렸던 조선 민중들의 분노가 폭발했다. 고종황제의 장례를 이틀 앞둔 3월 1일 서울 종로 태화관에서 기독교인 16명, 천도교인 15명, 불교인 2명의 33명이 모여 민족을 대표해 독립을 선언했다. 이에 맞춰 탑골공원에 모여 있던 5천 명에 가까운 군중들이 "대한독립만세"를 외치기 시작했고, 이 외침은 결국 골목골목을 돌아 전국의 산과 들로 메아리치기 시작했다.

    때마침 서울에 올라와 탑골공원에서 멀지 않은 계동에 있던 이거두리도 만세소리를 들었다. 얼마나 애타게 그리던 소리던가. 그도 거리를 뛰쳐나가 어린 학생들 사이를 달리며 "대한독립만세"를 목이 터져라 외쳤다. 이에 일본 순사들과 관헌들은 아무것도 들지 않은 무력한 학생들에게 총칼을 휘둘러댔다. 거두리도 일본 소방대원이 휘두른 곡괭이를 맞고 쓰러졌다. 그가 정신을 차리고 보니 종로 경찰서 감방 안이었다. 일본 순사들은 무조건 매질부터 시작했다. 그들이 나라 없는 백성에게 베풀 자비는 없었다. 인정사정을 봐줄 리 없었다. 그저 이리 치면 이리 쓰러지고, 저리 치면 저리 쓰러지는 것 외에 무력한 백성이 할 것은 없었다.

호랑이에게 물려가도 정신만 차리면 산다고 했던가. 거두리는 속담대로 어떤 비극적 상황에서도 희극을 연출할 수 있는, 진흙이 물들지 않은 연꽃 같은 존재였다. 비록 한쪽 눈이 먼 애꾸눈이었지만, 그는 수백 수천 개의 눈들도 누릴 수 없는 심안(心眼)을 가지고 있었다. 슬픔 속에서 기쁨을 만들고, 눈물 속에서 웃음을 내놓을 수 있는 사람이 바로 그였다. 거두리가 그를 때리느라 힘이 빠진 순사에게 말했다.

"힘들지? 너무 힘 뺄 것 없다. 내가 시위 주모자를 다 알고 있다. 그렇게 힘 빼지 않아도 내게 대접을 잘해주면, 내가 서장을 만나 주모자를 얘기하겠다."

순사는 드디어 배후세력을 규명할 수 있을지 모르겠다는 기대를 안고, 거두리가 원하는 대로 보신탕을 대령했다. 그를 때렸던 순사는 후한 대접과 함께 아첨까지 하며 거두리의 환심을 사려 했다. 마치 시종처럼 안내하는 순사의 호위를 받으며 거두리는 서장실로 들어섰다. 서장이 거두리에게 자리를 권한 뒤 "이제 말씀해주시지요. 주모자가 누굽

니까?" 하고 물었다.

"하나님이요."

"어디 사시는 분이요?"

"구만 리 창천이 다 그분 집이요."

거두리의 대답에 어처구니가 없어진 서장과 순사는 "네가 지금 우리를 갖고 놀리는 것이냐"면서 사정없이 두들겨 팼다. 거두리는 맞으면서도 "사실을 사실대로 얘기하는데도 못 믿느냐"고 대꾸했다. 더욱 약이 오른 순사들이 그를 취조실로 데려가 곤죽이 되도록 때렸다. 그렇다고 그들이 원하는 대로 나약하고 비굴하게 변할 거두리는 아니었다. 오히려 이제는 다른 방식으로 일인들을 희롱하기 시작했다. 갑자기 개 거품을 물기 시작한 거두리는 헛소리를 하기 시작했다. 방언인지 주문인지 모를 소리를 지껄이면서 옷에 그대로 똥오줌을 싸버렸다. 취조실이 똥오줌으로 난장판이 되자 곤혹스러워진 것은 순사들이었다. 거두리는 거기서 그치지 않고 똥을 회칠하듯 벽에 칠하기 시작했다. 도저히 못 말릴 광경이었다. 기가 막힌 순사들은 "완전히 돌아버렸다"며 그를 경찰서 밖으로 내동댕이치고 침을 뱉으며 말했다. "다시는 근처에 얼씬거리지도 말라."

거두리는 자유의 몸이 되었다. 그는 역시 미친놈처럼 춤을 추면서 고향 전주로 향했다. 경기도 수원에서 만세를 부르던 대열을 만나자 목청을 돋우며 만세를 불렀다. 그러다가 다시 일본 순사들에게 붙들려 경찰서로 끌려갔다. 순사들이 그를 두들겨 패자 거두리는 "이놈들아, 내가 종로 경찰서장하고 아주 잘 아는 사이인데, 나를 이렇게 대할 수 있느냐"고 호통을 쳤다. 순사들이 잠시 폭행을 멈추고 종로서로 전화를 걸어 물어보니 "그놈은 미친놈이니 상종도 하지 않는 게 좋다"고 했다. 그래서 수원 경찰서 순사들도 거두리를 놓아주었다.

거두리는 천안에서도 전주에서도 만세를 부르다가 잡혔는데 또다시 미친 짓을 해서 풀려났다. 이제는 거두리가 전주 경찰서 앞에서 악을 써도 순사가 나와 보고는 "예이, 거두리잖아!"라면서 실망하고선 들어가버릴 정도였다. 순사들은 누구나 할 것 없이 그를 미친놈으로 치부했고, 거두리는 품에 태극기를 감춰 사람들에게 나눠주며 전주일대에서 만세운동을 이어가게 했다.

제가 예수를 믿겠습니다

"거두리로다. 거두리로다. 기쁨으로 단을 거두리로다…"
전북 전주에 가면 장터 어귀에서 애꾸눈 거지대장이 부르는 찬송가 소리가 들릴 것만 같다. 거지대장 이보한은 늘 이 찬송을 불러 '거두리'로 불렸다. 그가 죽자 거리의 걸인들이 상여를 붙들고 울부짖었고, 만장의 행렬이 10리나 이어졌다. 나무꾼들은 한 푼 두 푼 나무를 판 돈을 모아 거리에 비석을 세워주었다. 거두리는 그렇게 전주 민초들이 가슴에 심은 전설이었다.

호남의 장자교회로 꼽히는 전주시 완산구 다가동3가 전주 서문교회

거두리 이보한의 신앙의 요람이 된 전주 서문교회

는 거두리가 다닌 교회다. 전주의 걸물들인 서승 전주 문화원장과 이용엽 전북 역사문화학회 부회장으로부터 한 기인의 전설을 듣노라면 그야말로 마치 무협지를 보는 것만 같다.

'기인' 거두리는 걸인으로 살았지만 출신은 그렇지 않았다. 내로라하는 양반가의 장남으로 태어났다. 그러나 그의 어머니는 혼인도 하지 않은 처녀의 몸으로 그를 낳았다. 지체가 낮다는 이유로 집 안에 발도 들여놓지 못했던 그의 어머니는 젊은 나이에 세상을 뜨고 말았다. 그래서 거두리는 장남이면서도 계모 밑에서 서자 취급을 받으며 자랐다. 더구나 그가 홍역을 앓을 때 신열로 눈이 충혈되자 집에서는 그의 왼쪽 눈에 된장을 붙여놓고 방치했다. 결국 그의 눈은 곪아버렸다. 훗날 별명이 된 거두리와는 반대로 누구도 거둬주는 사람 없이 천대받는 신세였던 그는 한쪽 눈까지 멀어버렸다.

1892년 전주에 미국인 선교사 테이트가 들어왔다. 테이트는 지체 높은 양반집을 전도하면 파급 효과가 클 것이라 여겨 거두리의 부친 이경호를 찾아갔다. 진사였던 이경호는 담뱃대를 길게 문 채 사랑채에 앉아 있었다. 전형적인 시골 양반이었던 이 진사는 서양인들이 양반 고을인 전주 시내를 오가는 것을 "오랑캐놈들이 감히 어딜!"이라면서 못마땅하게 여겼다.

그런데 테이트는 사랑채에 들어가 무턱대고 큰절을 하며 이제 갓 배운 조선말로 "아부지, 안녕하십니까?"라고 인사했다. 이에 이 진사는 "아무나 보고 아부지라고 하니, 호로 상놈이 분명하고나"라며 혀를 끌끌 찼다. 그런데 테이트는 이에 더해 환심을 사려고 이 진사의 귀를 만지면서 "아부지, 귀가 참 잘 생겼습니다"라고 말했다. 기가 막힌 이 진사는 노비들을 시켜 "이놈을 당장 꽁꽁 묶어 버르장머리를 고치라"고 명령했다. 테이트 선교사는 모질게 혼난 후 쫓겨났다. 그러나 당시 황제가 "선교사들을 나와 같이 대우하라"고 특명을 내린 상태였다. 결국 이 진사는 황명을 어긴 죄로 감영에 끌려갔다. 이 진사는 "예수를 믿겠다"고 선교사에게 사정한 뒤에야 간신히 풀려났다.

도저히 양반 체면으로 오랑캐놈들과 한자리에 앉을 수 없다고 생각한 이 진사는 가족회의를 열어 자식들에게 "누가 내 대신 예수를 믿을 사람이 없겠느냐"고 물었다. 그러나 그 아버지의 그 아들이었기에 아버지의 영향을 받은 자식들 가운데 그 누구도 선뜻 예수를 믿겠다고 나서지 않았다.

그러나 집안에서 제대로 자식 대접을 받지 못했던 거두리는 달랐다. 어머니가 일찍 돌아가셔서 의지할 데 없던 거두리를 늘 사랑해주는 분이 있었는데 바로 큰어머니였다. 홀로 사는 큰어머니는 오직 하나님을 의지해 살아가는 독실한 기독교 신자였는데, 어머니 없이 자라고 한쪽 눈까지 잃은 거두리를 늘 친자식처럼 보듬어주었다. 그 큰어머니가 늘 자장가처럼 부르는 찬송이 '거두리로다'였다. 아버지나 다른 형제들과 달리 늘 찬송과 기도 소리를 들으며 큰어머니의 무릎에서 잠이 들곤 했던 거두리에게 예수 그리스도는 낯설지 않은 존재였다. 아버지와 다른 형제들에겐 예수 그리스도와 선교사들이 자신들의 유교적 권위를 위협하는 오랑캐였지만, 천대받는 거두리에겐 자신을 안아주는 큰어머니의 품과 같은 사랑의 존재였다.

자식들이 아무런 대꾸도 하지 않자 이 진사는 걱정이 되었다. 만약 선교사와의 약속을 어기면 또다시 감영에 끌려가 고초를 치러야 할 판이었다. 그때서야 거두리가 "제가 예수를 믿겠습니다" 하고 나섰다. 그제야 이 진사는 안도의 한숨을 내쉬었다. 이렇게 해서 거두리는 아버지에 대한 효성도 인정받고, 평소 믿고 싶었던 예수도 내놓고 믿을 수 있게 되었다. 만일 이 진사가 감영까지 끌려가는 일이 없었다면 완고했던 그가 가족 중 누구라도 예수 믿는 것을 허락할 리 만무했다.

김인전과의 만남

그때까지 거두리가 마주한 세상은 북풍한설보다 더 그의 가슴을 시리게 한 차별과 모멸 그 자체였다. 나라가 망해가는데도 양반들은 반상, 적서, 남녀차별 등을 당연시하면서 자신들의 권위만을 앞세웠다. 그러나 거두리가 간 교회는 마치 숨구멍을 뚫어놓은 듯 답답한 그의 가슴에 신선한 공기를 내주었다. 거기선 서자에 대한 차별도, 애꾸눈에 대한 멸시도 없었고 그저 그를 '형제님'으로 맞아주었다.

더구나 그런 열린 마음으로 민족을 위한 뜨거운 동포애를 가진 목사를 만나자 거두리는 드디어 물을 만난 용이 되었다. 서문교회 김인전 목사(1876~1923)는 남포현감과 수원부사를 지낸 개화기 선각자였던 김규배의 장남으로 충남 서천에서 태어났다. 그는 30세인 1906년 고향 서천에 중등과정인 한영학교를 세워 나라 잃은 민족을 깨웠다. 일찍이 유학자로서 기독교를 받아들인 부친의 영향으로 기독교인이 된 그는 뒤늦게 34세 때에 평양신학교에 들어가 1914년 목사안수를 받고 전주 서문교회의 초빙을 받아 목사로서의 삶을 시작했다.

그는 한문에 조예가 깊었을 뿐 아니라 학덕과 인품이 뛰어났다. 전주는 양반 고을로 유가적 풍토가 지배적인 곳이었다. 그러나 김 목사가 전주향교에 가서 유학자들과 얘기를 나누다보면 어느새 유학자들이 김 목사의 학덕에 감동했고 그를 '선생'이라며 높여 불렀다. 보수적인 전주의 양반사회에서 기독교를 받아들이는 결정적 계기를 마련한 것은 어느 양반도 넘보기 어려웠던 김 목사의 덕행과 학문 때문이었다.

서문교회에서도 민족의 독립심을 깨우던 김 목사는 3·1운동 때 어느 곳보다 맹렬히 만세운동이 일었던 전주·서천 지역의 3·1운동 주동자로 지목돼 쫓기다가 상해로 피신했고 이후 임시정부에 합류했다. 그는 상해에 한인학교와 한인교회를 세워 교육자와 목회자로서 동포들을 이끌었고, 1922년에는 상해임시정부의 입법부였던 의정원의장으로 추대됐다. 그가 그렇게 짧은 시간에 입법부 수장이 된 것은 '화해의 사도'로 불릴 만큼 계파를 막론하고 수용하는 포용력과, 어떤 종교건 어떤 계파건 상관없이 사람들을 감동시키는 인품을 가졌기 때문이다. 훗날 해공 신익희도 "김인전 선생에게서 다시 한학을 배웠고, 그분의 학덕에 감복했다"고 할 정도였다.

거두리의 삶은 김인전과의 만남으로 송두리째 바뀌었다. 비록 집안에서 제대로 대우받지는 못했지만 그도 양반가의 자손이었다. 유가와 기독교를 거리낌 없이 회통시키는 김인전을 보고 그는 더욱더 신이 났다. 거두리는 원래부터 총명한 사람이었다. 그는 선교사들의 영어를 어깨 넘어 배웠는데 막힘없이 말할 수 있는 수준이었다. 주일학교에서도 학생들에게 설교할 정도로 교회의 중심인물로 부상했다.

그러나 거두리는 자신의 한 서린 삶을 교회 안의 지위나 출세로 풀려 하지 않았다. 그는 자신처럼 천대받던 사람들을 위해 교회 밖으로 나갔다. 영혼을 구원하고자 한 그의 열망은 '전도'의 차원을 초월했었다. 그는 고통받는 동포를 구하고, 굶주리는 민초를 구하고자 했다. 그는 스스로 걸인이 되어 그들 안으로 들어갔다. 함께 술을 마시고, 담배를 태우고, 품바타령을 하면서 그들을 돌봤다. 호방하고 해학이 넘치는 성격 때문에 지방 유지들도 그를 함부로 여기지 못했다.

하루는 김제의 한 부자가 자신의 회갑잔치에 초청했다. 그런데 거두리는 혼자가 아닌 걸인 70여 명을 이끌고 그 집에 들이닥쳤다. 기존에 와 있던 손님 말고 70여 명이 한꺼번에 새로 들이닥치자 주인도 어찌할 도리가 없어 안절부절못할 뿐이었다. 그러나 거두리는 "오늘 큰 복덕을 쌓을 기회를 주는 것"이라면서 태연자약하기만 했다.

잔칫집에선 온 동네를 돌며 그릇을 빌리고 국수를 새로 삶고 해서 걸인들을 대접했다. 그렇게 걸인들을 배불리 먹인 거두리는 그 길로 자기가 알던 신문기자에게 달려가 이 내용을 제보했고, 다음 날 "김제의 부자 이 아무개가 전주의 걸인 70여 명을 포식시켰다"라는 기사가 대서특필됐다. 그로써 김제의 부자는 덕을 쌓은 인물로 부각됐다. 그러자 부잣집들은 잔치를 벌일 때면 너도나도 거두리의 거지패들을 초청해 음식을 대접했다.

그는 부자들의 쌈짓돈을 빼앗아 걸인들에게 나눠주면서도 늘 제돈 쓰는 것처럼 떳떳했다. 모든 재물은 개인의 것이 아닌 바로 하나님의 것이라 여긴 그만이 할 수 있는 일이었다. 더구나 당시 권위만을 내세우던 양반들에게 싸움보다는 풍자와 해학을 통해 그들의 치부를 예리하게 지적한 자유인이었다. 그는 늘 양반집 사랑채를 제집 드나들 듯했다. 어느 날은 거드름 피우기로 유명한 양반집 사랑채에 누워 있었다.

거두리는 그 양반이 들어오는데도 일어나지 않고 쳐다보기만 했다. 양반은 자신이 들어오는 것을 알게 하려고 몇 번이나 헛기침했지만 그는 그대로 빤히 쳐다보기만 할 뿐이었다. 화가 난 양반은 "거 참, 상놈이로고!" 하면서 혀를 끌끌 찼다. 그러자 거두리는 위로 쳐다보면서 "나는 상놈이어서 당신 같은 분을 이렇게 우러러봐야 하고, 당신은 양반이어서 이렇게 나를 위에서 아래로 내리 깔보니, 그게 뭐가 잘못됐소?"라고 대꾸했다. 그러자 늘 다른 사람을 내리 깔보던 양반은 할 말이 없어 대꾸도 못하고 물러갔다.

거두리는 서자와 애꾸눈이라는 개인적 상처와 망국민이라는 민족적 상처마저 넘어서 상처받은 영혼들을 구원할 수 있는 치유자였다. 거두리가 군산에 가려고 배를 탔는데, 사공의 한쪽 눈이 없었다. 거두리는 부채로 자기 한쪽 눈을 가린 채 사공을 보며 "그 자식 눈도 더럽게 멀었네!"라고 말했다. 평생 눈총을 받은 것도 서러운데 욕까지 먹자 분통이 터진 사공은 낫으로 그를 찍으려 달려들었다. 그러자 거두리가 "자슥아, 눈이 멀려면 이렇게 멀어야지" 하면서 눈에서 부채를 확 떼는 게 아닌가. 사공은 확실히 곪아버린 거두리의 눈을 보고는 웃지 않을 수 없었다. 거두리와 사공 그리고 배에 오른 모든 사람들이 배꼽이 빠지도록 웃어 젖혔다. 평생 한쪽 눈에 대한 한으로 알 수 없는 분노를 느꼈던 사공의 마음이 눈 녹듯 녹는 순간이었다.

눈물 쏟고 사랑 쏟고 임은 이제 어딜 가시나

1931년 추석 다음 날, 거두리가 세상을 떠나자 전주의 걸인과 나무꾼들이 순식간에 모여들었다. 그들은 부모나 자식이 죽은 것보다 더 서럽게 통곡했다. 그의 상여 뒤로 10리가 넘는 인파가 뒤따랐다. 그들은 거두리의 삶을 가슴에 깊이 새긴 사람들이었다. 눈물의 장례 행렬이 전주를 지나 상관 죽림리로 향할 때였다. 그가 늘 걸인들과 함께 박자를 맞춰 잔칫집 앞에서 불렀던 소리가 사람들 사이에서 흘러나오기 시작했다. 그들은 그렇게 거두리와 함께했던 노래로 마지막 가는 길을 배웅했다.

> 전주 의인 거두리 참봉 영결 종천하신다네
> 어해 어해 어어 허어 어허 어해
> 잘 모시오, 잘 모시오, 우리 은인 잘 모시오
> 어해 어해 어어 허어 어허 어해
> 못 가겠네, 못 가겠네, 눈물겨워 못 가겠네
> 어해 어해 어어 허어 어허 어해
> 오동추야 달 밝으면 임의 생각 절로 나리
> 어해 어해 어어 허어 어허 어해
> 눈물 쏟고 사랑 쏟고 임은 이제 어딜 가시나
> 어해 어해 어어 허어 어허 어해
> 굶는 사람 밥을 주고, 떠는 사람 옷을 주고

어해 어해 어어 허어 어허 어해
가시면은 언제 오나 꽃을 따라 오시리라
어해 어해 어어 허어 어허 어해
전주성이 울었거든 남고산아 안 울 건가
어해 어해 어어 허어 어허 어해

  그를 묻은 뒤에도 그를 잊지 못한 걸인들과 나무꾼들이 1전씩 2전씩 돈을 모아 네 자 높이의 비석을 세웠다. 그들은 비석에 이렇게 썼다.
  "평생에 성품이 따뜻하고 사랑이 넘쳐 주리고 헐벗은 사람에게 입혀주고 먹여주었다."

우리 곁에
잠시 머문
눈물의
성자

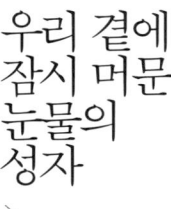

방애인 1909~1933

길가에서 사람들이 한 노파를 에워싼 채 놀리고 있었다. 놀림을 받던 노파는 슬퍼하며 울부짖고 있었다. 노파는 정신병자였다. 이때 어여쁜 한 처녀가 눈물을 글썽이며 그 노파의 곁으로 다가섰다. 그리고 노파의 두 손을 꼭 잡아주었다. 노파를 희롱하는 데 정신이 팔렸던 구경꾼들도, 처녀가 마치 자신의 어머니인 듯 노파의 손을 잡고 데려가는 모습을 보고는 저도 모르게 눈물을 주르륵 흘렸다. 갑자기 나타나 사람들의 마음을 흔들어놓은 그 천사는 방애인이었다.

전주서문교회는 애인이 다니던 곳이다. 그 교회의 역사자료실에는 《조선 성자 방애인 소전》이란 책자의 다양한 개정판들이 전시돼 있다. 이곳 3대 담임이었던 배은희 목사가 지은 책이다. 강순명 목사와 함께 독신전도단을 만든 창시자이기도 했던 배 목사가 감히 '조선 성자'라고 일컬었던 이는, 이 교회 안팎에서 봉사활동을 벌이다 겨우 스물네 살로 생을 마감한 처녀였다.

애인은 전주 여자기독청년회(YWCA)의 어머니이기도 하다. 전주시 완산구 효자동 전주 YWCA 건물에 들어서니, 그곳에서 운영하는 어린이집의 아이들이 명랑하게 뛰놀며 재잘대고 있다. 사무실은 동남아시아에서 온 노동자들의 고충을 들어주며 도울 방안을 찾느라 분주해 보였다. 그들은 애인의 후학들로, 몇 해 전부터 '방 선생 본받기 운동'을 벌이고 있으며 '방애인 기념상'까지 제정했다.

애인은 황해도 황주의 부유한 집안에서 방중일의 장녀로 태어났다. 조부 방흥복 때부터 어려운 사람들을 많이 보살펴준 집안으로, 할머니 정신복과 어머니 김중선은 사랑이 넘치는 분이었다. 사랑은 더 큰 사랑을 낳는다고, 그 사랑 안에서 애인 역시 남을 보듬을 줄 아는 사람으로 자랐다. 그는 어린 시절 단 한 번도 누군가로부터 책망당한 일이 없었다고 한다. 훗날 그가 보인 넘치는 사랑은 가정에서 받은 사랑의 세례 덕이었는지 모른다.

초등학교 6년을 최우등생으로 졸업한 애인은 평양 숭의여학교를 거쳐 개성 호수돈여고를 졸업했다. 그는 언제나 최우등생일 만큼 총명해 오만할법도 한데 행실은 아름답기만 했다. 그래서 교사들도 애인을 진정으로 아끼고 좋아했다. 숭의여학교 교장이던 선우리 선생은 어린 애인이 계단을 오르내리느라 고생하는 것을 보고 직접 업어주기까지 했다고 한다.

애인은 열여덟 어린 나이에 전주 기전여학교에 교사로 부임했다. 스무 살도 되기 전에 교사가 된 신여성이었지만 그는 항상 겸손하고 성실했다. 그렇게 3년을 전주에서 지내던 그가 모교인 황주 양성학교로 전근을 가게 되었다. 그러자 서문교회 1천여 명의 교인들이 눈물을 흘리며 아쉬워했다. 애인은 "전주에 와서 별로 한 일도 없는데, 이렇듯 눈물로 아쉬워하니 두렵기 짝이 없다"는 말을 남기고 떠났다. 그리고 언젠가 다시 돌아와 성심을 다해 봉사하리라 결심했다.

2년 뒤 1931년 9월, 그는 자신의 뜻대로 기전여학교 교사가 되어 다시 전주로 돌아왔다. 그런데 애인은 2년 전과 크게 달라져 있었다. 황주에 있던 1930년 1월 10일에 쓴 그의 일기에는 "나는 처음으로 신의 음성을 들었다. 눈과 같이 깨끗하라. 아아! 참 나의 기쁜 거룩한 생일"이라 적혀 있고, 11일엔 "나는 어디로서인지 세 번 손뼉 치는 소리를 듣고, 혼자 신성회에 가다. 아아! 기쁨에 넘치는 걸음이다"라고 적혀 있다. 그녀는 그동안 그렇게 성령을 체험했던 것이다. 마음이 부유해지면서 기쁨에 넘쳤던 것일까. 부잣집 딸과 신여성 처녀였기에 단장하던 값진 옷감도 향수와 화장품도 그의 소지품에선 더 이상 찾아볼 수 없었다. 하늘이 준 얼굴 그대로 살아간 그가 이제 가진 것이라곤 단 한 벌의 옷뿐이었다.

따뜻한 기후 때문인지 전라도에는 나환자가 특히 많았다. 사람 취급을 받지 못한 이들 환자들은 떼로 몰려다녔다. 사람들은 그들을 무서워

방애인

피했고, 저주까지 하였다. 선교사들이나 나라에서 그들을 위한 시설을 운영하기도 했으나 그들의 한 서린 마음까지는 돌보지 못했다. 그러나 애인은 그 문드러진 살을 더럽다고 외면하지 않았다. 그저 백옥 같은 처녀의 손으로 썩어가는 살을 어루만지며 촛농처럼 뜨거운 눈물을 부어주었다.

"주여, 주의 능력과 사랑이 제 손을 통해 임하시어 이 괴로운 병에서 그들을 구하옵소서. 주여, 자비와 긍휼을 아끼지 마옵소서."

애인의 간절한 기도와 눈물이 살보다 더욱더 깊게 썩어가던 그들의 마음에 새살을 돋게 했다. 오직 지옥이었던 그들의 삶에 천국의 햇살을 느끼게 해준 것이야말로 기적이라 할 수 있었다.

1932년 여름엔 큰 수재가 생겼다. 논밭과 집이 물속에 잠겨버린 인근 농촌사람들이 전주로 몰려들었다. 갈 곳 없는 이재민들은 전주의 다가 공원에 머물렀다. 그러나 가을이 돼 찬 서리가 내리기 시작하자 더 이상 공원에 있기도 힘들었다. 전주 시내에 친인척이나 지인이 있는 사람들부터 하나둘씩 떠나더니 나머지 사람들도 어떻게든 다른 곳을 찾아 떠났다. 결국 그곳에는 아는 사람 하나 없는 한 가족만이 추위에 떨며 남아 있었다. 그들을 보고 발길을 돌리지 못한 애인은 한 전도사에게 자신의 시계와 만년필을 주며 이것을 팔아 그들에게 셋방을 얻어달라고 부탁했다. 학교 선생님으로서 재산 1호인 만년필과 시계마저 그들을 위해 아낌없이 내놓았던 것이다.

자기의 생명을 미워하는 자는 영생하도록 보전하리라

전주에는 부모조차 없어 거리에 방치된 아이들이 한둘이 아니었다. 애인은 그런 아이들을 위한 고아원을 짓기 위해 교회 청년들과 함께 힘을 모았다. 그들은 전주 시내 8천여 호를 가가호호 방문하며 한 푼 두 푼씩 모았고 마침내 고아원을 열었다. 그는 학교가 끝나면 늘 기부금 책보를 옆에 끼고 집집마다 방문했다. 천사처럼 어여쁘면서도 검소하고 소박한 애인의 진실어린 말에, 대부분의 사람들이 자신도 당장 끼니를 걱정해야 할 처지이면서 10전, 20전, 1원, 2원씩 가진 돈을 내놓았다.

이렇게 가난한 사람들도 자신보다 더 형편이 어려운 고아와 병자들을 위해 자신이 가진 것을 내놓았지만, 정작 많이 가진 부자들은 애인을 거들떠보지도 않곤 했다. 애인은 포기하지 않았다. 그들을 미워하거나 원망하지도 않았고, 그저 아름다운 미소와 함께 기도하며 돌아섰다. 어떤 부잣집에는 그렇게 무려 아홉 번을 방문했고, 집주인도 애인의 모습에 탄복해 마침내 기부금을 쾌척했다. 그것은 빈자와 병자들만을 위한 일이 아니었다. 부자들이 빈자와 함께할 마음을 내게 하는 것은, 그들 마음의 문을 열어 천국의 문까지 열어주는 일이었다.

방학이 돼도 고향집에 돌아가지 않고 전주 교외 시골에 야학을 연 그는 글을 깨치지 못한 농촌 여자들에게 한글을 가르쳤다. 야학을 마치고 한밤중에 돌아오던 애인은 눈보라 속에서 떨고 있는 아이들을 찾아 들쳐 업고 오곤 했다. 그는 아이의 머리를 깎아주고 검은 때가 덕지덕지

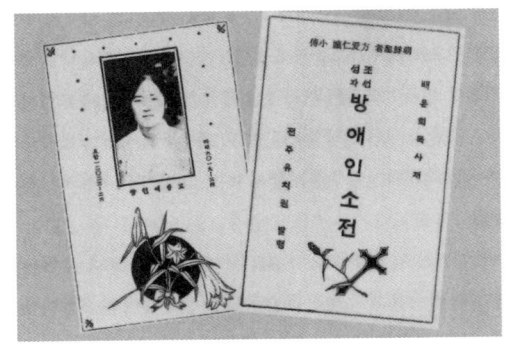

《조선 성자 방애인 소전》

낀 몸을 목욕시켰다. 얇은 옷 하나로 겨울을 나는 딸이 안타까워 어머니가 보낸 솜옷도 거리의 걸인들에게 모두 주었다.

애인은 천사처럼 아름다웠다. 당시엔 길거리에서 싸움이 예사로 일어났다. 더구나 무뢰배들이 무섭게 싸울 때면 어떤 사람들도 그 앞에 나설 수 없었다. 그런데도 애인은 연약하기 그지없는 자신의 모습을 상관치 않고 두려움 없이 다가가 눈물과 온유한 목소리로 기도하고 그들을 어루만졌다. 그러면 뭔가에 홀린 듯 싸우던 이들도 웃으며 악수하곤 했다.

그런 그가 어느 날 열병을 얻어 숨을 거두었다. 그 소문은 삽시간에 전주 시내로 퍼져갔다. 이 소식을 듣고 평소 애인을 보았던 사람들 가운데 눈물을 흘리지 않은 이가 없었다. 그의 보살핌을 받은 고아와 병자들은 부음을 듣고는 하늘이 무너진 듯 창자가 끊어진 듯 통곡했다. 그의 장례행렬에는 소복 입은 학생들이 뒤따르며 마치 부모가 떠난 듯이 울었다. 애인은 불과 스물네 살의 나이로 생을 마쳤다. 그는 한 알의 밀알이었다.

"한 알의 밀이 땅에 떨어져 죽지 아니하면 한 알 그대로 있고 죽으면 많은 열매를 맺느니라. 자기의 생명을 사랑하는 자는 잃어버릴 것이요, 이 세상에서 자기의 생명을 미워하는 자는 영생하도록 보전하리라."

요한복음의 말씀은 애인을 두고 한 말 같았다. 그의 일거수일투족을 지켜보았던 배은희 목사는 애인을 '거리의 성자'로 칭송했다. 그는 애인의 전기에 이렇게 썼다.

"그는 세상을 비관하는 성자가 아니요, 세상을 낙관하는 성자였다. 그는 스승이 되려는 교만한 성자가 아니요, 형제의 발아래에 엎드려 겸손히 섬기는 성자였다. 그는 죄인에 대한 책망의 성자가 아니요, 죄인에 대한 눈물의 성자였다."

"인필자모이후 인모지(人必自侮而後 人侮之)"라 했습니다. 즉 사람이 제가 자기를 업수이 여긴 후에야 다른 사람이 업수이 여깁니다. 우리 국민이 모두 깨어서 자기의 덕을 닦고 행세를 바로 한다면 다른 사람이 업수이 여기려야 업수이 여길 수가 없습니다. 일본은 장차 우리 2천만의 피를 빨아먹고 우리의 사랑하는 아들과 딸은 일본의 남종, 여종으로 붙잡혀 갈 것입니다. 우리는 우물 안에 있는 개구리처럼 작은 하늘만 쳐다보고 있습니다. 좀 넓은 세상을 바라보고 세계의 대세가 어떻게 되며 남들은 어떻게 사는가 하는 것을 좀 살펴보아야 합니다. 우리는 깨어야 합니다. 정신을 차려야 합니다. 물고기를 낚으려면 먼저 그물을 만들어야 하는 것과 같이 우리나라를 바로 잡으려면 먼저 우리가 깨어야 하고, 동포를 깨울 인재를 길러야 합니다. 이것이 우리나라를 구하는 첫 번째 방법입니다.

_ 도산 안창호

7

성령의
바람이
분다

부흥의
기적을 이룬
불의 사자

김익두 1874~1950

서울 종로구 인사동 초입에는 100년이 넘은 교회건물이 있다. 승동교회다. 이곳은 3·1운동 때 학생 대표들이 모여 거사를 숙의했던 역사적인 장소다. 김익두 목사가 일제의 신사참배 강요에 못 이겨 목사직을 그만둔 1938년까지 3년 동안 머물렀던 곳이기도 하다.

3·1운동이 있고 다음 해인 1920년 승동교회 부흥회엔 무려 1만여 명이 참석했다. 이때 김 목사는 무려 2주일간 금식하며 부흥회를 이끌었다. 예배당에 모두 들어갈 수 없어 마당에 멍석까지 깔고 앉은 참석자들은 그가 토해내는 열변에서 시대의 어둠을 뚫을 빛을 보았다.

승동교회 담임 방상훈 목사는 "김익두 목사의 열정적이고 감동적인 설교를 듣는 사람들은 큰 은혜를 체험하고, 김 목사가 있는 현장에선 엄청난 치유의 기적이 일어나곤 했다"고 말한다.

　김익두는 황해도 안악군 대원면 평촌리의 부잣집 외아들로 태어났다. 그는 여섯 살 때부터 서당에서 사서삼경을 공부해 신동 소리를 들었다. 그러나 앞날이 탄탄대로였던 소년을 연단시킬 시련이 기다리고 있었다. 자신했던 과거시험에 그만 낙방해버린 것이다. 엎친 데 덮친 격으로 믿었던 익두의 낙방에 충격을 받은 부친이 병까지 얻어 세상을 뜨고 말았다. 그렇게 부친이 떠나자 익두는 삶과 죽음에 대한 깊은 고뇌에 빠졌다. 익두는 날마다 부친 산소에 가서 아버지를 불렀다. 그러나 응답이 있을 리 없었다. 그는 고민에 빠졌다.

　"사람이 산다는 것은 무엇인가? 지금 사는 것이 사는 것인가? 사람이 죽으면 모든 것이 끝인가? 사람은 죽으면 장차 어디로 가는 것인가?"

　삶과 죽음을 고민하던 익두는 이 문제를 해결하기 위해 구월산 패엽사에 들어가 불도에 입문했다. 그러나 뜻을 이루지 못하고 하산했다. 부친이 별세했으니 무작정 고뇌만 하고 있을 수도 없었다. 가족들이 먹고사는 일도 익두가 책임져야 했다. 그는 호구지책으로 장사를 시작했다. 장돌뱅이로 나선 그는 자전거를 타고 평양을 왕래하며 장사를 했다. 고향 안악에서 지방 토산물을 사 가지고 평양에 가서 팔고, 또다시 평양에서 생활용품, 일용잡화를 사다 고향에 팔았다. 수완이 있어 돈도 제법 만졌다.

　언젠가는 장삿길에 거액의 돈주머니를 주웠는데 그는 아무런 욕심 없이 주인을 찾아 돌려주었다. 돈의 임자는 안악에서 큰 상점을 하는

김익두

상인이었다. 익두의 정직한 성품을 알아챈 돈 주인은 익두를 자신의 상점 지배인으로 썼고, 익두의 사람됨도 널리 소문나 손님이 더욱 늘게 되었다. 더구나 부자들이 자신들의 귀중품을 익두에게 보관시켜 그는 전당포 구실까지 했다.

익두는 이렇게 해서 생활이 안정돼 결혼까지 했다. 하지만 그에게는 두 번째 시련이 기다리고 있었다. 익두가 신혼생활에 한창 재미를 붙이고 있는 참이었다. 그런데 한 친구가 찾아와 자기 마을에 큰 공장이 들어서는데 투자하면 큰돈을 벌 수 있다면서 연대보증을 서달라고 했다. 사람을 잘 의심하지 않는 익두는 친구를 믿고 도장을 찍어주었는데, 며칠이 지난 뒤에야 친구에게 사기당한 것을 알았다. 이로 인해 익두는 갖고 있던 돈은 물론 조상에게 물려받은 집과 땅마저 몰수당했다. 그야말로 알거지가 된 것이었다. 그때부터 익두는 술과 기생에 빠져 타인에게 행패를 부리는 미치광이가 되었다. 공연히 사람에게 발길질을 하고, 상대가 대들면 주먹으로 치고 때렸다. 장날이면 술에 취해 부녀자들과 할머니들이 팔려고 거리에 내놓은 광주리마저 발길로 차고 던졌다. 포악함이 극에 달해 아무도 말릴 수가 없었다. 장꾼들은 장에 가는 길이면 성황당에 머리를 조아리며 "오늘은 제발 김익두를 안 만나게 해달라"고 빌 정도였다. 그러나 어찌 겉모습과 내면이 같기만 할 것인가. 그런 패악을 부리고 되돌아설 때 이미 익두의 마음속에선 파란고해(波瀾苦海)를 거듭하는 인생의 고뇌가 스멀스멀 다시 솟기 시작했다. 그것은 사기 친 친구와 사기당한 자신에 대한 분노만이 아니었다. 이렇게 스스로를 주체하지 못하는 자신이 무엇보다 실망스럽고 고통스러웠다.

그러던 어느 날 장터에 나갔다가 서양 전도사가 주는 전도지를 한 장 받아들었다. 집에 돌아가 코나 풀 요량으로 구겨진 종이를 펴보았다.

"인생은 풀과 같고 그 영광이 꽃과 같으나 풀은 마르고 꽃은 떨어지되 주의 말씀은 세세토록 있느니라."

무심코 전도지에 쓰인 글을 본 순간 그의 가슴이 뛰기 시작했다. '세세토록'이란 글자에 마음이 송두리째 흔들렸다. 삶과 죽음, 행복과 불행이 끊임없이 교차하는 영고성쇠의 인생에 고뇌하던 익두였다. 그는 '세세토록'이란 말이 '영생'을 의미한다고 여겼다. 그러던 차에 며칠 후 친구 박태환이 찾아왔다. 스왈렌 선교사가 교회에서 부흥회를 하는데 가보자는 것이었다. 그렇지 않아도 마음에 한바탕 동요가 일었기에 익두는 기꺼이 친구를 따라나섰다. 평소 같으면 콧방귀나 끼었을 익두가 친구를 따라나선 것은 기적이었다.

여러분을 욕보이고 못 살게 굴던 깡패 김익두입니다

부흥회는 이웃 동네의 금산교회에서 열렸다. 스왈렌 선교사는 유창한 조선말로 '영생'을 설교했다. 그곳에서 익두는 구원을 통해 영생에 이르는 길을 보았다. 그는 스왈렌 선교사 앞에 무릎 꿇고 지난날의 죄를 자복했다. 스왈렌도 놀라 그 자리에서 기도를 드렸다.

"하나님이여, 죄인이었던 김익두를 용서해주시고 앞으로 하나님의 귀한 종이 되게 해주옵소서. 불의 사자로 일하게 하옵소서."

스왈렌 선교사는 마치 익두의 앞날을 예시하듯 그렇게 기도했다. 그는 익두에게 《성경》을 주며 부지런히 읽으라고 당부했다. 그날부터 익두는 미친 듯이 기도했다. 예전엔 《성경》 읽는 사람들을 미쳤다고 여긴 그였다. 그런데 《성경》 말씀이 귀에 쏙쏙 들어왔고 그렇게 재미있을 수가 없었다. 무엇에든 적극적이었고 수완이 좋았던 익두는 자기도 다른 사람을 한번 전도해보기로 했다.

첫 번째 상대는 옛 술친구였던 김선봉이었다. 예전의 익두와 다름없던 술꾼이었기에 그가 예수를 믿는다는 것은 가당치 않은 일이었다. 그런데 다른 사람도 아닌 익두의 말이었기에 그도 한번 믿어보자며 나서는 것이 아닌가. 둘은 틈만 나면 가던 술집이나 기생집 대신 교회로 발걸음을 돌렸다. 주위 사람들은 그들이 이상해졌다면서 눈이 휘둥그레져 바라보았지만 그들은 오히려 세상 사람들을 가엾게 여겼다.

둘은 함께 단골로 찾았던 기생들을 전도하기로 했다. 그들이 어울렸던 월선과 옥화였다. 익두와 선봉은 기도를 한 뒤 기생집으로 갔다. 그들은 자신들이 겪은 변화와 체험을 들려주면서 새 삶을 살자고 권했다. 그러자 월선과 옥화도 감격해 눈물을 흘렸고 그들의 삶을 따르겠다고 했다. 익두와 선봉은 매우 기뻤다. 그들은 옛 삶을 떠나보내는 의미로 이별주나 나누자며 술을 마셨다. 그런데 몇 잔 마시던 익두가 갑자기 무엇엔가 감전된 것처럼 새파랗게 질리더니 기절하고 말았다. 선봉이 익두를 집으로 업고 왔다. 익두는 이레 만에야 혼수상태에서 깨어났다.

익두는 새 삶을 살기로 다짐하고도 옛 습관을 끊지 못해 그렇게 됐다면서 3일간 통곡하며 금식하고 기도했다. 그 일을 겪고 난 익두는 더욱더 열심히 《성경》을 읽고 기도했다. 마치 무엇엔가 홀린 사람 같았다. 어머니는 아들이 미쳐버렸다고 탄식했다.

익두는 마침내 자신도 예수님이 40일간 광야에서 금식기도한 것처럼 그 뒤를 따르기로 결심했다. 그는 산 속으로 들어가 침식을 잊은 채 기도했다. 그렇게 가슴을 치며 밤을 꼬박 새워 참회하고 회개한 뒤 새벽녘에야 돌아와 잠을 자던 중이었다. 비몽사몽간에 큰 불덩이가 가슴으로 들어왔다.

"어이쿠, 불벼락이야!" 너무도 놀란 익두는 악을 썼다. 그 소리가 얼마나 컸던지 안방에서 자던 어머니가 놀라 뛰어올 정도였다. 그 일이 있고서 익두 안에 있던 포악한 심성이 빠져나갔다. 대신 그 자리에는 뜨거운 사랑이 들어왔다. 변화를 경험한 그는 제일 먼저 교인들 앞에서 자신의 죄를 공개 자복했고 헌신할 것을 선언했다. 교인들도 그런 그의 모습에 놀랐고, 교회 안은 그가 전하는 은혜로 더욱더 변화를 갈구하게 되었다. 익두는 자신의 체험이 소중한 믿음의 체험이 되기를 원했다. 그는 그 후 1년간 《성경》을 무려 100번이나 읽었다.

익두는 이제 깡패가 아닌 전도사로서 장터에 나갔다. 그동안 미치광이가 안 보여 속이 편했던 사람들은 그가 다른 모습으로 다시 나타나자 더 걱정이 되었다. 이번에는 무슨 행패를 부리려고 위장까지 하느냐며 그가 달라진 걸 쉽게 믿지 않았다. 그런데 그가 찬송을 부르며 기도하자 과거 그에게 맞고 해악을 당했던 장꾼들이 "너 잘 만났다"면서 그를 욕하고 때렸다. 그런데도 익두는 그대로 맞고만 있었다.

"여러분 나는 김익두입니다. 과거 이 장터에서 여러분을 욕보이고 못살게 굴던 깡패 김익두입니다. 그러나 이제는 예수를 믿고 여러분 앞에 회개하려고 나왔습니다. 나를 실컷 때려주시오."

피를 흘리던 익두는 땅에 엎드려 사람들에게 사죄하고 큰절을 올리며 용서를 빌었다. 그러자 경멸과 원한에 찬 사람들의 마음에도 변화가 일어나기 시작했다.

익두가 회개하고 노방전도에 나서 활동한다는 소문이 퍼지자, 재령교회에서 전도사로 와달라고 청해왔다. 그런데 이때 또 다른 좋은 조건의 제안이 들어왔다. 서울에 있는 큰 약방에서 장사수완이 있는데다 예수 믿고 새사람까지 된 익두를 월급 150원이란 조건에 채용하고 싶다는 것이었다. 재령교회의 사례비 30원에 비해 약방의 월급은 다섯 배나 많은 돈이어서 누구도 쉽게 뿌리치기 어려운 파격적인 제안이었다. 익두는 기도했다. 그는 이왕 종살이를 할 바에야 돈 많은 이의 종살이보다 하나님의 종살이가 낫다는 생각이 들었다. 그는 서울행을 포기하고 재령으로 갔다.

당시 재령교회에 교인이라곤 남자 1명, 여자 10명뿐이었다. 익두는 전도사로 부임한 즉시 여름성경학교를 열었는데, 익두의 설교를 듣고 어린이들의 회개운동이 일어났다. 어린이성경학교에서 회개운동이 일어난다는 것은 듣도 보도 못한 일이었다. 그런데 말 안 듣던 아이들이 달라지니 어른들도 덩달아 교회에 나와 회개하기 시작했다.

익두가 재령교회를 변화시켰다는 소문이 돌자 이웃 고을 신천교회에서 선교사와 전도사로 청빙해왔다. 그런데 막상 가보니 교인 한 명 없는 빈 교회였다. 그가 빈 교회에서 기도를 한 지 6개월이 넘어서야 절름발이 장애인 여성 한 명이 찾아왔다. 그는 그 장애인을 두 팔 벌려 환영했다. 뒤이어 남자 걸인이 찾아왔다. 그는 그 걸인도 잘 모셨다.

죽어도 양 떼와 같이 죽어야지

익두가 비록 오래도록 망나니처럼 살긴 했지만 그의 깊은 내면엔 자애의 마음이 숨어 있었는지 모른다. 부자이면서도 불쌍한 걸인을 구제하고 이웃들에게 헌신했던 부친의 유언 "사람다운 사람이 돼라"는 말 역시 그의 가슴속에 깊이 남아 있었을 것이다. 익두가 어떤 곳에서도 환영받지 못하는 사람들을 차별하지 않고 진실한 마음으로 존중하고 사랑한다는 소문이 나면서, 3년 만에 교인 한 명 없던 교회에 300명이 들어왔다.

그러나 이는 단지 그가 일구어낸 거대한 부흥의 작은 서막일 뿐이었다. 그는 만주, 시베리아에 이르기까지 모두 776회의 부흥회를 이끌면서 나라 잃고 고통받으며 방황하는 동포들에게 구원의 메시지를 전했다. 그로 인해 수많은 이들이 예수를 영접했다. 그의 부흥회로 150여 개 교회가 생겨났고, 그의 설교에 감화돼 목사가 된 사람만 200여 명에 이르렀다. 그 가운데는 한국기독교장로회의 설립자인 장공 김재준과 신사참배를 거부해 순교한 주기철 목사도 포함돼 있다.

하지만 당시에 그는 '고등 무당'이라는 비판을 듣기도 했다. 또한 미신적인 신앙관과 자의적인 《성경》해석, 거친 언어로 도마 위에 오르기도 했다. 특히 훗날 한국 교회가 이성이 결여된 채 지나친 성령주의와 전도주의로 빠져들게 한 인물로 비판받았다. 그러나 김익두가 낳은 치유와 부흥의 기적은 성공과 전도에 대한 집착이 아니었다. 개인의 회심과 타인에 대한 사랑이 무엇보다 우선이었다는 점을 잊지 말아야 한다.

그 역시 민족 분단의 아픔을 온몸으로 안아야 했다. 그의 자녀 중 서울에 살던 장남 김용식은 아버지가 남으로 내려오길 간청했으나, 그는 "신천서부교회 500명 교인들을 어떻게 놔두고 나 혼자 남으로 가겠느냐? 76세의 노인이 살면 얼마나 더 살겠느냐"면서 교인들과 끝까지 함께하겠다며 거절했다.

김익두는 끝내 강단을 지키다 6·25전쟁 중 공산군의 총탄에 맞아 여섯 명의 교인들과 함께 순교했다. "죽어도 양 떼와 같이 죽어야지 혼자 살아야 쓰겠느냐"는 그의 말 그대로 그는 최후까지 양 떼와 함께했다.

조선식
믿음을
고한
예인 목사

이용도 1901~1933

　서울 서대문구 신촌 연세대 뒷산 기슭의 주택가로 들어서면 한국 문화와 기독교를 접목시킨 원로 신학자 유동식 박사(전 연세대 교수)의 집이 있다. 마당에 들어서니 주변 야산과 다름없이 풀이 무성하다. 자연 그대로의 모습이다. 미소로 맞이하는 그의 얼굴에 한시를 읊조리고 그림을 그리는, 예술을 사랑하는 신학자의 풍류와 멋이 깃들어 있다. 유동식 박사는 1960년 개신교의 토착화 논쟁을 이끌었고, 한국 고유의 영성인 풍류도를 통해 예술적 차원에서 복음을 이해했다. 그런 그가 이 땅에서 가장 사랑하는 선배 기독교인이 있다면 바로 시무언 이용도이다.

　'내가 사는 것이 아니라 내 안의 그리스도가 살 때 말과 행동이 모두

시와 그림이 된다'고 믿는 풍류 신학자 유동식에게 '한 줄 한 줄이 시 아닌 게 없었던' 이용도의 일기는 그리스도의 말씀이 피어난 한 송이 꽃이었다. 그는 오랫동안 '이용도 생애와 사상 연구회' 회장을 맡아 불과 서른세 살의 꽃다운 나이로 세상을 떠나버려 한 번도 볼 수 없었던 '청년 이용도'를 평생 사숙해왔다.

이용도는 20세기의 첫새벽인 1901년 4월 6일 황해도 금천에서 4남 1녀 중 3남으로 태어났다. 그와 함께 한국 개신교사에 거대한 족적을 남긴 김교신, 함석헌, 김재준이 태어난 바로 그해였다. 나라가 도탄에 빠진 민족의 고난과 함께 시작된 그의 삶 또한 고난의 여정이었다. 소거간꾼으로 술주정이 심했던 아버지와 독실한 기독교인이었지만 늘 병고에 시달렸던 어머니 사이에서 자란 용도도 잔병치레가 심했다. 학질을 앓았고, 신경이 과민해 잘 우는 아이였다고 한다.

술주정꾼 아버지의 학대를 받았지만 이용도에겐 성녀와 같은 신심을 지닌 어머니가 있었다. 어머니로부터 신앙의 감화를 받은 용도는 열세 살 때부터 예배당 종각에 올라 밤새도록 기도를 올리기도 했다. 언젠가는 중풍에 걸린 큰아버지의 약을 구하기 위해 캄캄한 밤길을 가던 중 키가 9척이나 되는 마귀가 나타나 길을 막았다. 용도는 놀라지 않고 마음을 침착하게 한 뒤 찬송가를 큰소리로 불렀고 그랬더니 하늘에서 날개 달린 천사가 내려와 마귀를 밀어내 무사히 갈 수 있었다고 한다. 그가 경험한 첫 종교적 환상 체험이다.

보통학교를 졸업한 뒤 열다섯 살에 송도한영서원(송도고등보통학교의

이용도

전신)에 입학한 그는 1919년에 결혼까지 했으나 3·1운동에 가담해 2개월간 구금되는 등 독립운동을 하면서 3년을 감옥에서 보냈다. 몸은 허약했지만 참을 수 없는 불의엔 온몸으로 항거할 만큼 그의 열정은 뜨거웠다. 그는 스물네 살 때 감신대의 전신인 협성신학교 영문과에 입학했다. 그가 처음 신학교에 입학했을 때는 오로지 독립에 대한 의지뿐이었다. 당시 그에게 신학은 뒷전이었다. 그는 신학 외에도 다양한 사회·정치 서적을 읽는 이론가이자 논쟁가로 학내에서 이름을 날렸다. 하지만 하나님은 다른 방식으로 그를 인도하고 있었다. 용도에게 폐병 3기라는 사형선고가 내려진 것이었다. 눈앞에 다가온 죽음과 마주치자 그는 단박에 생사를 초월한 종교로 귀의했다.

벼락처럼 다가온 죽음 앞에서 그의 뇌리를 스치는 것이 있었다. 언젠가 그의 집 맞은편에 살던 영매무당이 용도가 서른 살도 되기 전에 죽으리라 예언했던 것이다. 그때 무당은 "만약 서른 살을 넘긴다면 비상한 일을 할 것"이라고 말했었다.

벗의 손에 이끌려 벗의 고향인 평남 강동에 휴양차 내려간 그는 그곳에서 부흥회를 인도해달라는 교회의 요청을 받게 된다. 그는 그곳 교회의 강단에 올라 찬송가를 부르던 중 주체할 수 없을 만큼 눈물을 흘리게 된다. 그의 눈물은 그야말로 홍수처럼 격렬하게 넘쳐흘렀다. 그곳에서 그의 병은 상당히 호전되었다.

1928년 1월 신학교를 졸업한 용도는 강원도 통천으로 파송되었다. 그는 통천에 있던 금강산 백정봉에서 10일간 금식기도를 했다. 기도를

이용도 목사의 '예술신학의 미'를 따르는 유동식 박사

하며 그는 마음속의 마귀와 싸웠고, 내적인 힘을 가진 선지자로 다시 태어났다. 그는 그렇게 자신 안의 마귀와 싸워 죄를 떠나보내는 체험을 겪었다. 그 뒤 통천 인근 30여 교회에서 이끈 부흥회에서 그는 사람들의 얼굴을 눈물로 적셨다.

"나는 주의 사랑에 삼키운 바 되고 주는 나의 신앙에 삼키운 바 되어 결국 나는 주의 사랑 안에 있고 주는 나의 신앙 안에 있게 되는 것이었나이다."

용도는 1930년 새해에 "고(苦)는 나의 선생, 빈(貧)은 나의 애처, 비(卑. 낮음)는 나의 궁전, 예수는 나의 구주, 자연은 나의 친구"라는 생활훈을 세웠다. 그리고 "나는 주님의 신부요, 주는 나의 신랑이시다. 성전은 나의 애인 주님을 조용히 만나는 면회실, 나는 거기서 내 신랑 예수님 품에 내 전신을 맡기노라"고 선언했다.

그는 그해 2월 평양중앙감리교회에서 부흥회를 인도하며, '피의 설교'라는 제목으로 7시간이나 설교해 사람들을 감동으로 몰아넣었는데, 이 집회에 참석한 청년 7명이 서문밖교회 지하실에 모여 기도하기 시작해 '평양기도단'이 태동했다.

예수는 한 사람을 위하여 있는 자요

용도에게 신앙은 상대적인 것이 아닌 절대적인 것이었다. 부분이 아닌 전체였다. 취미가 아닌 삶이었다. 한때 사회주의를 동경했다가 돌아선 용도가 1930년 사회주의자인 김광우에게 쓴 편지에 그의 생각이 잘 나타나 있다.

"오직 여호와 하나님만 영원하시니 그 하나님 앞에서만 나는 영생하리라는 의기충천의 대용기가 나리이다. 그때는 의를 위하야 참으로 희생의 제물이 될 수가 있는 것이외다. 그렇게 되기 전에는 사회를 위하느니, 나라를 위하느니, 대중을 위하야 어쩌느니 해도 다 잠깐 일어나는 감정적 충동에 불과하며 따라서 자기 변호적 일수단에 불과한 것이올시다."

그러나 용도의 신앙은 종교 자체를 위한 종교, 교회를 위한 종교, 목사나 부흥사를 위한 종교가 아니었다. 그 모든 것은 하나님의 사랑을 표현하기 위한 하나의 수단이고 통로일 뿐이었다. 그에겐 오직 '사랑뿐'이었다.

"사랑은 사람의 생명이라. 고로 사랑은 곧 사람 그것이기 때문이요. 하나님 또한 사랑이시매 사랑함으로써만 하나님을 알 수 있기 때문이다."

"사랑으로 시작되지 않은 신앙은 허위의 신앙이니 이는 사람을 죽일 신앙이니라. 세상에 신앙에 사는 사람이라 하야 쟁투가 많은 것은 사랑에 근거를 두지 않은 신앙, 곧 부애 신앙의 소유자가 많은 까닭이니라. 사랑은 곧 생명이라. 사랑 없는 신앙은 생명 없는 신앙이니라. 교리와 신조의 송독, 교회 출입의 형식, 이런 신앙의 형식(껍질)으로 전부를 삼아 스스로 속는 자, 그 얼마나 많은 현대인고. 네가 신앙의 소유자이냐 그러면 너는 사랑의 소유자가 될지어다."

그가 이렇게 사랑의 사람이 된 뒤 쓴 글들을 보면 이념, 교리, 개혁의 포로가 되기보다는 오직 한 사람, 한 생명에 대한 진실한 사랑을 실천하려는 의지를 볼 수 있다. 성녀 테레사 수녀의 글이 50년 전 그의 서간집에 실려 있다.

"나는 대중을 위하여 있는 자가 아니로다. 다만 일개인을 위하여 살려고 하노라. 대중은 나의 대상이 아니로다. 개인만이 나의 진실한 대상이로다. 나는 대중을 위한다는 일의 허명을 버리고 한 사람을 위한 진실에 돌아가려 하노라. 저, 예수는 한 사람을 위하여 있는 자요, 대중을 위하여 있는 자가 아님을 알았노라."

자신의 체험을 머리가 아닌 가슴으로 전했던 그에게 교회의 교리와 형식은 아무래도 상관없었다. 당시 서양 선교사들이 전한 서구 신학의 틀에 갇혀 있던 목사들과 달리 그는 조선식 도포 차림으로 조선의 언어로 회개와 신앙을 부르짖었고, 가야금을 뜯으면서 가극과 연극, 시, 편지, 일기를 통해 초월적인 하나님의 음성을 전했다.

용도는 '민족적 신비주의자'였다. 이런 면에서 20세기 초 개신교를 이끌었던 부흥사 길선주, 김익두와도 그는 달랐다. 그는 민족성과 토착성을 버리지 않았기에 신탁을 받은 무녀와 기독교 사이의 경계마저 허물어버렸다. 그는 서구 신학의 관점이 아닌 동양인의 눈으로 봐야만 영적 세계에 더 쉽게 접근할 수 있다고 믿었다. 그러자 장로교와 그가 속한 감리교조차 그를 이단시했다. 그의 날카로운 설교가 높아질수록 그를 시기하는 이들도 늘어갔다. 그래도 그는 "회칠한 무덤이여!", "차라리 성전을 허물라"는 외침을 그치지 않았다.

이로 인해 그는 1932년 장로교의 여러 노회로부터 '금족령'과 '이단 평결'을 받기에 이르렀다. 1933년 3월, 자신이 속했던 감리교회마저 휴직이란 명분으로 그에게 내린 이단 정죄를 받아들였다. 그를 이단으로 낙인찍은 교회에선 그를 따르는 교인들마저 출교시켰다. 이토록 처절한 따돌림 속에서 외롭게 생을 마쳐야 했던 용도는 더욱더 겸허한 학도가 되어 기도를 했다.

"나는 한 학도로다. 모든 사람 모든 사물, 이는 다 여호와의 거룩한 음성이었느니라. 나는 이때까지 보유하려고 애쓰던 나의 선생 지대를 떠나노라. 나는 이제 깨달았노라. 저 어린애, 걸인, 천녀, 곤충, 금수, 초목! 이는 다 나의 선생님임을 깨달았노라. 귀인과 지식은 물론이고 모든 것에 대하여 무릎을 꿇으리라. 그리고 절하고 배우리라. 내가 저희를 가르칠 것이 아니라 저희가 나를 가르치는 선생이로다. 선악이 모두 나의 스승이라."

희생, 나는 희생이 되려나이다

그는 삶의 막바지에 이르자 모든 아집을 버리고 자신의 마음에 난 창을 모두 열었다. 이제 곧 하나님을 영접하여 육신을 떠날 그에게 종파와 교리는 아무런 제약이 되지 못했다.

"나는 무교회지도 보고, 순복음지도 보고, 장로회지도 보고, 감리회지도 보고, 사회주의지도 보고 별것 다 봅니다. 그러나 나는 그것을 본다고 그 주의자는 아니올시다. 나는 어떤 때 형제에게는 불경 좀 보기를 권하고, 또 어떤 교역자에게는 사회주의지 좀 보기를 권하기도 합니다. 취사의 일을 주님께 부탁한 나는 무엇에나 다 접근합니다. 나를 기를 수 있어 취하고 나를 기를 수 없어 나는 버립니다. 나는 창기에게서도 배움이 있는 자요, 난봉에게서나 아이에게서나 무식한 자에게서나 불교인에게서나 무교회주의자에게서나 누구에게서든지 다 배울 바를 찾는 자이외다. 왜 그런고 하니 나는 어떤 때 저희의 어떤 점보다 못한 것을 내 속에서 발견하게 될 때 나는 겸허히 저희에게서 이를 배우지 아니치 못합니다. 나는 남을 가르칠 자가 아니요, 배울 자이니 일생 학생심을 가지고 배워 마땅한 자입니다."

용도를 따르는 사람들은 1933년 6월 '예수교회'라는 교단을 창립하고 그를 초대 대표로 선출했다. 그러나 그는 폐병으로 고생하다가 10월 2일 원산에서 세상을 떠났다. 불과 4년 동안 예수의 삶을 전하다가 예수처럼 기존 교단의 핍박을 받다가, 예수와 같은 나이인 서른세 살의 나이에 불꽃같은 삶을 마쳤다.

그가 소천한 뒤 선교사들은 그를 5세기 성자의 이름을 본떠 '시므온'으로 정했다. 당시 국내에선 오히려 선교사들보다 더 미국의 근본주의를 따라 단죄를 일삼는 종교재판이 횡행했다. 하지만 정작 그가 별세하고 3년 뒤 미국 남감리회 선교사 피터스는 선교사들의 잡지인 〈더 코리아 미션 필드(한국 선교마당)〉에 1년 넘게 이용도의 생애를 연재했다. 그 제목이 '한국의 신비주의자 시므온'이었다. 용도가 흠모했던 5세기 성자 시므온의 이름을 딴 것이었다.

그러나 용도가 스스로 칭한 호는 시므온이 아니라 시무언(是無言)이었다. 하늘의 언어를 읊조렸던 동양적 기독교 시인의 호엔 '굳이 무슨 말이 필요하리'란 뜻이 담겨 있었다. 그 뜻 그대로 무슨 말이 필요했을까. 그는 희생했고 순종했다. 예수처럼 십자가처럼. 그는 1929년, 교권의 질타 속에서 죽어가는 자신의 미래를 예시한 듯한 글을 남겼다.

"희생, 나는 희생이 되려나이다. 참 희생이 되려나이다. 호랑이가 나와서 나를 해치려고 해도 나는 반항치 않으렵니다. 짐승에게까지 이유 없이 그냥 희생이 되겠나이다. 사람들이 나를 욕하면 그냥 가만히 있으면서 그 욕을 먹겠나이다. 그냥 맞아 죽으려나이다. 곧 희생이 되려나이다. 그 잘잘못은 내가 가릴 바 아니니이다. 나는 그러므로 가만히 주의 뜻을 품고 그냥 순종하려 하나이다."

교회 대신
교인 집 지은
중목사

김현봉 1884~1965

　서울 서대문구 북아현1동의 아현교회는 1960년대 초까지만 해도 영락교회와 함께 서울에서 가장 신자가 많은 교회였다. 하지만 당시 이곳에는 멋진 예배당도 교육관도 목사관도 없었다. 날로 늘어나는 신자들이 예배당이 붐벼 들어오지 못하면 예배당 밖으로 지붕만 얹고 의자를 놓아 예배를 보게 했다. 그렇게 늘리고 늘린 교회는 마치 기운 누더기 같아 그 주변 200여 채의 판잣집과 별반 다르지 않았다.

　돈이 없어서가 아니었다. 아현교회는 주변 판자촌의 상당수를 소유할 만큼 재정이 풍족했다. 그런데도 교회는 건물을 짓는 데는 아무런 관심이 없었다. 대신 판잣집을 사들여 집 없는 교인들에게 나누어주었고, 먹고살 길이 없는 교인들에겐 자본을 대줘서 소금이나 고무신, 생선 장사를 해서 먹고살게 했다.

그런 교회를 만든 이가 김현봉 목사였다. 작은 키에 땅땅한 몸매에 눈매가 매서웠던 그는 언제나 머리를 삭발하고 있었기에 '중목사'로 불렸다. 그런 김현봉을 따르던 사람들이 신촌 창광교회와 염천교회, 신촌교회 등을 세워 그 뜻을 잇고 있다. 창광교회에서 만난 이경자 전도사는 김현봉이 별세할 때까지 10여 년간 전도사로서 보좌했다. 그는 김현봉에 대해 "얼굴에서 언제나 사랑이 지글지글 끓었던 사랑의 사도였다"고 회고했다. 김현봉의 사랑은 하나님으로부터 왔다. 김현봉만큼 하나님과 단둘이 만나는 기도의 시간을 많이 가진 이도 찾아보기 어려웠다고 한다.

김현봉은 경기도 여주군 가내면 건장리에서 태어나 서울 서대문에서 자랐다. 2남 1녀 중 막내였는데 형은 독립운동을 하러 러시아로 떠났다. 그는 어려서부터 검도와 유도를 해서 몸이 단단했다. 현봉이 기독교인이 된 것은 스물두 살 때였다. 그는 양정의숙 법과를 졸업한 뒤 교편생활을 하며 조선 학생들에게 애국심을 고취시켰다. 그러다가 1912년 한국기독교청년회 총무였던 이상재 선생의 소개장을 들고 서간도로 건너갔다. 그곳에서 학교를 세운 그는 동포 아이들에게 한국 역사를 가르쳤다. 이어 러시아 영삼위로 옮겨 그곳에서도 학교를 세웠다. 그 뒤 1923년 일본군에 체포되어 국내로 압송돼 서대문 형무소에서 감옥살이를 했다. 그는 출감 뒤 러시아 영내의 한인노회의 추천을 받아 평양 신학교에 입학했다. 그때 그의 나이는 마흔 살이었다.

현봉은 원래 독신자로서 평생 영적인 수도의 삶을 살고자 했다. 그런데 가톨릭 수도자도 아닌 개신교 목사가 결혼도 하지 않고 살자 교계와 교인들의 눈총이 따가웠다. 그래서 그는 한 지인에게 중매를 당부했다. 조건은 두 가지였다. 신부가 간호사여야 한다는 것과 얼굴이 못생겨서 아직까지 결혼을 못하고 있는 여자여야 한다는 것이었다.

지인이 그에게 세브란스 병원에 근무하는 간호사를 소개시켜주었다. 그 간호사는 혼자 나가는 것이 너무나 쑥스러웠는지 친한 동료들과 함께 자리에 나오려 했다. 그런데 어떤 친구도 자신보다 얼굴이 못나 보이지 않았다. 그 친구들을 데려가면 상대가 다른 친구들만 쳐다볼 것 같았다. 곰곰이 생각해보니, 같은 병원에 얼굴이 얽은 간호사가 한 명 있는데, 그를 데려가면 괜찮을 것 같았다.

선을 보기로 한 날이 왔고, 얼굴이 얽은 간호사가 먼저 약속장소에 나타났다. 현봉은 그녀를 보고, 아직 혼전이냐고 물었다. 그는 쑥스럽게 대답하는 그녀에게 대뜸 "그럼 나와 결혼합시다"라고 했다. 그렇게 해서 현봉은 44세, 그의 아내가 28세 때 만나 결혼했다. 그의 아내는 얼굴이 얽었으나 마음씨가 착했고, 보통의 여자로선 감당키 어려웠을 현봉의 남다른 삶을 그림자처럼 따랐다.

현봉은 1928년 평양신학교를 졸업한 뒤 서울 공덕교회에서 목회를 시작했다. 그는 머지않아 공덕교회를 사임하고 아내의 간호사 월급에 금융조합의 융자를 보태 여섯 간짜리 집을 샀다. 그리고 아현교회라 이름 짓고 1933년 3월부터 예배를 드리기 시작했다.

김현봉 목사   이경자 전도사

신앙인으로서 현봉의 삶에 절대적인 영향을 미친 사건은 6·25전쟁이었다. 전쟁으로 인해 불가피하게 삼각산의 한 굴속에 숨어 있었다. 주변에서 군홧발 소리가 들려올 정도여서 옴짝달싹할 수가 없었다. 그는 굴속에서 흘러나오는 샘물을 마실 뿐 39일간 굶어야 했다. 그런 중에 그는 기도했다.

　유엔군의 인천상륙작전이 끝나고 굴에서 나왔을 때 피골이 너무 상접하여 아내조차 그를 못 알아볼 정도였다. 이후 그의 삶과 말은 달라졌다. 그의 입에선 전과 달리 힘이 넘치는 생명수가 쏟아져 나왔다.

　그는 오후 6시만 되면 잠자리에 들었고 새벽 1시에 일어나 묵상했다. 세상이 가장 고요히 잠든 시간에 홀로 깨어 있었다. 새벽 3시엔 아침식사를 했고, 통행금지 해제 사이렌이 울리면 곧바로 연세대 뒷산에 돌로 만들어놓은 기도실로 향했다. 그의 기도실은 연세대 뒷산 봉원사 쪽에 있었다. 그는 그렇게 아침 해를 바라보며 점심 무렵까지 깊은 황홀경에 잠겨 있곤 했다. 아침까지 묵상을 하고 내려와 오전 9시면 점심을 먹고 오후 3시에 저녁을 먹었다. 보통 사람들의 일상과는 전혀 달랐다. 그의 기도의 삶을 따라 그대로 실천해온 창광교회 이병규 목사는 현봉이 "세상을 보지 않고 하나님의 뜻에 의해서만 살았다"고 회고했다.

　연세대 뒷산에서 묵상하는 그의 모습은 마치 신선처럼 보였다. 이 모습을 본 아현교회의 수많은 신자들이 현봉을 따라 나무 하나씩을 정했고 그 밑에서 정좌해 명상에 잠기곤 했다. 그래서 연세대 뒷산 일대는 아침 묵상객들로 장관을 이루곤 했다.

그는 교회에서도 소리 내어 기도하지 못하게 했다. 동네에서 방앗간 하나 놓으려고 해도 동민들의 허락을 받기 전에는 못 놓는 법인데, 기독교인들이 이성을 잃고 다른 사람들이 어떻게 하든 상관없이 부흥회라고 떠들고 소란스럽게 해 이웃주민들의 감정을 상하게 하는 것은 하나님도 용납할 수 없다는 것이었다. 찬송은 하나님과 연락해서 영혼으로 부르는 것이지 자기 육체가 흥분하자는 게 아니라는 의미였다.

고요히 하나님과 교통하는 가운데 회개해 양심을 찾아 자신을 만들어야 한다는 게 그의 가르침이었다. 그는 누구든지 자기가 된 만큼밖에 남을 만들지 못하는 법이니, 요는 나 하나 만드는 일이 급선무라고 했다. 내가 바로 서지 못하고서 누구를 바로 서게 하겠느냐는 것이었다.

그는 산에서 내려오면 곧바로 교인들에게 심방을 갔다. 방에 들어가지 않고 밖에서 안부를 여쭙는 문전 심방이었다. 대신 살림이 어려운 교인들 집에선 방에 들어가 연탄불을 지폈는지 알려고 바닥을 만졌고, 쌀독을 들여다본 뒤 도움을 주곤 했다. 그는 늘 안주머니에 돈을 가득 담아 갖고 다니면서 즉각 필요한 사람에게 나눠주었다.

아현교회엔 다른 교회와 달리 성가대 같은 조직도 없고, 피아노도 강대상도 화분조차 없었다. 일체 꾸미는 게 없었다. 있는 그대로였다. 가장 검약한 사람은 현봉 자신이었다. 그는 자신에게 돈을 쓰지 않았다. 평생 교회 지하의 방 한 칸에서 지냈다. 그의 밥상엔 팥밥 한 그릇, 김치 한 접시, 된장국 한 그릇이 늘 전부였다. 그는 교회 주변에 손수 채소밭을 일궈 고추와 가지와 오이와 호박을 심어 이웃과 나눠 먹었다. 그는 고기도 먹지 않았다. 옷도 두루마기만 입고, 고무신만 신었기에 달리 돈 들 일이 없었다.

아현교회에선 허세가 통하지 않았다. 교회도 그렇거니와 신자들의 사치도 허용되지 않았다. 남자들은 대부분 삭발했고, 여자들은 파마도 하지 못하게 했다. 결혼식도 20명 이상 참석하지 못하게 했다. 신자가 세상을 떠나면 24시간이 지난 뒤 그가 예배를 드리고 손수 시신을 리어카에 실어 끌고 가 화장을 했고, 아이가 죽어도 그가 직접 지게에 지고 가 산에 묻었다.

그는 교인들이 신앙적으로나 물질적으로 완전히 자립하도록 했다. 그 스스로 솔선수범해 홀로서기를 했다. 몸도 남에게 의지하지 않기 위해 매일 냉수마찰을 했다. 건강을 유지해 여든이 넘어 생을 마칠 때까지 남에게 의지하지 않았다. 심지어 이발 기계를 사가지고 스스로 머리를 깎았다. 생활비는 아내의 수입으로 충당했고, 자신에게 들어오는 돈은 모두 구제비로 사용했다.

그는 서대문 근처 빈민굴에서 화재를 당한 사람들을 모아 한 사람에게 10평씩의 땅을 떼어주어 살게 했다. 그곳에 사는 사람들은 김 목사의 가르침에 따라 모두 자립심을 길러나가지 않을 수 없었다. 그곳에 기거하게 하면서도 그는 몇 가지 조건을 달았다.

1. 생활이 펴질 때까지 이곳에 살 것.

2. 돈 만 원을 주면 고운소금 장수를 부지런히 할 것.

3. 언제나 주일은 꼭 지킬 것.

4. 수입의 십일조는 꼭 바칠 것.

5. 구제품 우유통에 꼭 성미를 바칠 것.

이래서 서울 시내 고운소금 장수들은 대부분이 아현교회 신자들이었다. 이렇게 40여 집이 살았다. 그는 그들과 더불어 검박한 삶 속에서 살다가 1965년 숨을 거두었다.

교인들은 김현봉의 뜻에 따라 시신을 리어카에 싣고 가 화장했다. 그러나 울지 말라는 그의 뜻을 지키는 교인은 없었다. 1200명의 교인들은 리어카를 따르며 통곡했다. 말만이 아닌 삶으로 보여준 목회자를 이제 어디서 다시 찾겠느냐는 눈물이었다.

평등의
공동체 이룬
벽안의
수도사

대천덕 1918~2002

　예수원은 마음속 이상향과 같은 곳이다. 하늘의 이상을 지상에 내려놓았던 대천덕 신부 생전에 그와 함께 그곳에서 며칠을 보내며 많은 얘기를 나눌 수 있었던 것은 행운이었다.

　처음 예수원을 찾은 것은 2000년이었다. 태백에서 버스를 타고 하사미분교 정류장에 내려 고갯길을 돌아 산골짜기에 접어들면 '예수원' 푯말이 어둠 속에서 빛을 내듯 오롯이 서 있다. 해발 920미터 태백 준령의 어두운 골짜기를 돌아가니 아름다운 돌집들이 그 자태를 드러냈다. 스위스풍의 멋진 돌집들이 '예수원 오는 길'과는 전혀 다른 세계를 보여주고 있었다. 사람의 자취는 없고 성령만이 감싼 듯 예수원은 깊은 적막 속에 잠겨 있었다.

"고백할 것이 있습니다."

새벽 6시, 예수원 식구들과 방문자 등 200여 명이 가득 찬 예배실의 깊은 적막을 깬 것은 아처 할아버지였다.

"나는 사회문제, 교회문제, 토지 형평 분배에는 늘 관심을 갖고 있습니다. 그러나 개인에 대한 관심이 부족했습니다. 형제들이 예전에 내게 얘기한 것조차 제대로 기억하지 못하곤 합니다. 개개인에게 소홀했던 점을 고백합니다."

그의 서구적 외모와 어눌한 말투가 아니었다면 그가 대천덕 신부라는 것을 알아채기는 어려웠을 것이다. 널리 존경받는 종교 지도자가 바로 자신의 허물을 스스럼없이 드러내고 있었다.

다른 가족들의 고백도 계속되었다. 혹시 고백하지 않은 죄나 허물이 있는지 성령께서 깨닫게 해주도록 기도하면서, 하나님 앞에서 마음을 정결하게 비우고 있었다. 예수원의 아침은 그렇게 밝아오고 있었다. 예수원 가족들은 함께 기도와 아침식사를 마치고, 8시가 되면 중세 수도사 베네딕트의 '노동은 기도요, 기도는 노동이다'라는 정신을 이어받아 각자 목장이나 농장, 목각실, 출판부 등으로 갔다. 예수원에는 정회원과 수련생 등 80여 명이 하루 3시간의 기도와 7시간의 노동, 3시간의 침묵을 지키며 살아간다.

예수원은 1965년 성공회 소속 미국인인 대천덕 신부 부부와 건설 노동자 등 12명이 함께 천막 속에서 시작한 초교파적 수도공동체이다. 이곳에선 하루 24시간의 십일조에 해당하는 시간을 하나님께 드려 기도

대천덕

한다. 또 매일 아침 6시와 낮 12시, 저녁 6시에 삼종이 있는데, 밀레의 그림 '만종'처럼 삼종이 되면 길을 걷던 사람도 일을 하던 사람도 모두 하던 일을 멈추고 그 자리에서 하나님께 침묵으로 기도를 올리는 모습을 볼 수 있다.

하나님께 맡기는 살림

예수원 식구들은 불화를 일으키는 이기적인 '나'를 내려놓기 위해 침묵 속에서 성령과의 깊은 대화를 나누고 기도를 한다. 점심식사 후 1시간과 밤 9시부터 1시간 동안은 소침묵의 시간이며, 이어 밤 10시 이후엔 어떤 말도 하지 않는 대침묵의 시간이 흐른다.

공동체의 십중팔구가 해체되곤 하는데도 예수원이 35년 넘게 이렇게 성장해올 수 있었던 것은 공동체 가족들에 대한 사랑과 관용, 배려의 정신이 있었기 때문이다. 예수원에선 어느 누구든지 죄에 빠지게 되었을 때는 부드럽게 그리고 사랑으로 감싸준다. 잘못을 한 가족에게 먼저 은밀히 사랑으로서 권고하지 않고서는, 누구도 회원들 앞에서 그 잘못을 나무랄 수 없다. 또한 모든 면에서 부탁을 받을 때까지 기다리기보다는 스스로 생각하며, 서로 돕는 것을 원칙으로 삼고 있다.

한눈에도 성령이 충만함을 느낄 수 있는 이 놀라운 공동체는 대천덕이라는 영적 멘토 없이는 불가능했다. 대부분의 종교 공동체가 '교주'나 다름없는 한 사람의 권위를 세우는 것과 달리 대 신부는 공동체 가족의 한 사람으로 돌아갈 뿐이다. 가족들 모두가 대 신부를 본명인 '아처'나 '할아버지'로 부르며 따르지만 그곳의 삶은 리더십보다는 멤버십으로 운영된다. 이곳을 방문한 사람이라면 누구나 그들의 자유분방하면서도 평등한 삶에 놀라곤 한다.

일반 교회에서는 주로 목사님, 장로님, 집사님이란 호칭을 사용하곤 하지만, 이곳에선 누구에게나 형제님, 자매님으로만 부른다. 예수를 구주로 고백한 사람이면 누구나 형제, 자매이기 때문이라는 것이다. 이곳에선 사제들이 주일날 미사를 집전하긴 하지만, 평소에는 다른 가족들과 마찬가지로 똑같이 자기가 맡은 일을 한다. 방문자들은 사제들이 식사시간에 음식을 가져다주는 모습을 보곤 놀라는데, 이곳에선 대 신부도 식사당번을 맡고 있다. 예수원의 식사는 아주 검소하다 못해 빈약하게 보일 정도이다. 반찬이라고 해봐야 김치뿐이다. 정상적인 사람도 영양실조에 걸릴법한 식단으로 보였다. 대 신부가 여든두 살의 나이에 병원에 입원했을 때의 병명은 영양실조였다. 그러나 그는 끝내 특별한 대우를 받길 원하지 않았고 따로 영양을 보충할 음식을 제공받지 않았다.

예수원은 애초 기도의 삶을 영위하며, 기도의 실제적인 능력을 실험하기 위해 세워졌다. 그곳엔 교파를 초월해 해마다 1만여 명이 넘는 사람들이 방문한다. 예수원은 방문자에게 따로 숙식비를 받지 않으며, 형편에 따라 헌금할 수 있도록 하고 있다. 예수원의 나눔의 정신이 많은 사람들이 그곳을 찾게 하고 있는 것이다.

대천덕 신부(좌)와 부인 현재인(우)

예수원의 공동체 가족들이 그 많은 방문자를 먹여 살리는 게 세상의 계산법으로는 가능해 보이지 않는다. 그러나 예수원은 지금까지 공동체의 살림을 '하나님께 맡기는 믿음'만으로 큰 탈 없이 이어왔다. 이들은 자신들이 가장 궁핍할 때 하나님께서 사람을 움직여 필요한 것들을 보내주셨다고 믿고 있다. 이처럼 기도는 이 공동체를 유지해가는 원동력이다.

대 신부는 "진정한 기도란 하나님과 실제적으로 교제하는 것을 뜻한다"고 했다. 성령 안에서 세례를 받은 목적 중 하나는 모든 기도가 양방통행의 길이 될 수 있도록 수로(채널)를 열어주는 것이라고 했다. 우리가 기도할 뿐 아니라 하나님께서 응답해주시는 것이란다. 통상적인 계산법으로 운영될 수 없는 예수원이 지금까지 유지되어온 것도 기도와 이에 대한 응답이라고 그들은 믿고 있다.

대 신부는 "그날에 일어나는 모든 사소한 일에 이르기까지 기도할 뿐 아니라 또한 기도로써 하루를 시작하고 잠시 명상의 시간(Quiet Time)을 갖기를 원할 것"이라며 "이것을 통해 주님께서 우리의 마음속에 그날 해야 될 일들과 만나야 될 사람들에 대한 생각을 주실 것"이라고 했다.

1965년부터 태백 산골에 자리 잡은 예수원

　기도로 모든 것을 이룰 수 있다고 여기는 점에서 대 신부의 믿음은 절대적이다. 그렇다고 그의 믿음이 근본주의 신앙관으로 담을 친 것은 아니다. 그는 한국인들의 고유한 문화와 신앙, 영성을 존중했다. 마을 사람의 장례식엔 유교식으로 머리에 두건을 두르고 참석할 정도였다. 또 예수원에 온 청년들이 주변 마을을 지나다가 성황당을 보고 훼손했다는 소식을 듣고는 청년들을 꾸짖은 다음 자신이 마을로 내려가 사람들에게 머리 숙여 사과했다고 한다.
　그는 노후에도 한복을 입고 지낼 만큼 한국적인 것을 사랑하는 사람이었다. 대 신부의 딸은 외모는 서양인이었지만 유창한 한국말을 구사해 예수원 주변의 풀이름 나무이름을 훤히 꿰고 있어 서울내기들을 부끄럽게 하기도 했다. 그렇게 그는 서양에서 온 선교사라기보다는 우리 마을의 할아버지 같은 존재였다.

기도 중인 대천덕 신부. 예수원은 중세 수도사 베네딕트의 '노동은 기도요, 기도는 노동이다'라는 정신을 이어받고 있다.

기도해준다면 절망은 없다

매년 예수원을 찾는 1만여 명 가운데 90퍼센트 이상은 개신교 신자들이다. 설립자인 대 신부가 비록 당시의 인연으로 성공회 신부가 됐지만, 대 신부의 할아버지와 아버지가 모두 개신교 장로회 소속 선교사 출신으로 그의 신앙적 배경은 개신교이기 때문이다.

그래서 이곳은 수도원이면서도, 성공회나 가톨릭 수도원들과는 전혀 다른 분위기를 풍긴다. 매일 밤마다 각기 다른 프로그램이 준비되는데 목요일 밤엔 수도원의 분위기와는 다른 통성기도와 방언기도가 행해지기도 한다. 이곳에는 약간 외진 두 곳에 통성기도를 할 수 있는 장소를 두고 있다.

예수원은 한국의 개신교가 풀어주지 못하는 갈증을 해소해주는 하나의 출구이기도 하다. "경제 위기로 나라와 국민들이 어려운 이때, 우

수고하고 무거운 짐 진 자들을 반기는 초교파 공동체 예수원의 푯말

리 교회와 선교단체가 나라와 민족을 위해 깨어 기도할 수 있도록 하소서."

(모두 함께) "주여, 우리의 기도를 들어주소서."

"이 땅의 교회의 회개와 쇄신을 위해 깨어 기도할 수 있게 인도하소서."

(모두 함께) "주여, 우리의 기도를 들어주소서."

타인과 다른 곳의 고통을 자신의 것과 다르게 보지 않는 예수원의 중보기도를 빼놓고 그들을 얘기하긴 어렵다. 그들은 항상 자신과 가족을 위한 기도보다는 자신과 자신의 가족이 아닌 남을 위해 기도한다. 정오 예배 때 그들은 가장 애절한 목소리로 자신이나 예수원이 아닌 굶주리는 자, 병든 자, 실업자 등을 위해 기도한다. 그 기도는 중국과 티베트, 인도네시아, 세르비아, 수단과 세계난민들을 위한 기도로 이어진다.

"누구든지 자기의 유익을 구하지 말고, 남의 유익을 구하라." 예배당

칠판엔 고린도전서의 말씀이 쓰여 있다. 예수원에선 유치원생 8명도 따로 고사리 같은 손을 모으고 남을 위한 기도를 한다.

"사람이 없어서는 죽지 않는다. 나누지 않고, 편중되고, 빼앗기고, 절망해서 죽는다. 서로 걱정하고 배려하고, 기도해준다면 절망은 없을 것이다."

예수원의 중보기도는 사람 하나하나에만 한정되지 않는다. 교회 개혁과 사회 개혁에 대한 내용도 많이 포함되어 있다. 이들이 가장 꾸준히 올리는 중보기도 중 하나가 땅을 개인적 소유가 아닌 하나님의 것으로 여기자는 기도다.

"《성경》은 땅이 하나님께 속한 것이라고 분명하게 말하고 있습니다. 인간이 제 아무리 많은 것을 발명해왔다고 할지라도 땅을 창조할 수는 없습니다. 오직 하나님이 땅을 창조하셨으며 더 이상의 땅을 창조하고 계시지 않습니다. 그분은 땅의 주인이시오, 오직 그분만이 그것이 어떻게 사용되어야 할 것인지 말할 권리를 가지고 계십니다. 땅은 하나님의 것이므로 그것은 거룩합니다. 만약《성경》에서 가르치고 있는 대로 땅이 올바르게 사용된다면 전 세계 인구의 먹고사는 문제는 해결될 수 있을 것입니다. 어떤 이들은 그와 같은 행위에 맞서 시골 땅으로 돌아가 살 수도 있을 것입니다. 바로 우리들, 그리스도인들이 그 일을 해야 합니다. 우리가 먼저 본을 보입시다. 하나님의 기업, 하나님의 땅으로 돌아갑시다."

대 신부의 이런 정신을 이어 지금까지도 제자들이 꾸준히 '성경적인 토지법'의 시행을 위한 기도를 올리며 '성경적 토지정의를 위한 모임' 등을 통해 운동을 펼치고 있다. 성경적인 토지법은 토지를 공유화해 토지세로 대부분의 국가 재원을 충당하도록 하는 것을 말한다. 토지의 소유와 세습, 비싼 임대료야말로 부익부 빈익빈을 심화시키고, 인간 활동을 제약하는 가장 큰 요소라는 것이다.

예수원 공동체 가족들은 금요일이면 방문자를 모두 내보낸 뒤 주말 동안 서로 깊이 교감할 수 있는 시간을 갖는다. 이때 생일을 맞이한 가족을 위해 축제를 벌이기도 한다. 토요일 밤에는 모든 가족들이 서로에 대해 고마움을 나타내는 감사기도가 있다. 조용한 찬송이 흐른 뒤 그들의 개인적 고민과 아픔과 기쁨을 나누는 것을 보면 '두 명 또는 세 명이 사랑으로 모여 있는 곳에 함께한다'는 성령의 존재감이 가슴에서 충만히 느껴진다.

한 번도 다투지 않은 오십 년

예부터 성인도 세 명이 한 방에 있으면 밖으로 큰소리가 새어 나온다는 말이 있다. 그런데도 평범한 보통 사람들의 공동체가 이처럼 오랫동안 화평을 유지할 수 있는 비결을 대 신부와 부인 현재인을 통해 엿볼 수 있었다.

사람도 집도 많이 바뀐 예수원에서 한결같은 것은 대천덕 신부와 부인 현재인의 금실이었다. 전혀 다른 성격을 지닌 두 사람은 50년 넘게 한결같은 사랑을 나눠왔다. 중국 산동성에서 장로교 선교사의 아들로 태어나 중국과 한국에서 성장기를 보낸 대 신부는 프린스턴대와 하버드대에서 공부한 엘리트이면서도 젊은 시절 선원과 노동자 생활을 한 개척자이자 실천가이다. 그는 살인무기인 총을 잡는 병역 대신 선원으로 대체 복무를 했을 만큼 자신의 신앙을 삶에서 실천하려고 노력했다. 일처리가 치밀하고 빠른 그는 노동자처럼 일찍 일어나고 일찍 자는 사람이기도 했다.

반대로 미국의 대학시절 메이퀸에 뽑힐 정도로 미인이자 한국으로 건너오기 전 미 40개 주에서 60여 회의 전시회를 열 정도로 촉망받던 화가였던 부인 현재인은 매사에 서두르지 않는 차분한 사람이다. 스위스풍의 예수원을 설계한 예술가답게 늦게 자고 늦게 일어나는 것을 즐긴다.

한동대 교수였던 막내딸 버니가 두 사람의 성격을 테스트했더니 단 하나의 공통점도 없을 정도였다고 한다. 하지만 결혼 전 7년 동안 짝사랑했던 대 신부의 부인 사랑은 특별했다. 1957년 한국에 들어와 성공회 미카엘신학대를 건립하는 건설노동자와 한국어를 익히는 남편을 돌보느라 미처 말을 못 익힌 부인을 위해 대 신부는 예배 때마다 소곤소곤 통역을 해주었다.

드러내지 않는 현재인의 내조 또한 남달랐다. 그녀는 1999년 말 대 신부가 심장마비로 서울 세브란스병원에서 달포 동안 입원해 있으며 사선을 넘나드는 동안에도 오히려 주위 사람들을 위로하며 대 신부에게 온 편지에 일일이 답장해주기도 했다.

　1998년 결혼 50주년을 맞아 금혼식을 치른 이들은 결혼 이후 한 번도 싸운 적이 없다고 한다. 이런 일이 어떻게 가능했을까. 두 부부는 나를 초대해 다과를 따뜻하게 대접해주었다. "어떻게 50년이 넘도록 한 이불 속에서 살면서 한 번도 싸우지 않았느냐"고 묻자 부부는 "서로 자신의 생각을 끝까지 고집하지 않기 때문"이라며 웃었다.

　이들 부부는 대 신부가 선종하기 몇 년 전 안식년을 맞아 미국을 다녀왔다. 그때 대 신부는 안식년 동안 아내가 그림을 그릴 수 있도록 가사를 맡아서 해주었다.

　'나'의 욕심을 내려놓고 상대를 배려하고 상대를 평안하게 해주는 그곳엔 성령의 사랑과 평화가 함께하고 있었다.

누구든지 자기가 된 만큼밖에 남을 만들지 못하는 법이니,
요는 나 하나 만드는 일이 급선무다.
내가 바로 서지 못하고서 누구를 바로 서게 하겠느냐.

_ 김현봉

이 땅에 한국인의 그리스도를 심은 선지자들

안창호, 조만식, 이상재, 이승훈, 유영모, 함석헌, 김약연, 이동휘, 이승만, 서재필, 김구, 유일한. 먼저 깨어난 자들인 이들 선각자들은 왜 기독(개신)교를 이 민족을 살릴 대안으로 선택한 것일까?

지금까지 이 땅의 기독교 전래의 대부분은 선교사들의 노력과 성령의 역사로 설명되어왔다. 하지만 선교사들이 온 곳은 한국만이 아니었다. 일찍이 일본을 포함한 동아시아 여러 국가들을 선교사들이 찾았지만 왜 그곳에선 우리처럼 성령의 역사가 일어나지 않았을까?

동양 어느 나라보다도 유 · 불 · 선의 기존 종교 사상이 확고히 뿌리내린 조선에, 그것도 동아시아 국가 중 유일하게 기독교가 착근할 수 있었던 배경은 무엇일까?

이 땅의 소외되고 고통받는 민초들에게도 널리 기독교가 전해졌지만, 한국 근대사를 이끌던 인물들까지 기독교를 받아들였다는 것은 놀라운 사실이다. 원래 그들 선각자들 대부분은 한문경전을 공부하던 유학자들이었다. 어려서부터 부모와 서당 훈장 앞에서 무릎 꿇고 사서삼경을 외고, 혼인하면 상투를 틀고 산 그들에게 서양 선교사를 앞세운 예수쟁이들이 곱게 보일 리는 없었다. 한국의 초기 가톨릭 신자들이 전통적인 제사의식을 거부한 데 분노했던 박해자들의 의식과 크게 다르지도 않았을 것이다. 그런데도 그들은 결국 기독교를 받아들였다.

한 사회의 변혁을 고찰할 때는 여러 관점이 필요하다. 근대 종교의 변혁을 다루면서 기독교의 역사를 살펴볼 때도 마찬가지다. 기독교만의 연구로는 그 진실에 접근하기가 힘들다. 이 땅에 기독교가 착근한 성공 요인을 타 종교에 대한 '기독교의 우월성'에서 찾는다면, 왜 다른 동양 국가들과 중동의 이슬람권에서는 기독교가 비교 우위를 못 보였는지 해명할 수 있어야 한다. 다른 곳에서는 착근하지 못한 이유가 일본이나 이슬람권의 지독한 박해 때문이라는 논리 또한 어느 곳이든 엄청난 박해를 뚫고 선교했던 초기 기독교의 역사 앞에선 설득력을 잃는다.

구한말의 선각자들이 기독교를 '선택'한 이유는 기독교 자체보다 그 시대와 사회, 기존 종교의 실상에서 찾는 게 더 정확할 것이다. 만약 우리가 외세에게 나라를 잃지 않았고, 전쟁의 참화에 빠지지 않아 안정되었고, 기존 종교들이 제 구실을 감당했다면 기독교가 그리도 빨리 이 땅에 착근하기는 어려웠으리라.

선각자들은 나라가 망해 내 가족과 내 동포들이 하나같이 지옥에 빠져든 상황에 통곡했다. 그들에게는 민족을 일으켜 세울 새로운 정신이 필요했다. 오래된 놋그릇처럼 녹슬어버린 기존 종교에서 새로운 기풍을 찾을 수는 없었다. 공자의 인륜과 붓다의 만인평등마저 이미 그 초심을 잃었기 때문이다. 그들은 무엇보다 국민의식을 바로 세워줄 새로운 정신과 사상을 절실히 원했다.

　삼국시대에 이 땅에 들어온 불교는 고려시대에 귀족 불교와 왕족 불교로 변했다. 그리고 조선의 등장과 함께 여지없이 심판을 받게 되어, 조선 500년간 도성 출입도 못하고 노예처럼 살아야 했다. 그와 다름없이 조선시대를 통틀어 국가 이념으로 자리 잡았던 유교 역시 왕족과 양반의 지배 이데올로기로 변해 상민과 여성을 핍박하는 수단이 되고 말았다. 당연히 근대 지식인들 사이에선 이에 대한 비판 의식이 싹틀 수밖에 없었다. 나라가 망해가고 백성이 도탄에 빠져 있는데도 민중 수탈에만 열 올리는 유학자들의 모습에서 '윤리 종교'라는 유교의 진면목은 찾을 수 없었다.

　덧붙여 초기 기독교의 전래 상황에서 기존 기득권과 종교에 대한 반발과 같은 다음 두 가지 특성도 주목할만하다. 첫 번째는 기득권으로부터 소외된 지역인 평안도와 함경도, 전라도를 중심으로 개신교가 널리 퍼졌다는 사실이다. 소외된 지역민과 상민·중인, 여성 등의 약자에게 기독교는 그야말로 개벽(開闢)이었다. 이미 지배 이데올로기로 굳어버린 유교의 가르침은 여성만 놓고 봐도 삼종지도와 '귀머거리 3년, 벙어리 3년'을 강요하는 억압의 수단이었다. 아무데도 하소연할 데 없어 가슴앓이로 죽어가며, 가깝게는 양반에게 괴롭힘당하고, 널리는 관아에 시달림당하던 그들에게 발 뻗고 울 수 있고 하소연할 수 있는 교회는 그야말로 말로만 들어오던 '개벽'의 성소였다.

두 번째 특성은, 불교보다는 기독교와 상당히 가까운 교리의 틀을 갖추었던 동학이 사회변혁운동으로서 이미 한차례 전국을 휩쓸었다는 사실이다. 이는 기독교가 보다 더 쉽게 스며들 수 있는 원인이 되었다.

이런 사실들과 함께 가장 주목할 점은, 선각자들이 기독교를 민족변혁의 기재로 선택했다는 것이다. 이 땅의 선지자이자 창조적 소수자들인 그들은 본격적으로 민족혼을 살리고자 기독교공동체를 만들기 시작했다. 평북 정주 용동촌과 간도 명동촌이 대표적인 곳이라 할 수 있다. 용동촌은 '겨레의 스승'으로 불리는 남강 이승훈이 1899년 친인척들을 집단 이주시켜 세운 이상촌이다. 남강은 이미 조선 제일의 거부가 되었지만, 그때까지만 해도 개신교인이 아니었다. 유가에 바탕을 둔 이상촌 건립이 그의 꿈이었다. 그런 그를 일깨운 자들이 기독교인 도산 안창호와 다석 유영모였다.

일제의 강압으로 을사늑약(1905년)이 맺어지고 나라를 잃을 위기에 크게 당황했던 남강은 1907년 평양에서 도산의 연설을 듣게 된다. "나라를 잃고 이런 고난을 받는 근본 원인이 일제나 외부에 있기보다는 우리 자신에게 있음을 먼저 알아야 한다"는 그의 말에 남강은 오산학교를 세워 민족지도자들을 길러냈다. 간디가 "영국 제국이 우리나라를 멸망시킨 것이 아니라 바로 우리 자신들이 우리를 멸망시키고 있으므로 우리 스스로 깨어나서 화합하지 않고선 독립을 해봐야 아무 소용이 없다"고 호소한 것이 그로부터 10년 후였다. 안창호와 이승훈은 일찍이 이 점을 자각하고 민족을 깨우려 했다.

규암 김약연 또한 1899년 함북 회령에서 141명을 이끌고 간도로 이주해 한민족공동체인 명동촌을 세웠다. 그곳에서 그들은 신앙을 통해 민족을 살릴 웅지를 키웠다. 공동체 운동의 태두로 알려진 간디가 1904년 남아프리카에 피닉스 공동체를 만들고 1910년 톨스토이 공동체를 세운 것보다 수년 앞서, 김약연과 이승훈은 이미 공동체 운동을 실현하고 있었다.

이들 선각자들은 나라 없이 떠돌던 유대인들이 신앙으로 뭉쳐 애굽을 탈출해 젖과 꿀이 흐르는 가나안을 향해 간 구약성경의 이야기에 크게 고무되었다. 유대인들의 고난과 우리 민족의 고난은 놀라울 정도로 유사했기에 그들의 신앙이 우리 민족에게는 큰 에너지원이 되리라 믿었던 것이다. 유대인들과 마찬가지로 그들 또한 신앙과 민족 구원은 둘이 아니었다.

기독교 선각자들은 3·1 운동의 주역이 되었다. 민족대표 33인 가운데 16명이 기독교인이었다. 그때도 역시 미국 등 제국에서 온 선교사들은 독립운동을 돕기는커녕 현실 정치에 참여하지 말 것과 이웃종교와 어울리지 말 것을 내세우며 독립운동을 방해했다. 상당수의 목회자들도 이에 동조했다. 그러나 남강 이승훈 등의 선지자들이 3·1운동을 이끌어 기독교가 한민족과 일심동체가 되는 전기를 마련했다. 3·1운동 당시에 기독교인의 숫자는 20만 명에도 미치지 못했다. 그러나 기독교는 이 땅의 고난과 함께하며 만세를 부르짖었다. 그리고 단시일에 우리 민족의 종교로 각인되기 시작했다. 함께 생사를 걸었던 사람들, 더구나 죽음을 불사르고 앞장섰던 사람들이기에 이제는 종교가 다르다는 이유로 배척하고 박대할 수는 없었다. 그렇게 기독교는 한민족과 일체가 되어갔다.

   이는 국가와 개인이 처한 혹독한 시련 속에서 자신의 모든 것을 걸고 고뇌했던 선지자들 덕분이었다. 그들은 식민지국 백성에게 희망을 줄 수 있는 구약과 신약의 공동체성, 이웃사랑 등을 받아들였고, 기존의 유·불·선의 인륜과 예의, 도덕을 합쳐 독특한 동양의 기독교를 낳았다.

   요즘 기독교인들의 주요 논점이 개혁과 갱신, 성찰로 모아지고 있다. 해방 이후 미군정과 이승만 장로 대통령, 산업화를 거치면서 성장 일로를 달려온 기독교였다. 그러나 1990년대 이후 성장이 침체되고, 국민적 신앙마저 잃어가면서 그 원인을 탐색하고, 어떻게 희망을 찾을지 고심하고 있다.

   그러나 맘몬(돈)과 권력이 예수 그리스도의 사랑을 대신하는 한 어떤 논의도 무의미할 것이다. 산업화를 겪으며 급성장한 한국 기독교에는 미국보다 더 미국적인 자본주의 교회들이 존재한다. 미국이나 유럽 제국들과는 달리 주변 강대국들에게 수없이 외침과 핍박을 받았음에도, 세계로 나간 선교사들 중 약소국 국민의 마음을 헤아리지 못하는 이들도 여전히 존재한다.

수없이 짓밟히고 신음한 고난의 역사를 가진 우리야말로 서양과는 다른 방식으로 약자들의 마음을 어루만질 수 있을 것이다. 우리는 진정한 벗이자 봉사자로서 예수님의 사랑을 실천할 준비가 된 민족이다. 로마에서 제국의 종교가 되어버린 기독교는 약자와 함께하는 시간을 잃어버렸다. 이는 민중과 함께 어려운 시기를 이겨낸 우리 기독교가, 크리스천들이 감당해야 할 사명일지도 모른다.

한국 기독교는 이제 물신주의와 성공주의에서 벗어나 사람을 평안하게 하고 화해시키고 행복하게 만드는 영성주의로 나아가야 한다. 그러기 위해선 무엇보다 이제 교회가 분열과 갈등의 늪에서 벗어나 모두를 하나로 묶는 구심체가 될 수 있어야 한다.

문화와 문화, 종교와 종교 간의 반목과 갈등이 세계를 공포로 몰아넣는 현대에 한국의 기독교는 회통과 화해의 문명으로서 세계인들에게 희망의 메시지를 줄 수 있다. 가장 고통스러운 시기 이 땅에서 태어나 이 땅을 위해 죽어간 선구자들, 그들이 보인 예수님의 사랑이 한국 기독교의 희망이다.

이 책의 선각자들이 전하는 '울림'이 희망의 밀알이 되어 우리 가슴에 심어지길 바란다.

선지자들을 기렸던 분들께
감사드리며

이 책의 내용은 전적으로 현장답사와 당대 인물들을 직접 겪었던 이들과의 인터뷰를 기초로 쓰였다. 하지만 그전에 이런 숨은 영성가들을 발굴하고 조명해온 분들의 노고가 없었다면 인물에 대한 접근 자체가 어려웠을 것이다.

이 책에서 다룬 인물들 중 몇몇을 제외하고는 대부분 세상에 널리 알려지지 않은 분들이다. 그래서 자료가 빈약하다. 이세종, 이현필, 수레기어머니(손임순)를 평생 사숙하며 고증해온 엄두섭 목사를 비롯해 아래 필자들의 자료를 많이 참조했다. 그나마 이분들의 족적을 이만큼이나 드러낼 수 있었던 것은 전적으로 앞선 선구자들의 노력 덕택이다. 책에 언급된 인물들에 대해 더욱더 소상히 알고 싶은 이들에게 내가 참조했던 아래 책들의 일독을 권한다.

《함석헌 이용도 김재준》(한국문화신학회, 한들출판사), 《다석 유영모》(박재순, 현암사), 《잃어버린 예수》(박영호, 교양인), 《호세아를 닮은 성자》(엄두섭, 은성), 《맨발의 성자》(엄두섭, 은성), 《한국적 영성》(엄두섭, 은성), 《유일한 평전》(조성기, 작은씨앗), 《장기려, 그 사람》(지강유철, 홍성사), 《남강 이승훈의 생애와 정신》(이교헌, 남강문화재단), 《상록수와 최용신의 생애》(심훈 지음, 인주승 엮음, 홍익재), 《우리의 사랑이 의롭기 위하여》(백소영, 대한기독교서회), 《걸레질하시는 예수》(채희동, 기독교서회), 《울타리를 넘어서》(김경재, 유토피아), 《김재준 평전》(김경재, 삼인), 《한국기독교사특강》(이만열, 성경읽기사), 《전주서문교회 100년사》(전주서문교회 100년사 편찬위원회, 쿰란출판사), 《대천덕 자서전》(대천덕, 홍성사), 《김현봉 목사 강도집》(이병규, 염광출판사), 《성자의 지팡이》(문순태, 다지리), 《조선 성자 방애인 소전》(배은희, 전주서문교회 역사자료관리위원회), 《참의 사람은 말한다》(해암 이준묵 목사 팔순기념문집 출판위원회, 대한기독교서회).

울림
ⓒ조현, 2014

초판 1쇄 발행 2014년 4월 30일
초판 4쇄 발행 2025년 8월 22일

지은이 조현
펴낸이 유강문
편집2팀 이윤주 김지하
마케팅 김한성 조재성 박신영 김애린 오민정

펴낸곳 (주)한겨레엔 www.hanibook.co.kr
등록 2006년 1월 4일 제313-2006-00003호
주소 서울시 마포구 창전로 70(신수동) 화수목빌딩 5층
전화 02) 6383-1602~1603
팩스 02) 6383-1610
대표메일 book@hanien.co.kr

ISBN 979-11-7213-311-5 03200

• 값은 뒤표지에 있습니다.
• 파본은 구입하신 서점에서 바꾸어 드립니다.
• 이 책의 일부 또는 전부를 재사용하려면 반드시 저작권자와 (주)한겨레엔 양측의 동의를 얻어야 합니다.